The Individualized Corporation

‖新装版‖

個を活かす企業

自己変革を続ける組織の条件

クリストファー A. バートレット｜スマントラ・ゴシャール｜著
グロービス経営大学院｜訳

ダイヤモンド社

The Individualized Corporation
by
Christopher A. Bartlett and Sumantra Ghoshal

Original English language edition published
by HarperCollins Publishers, Inc.
Japanese translation rights arranged with
HarperCollins Publishers, Inc.,
through Japan UNI Agency, Inc., Tokyo

新装日本語版への序文

「個を活かす企業」時代の到来、そして友の生涯を思う

スマントラ・ゴシャールが今日健在であれば、英語の初版が出版されてから一〇年後に、ダイヤモンド社から『個を活かす企業』（原題：*The Individualized Corporation*）の新装日本語版が刊行されることを心から喜んだに違いない。スマントラはこの本にまとめた調査研究の結果を非常に誇りにしていたが、常々、時代の流れに対して出版が少々早すぎたと言っていた。たしかに、本書のために最先端企業二〇社を調査研究して開発した企業変革と組織再生のコンセプト、モデル、フレームワークは、今日になって世界の主流企業で広く採用されるようになっている。日本にもそうした企業は多い。

二〇〇七年の今日、経営者たちは「戦略・構造・システム」によって定義される経営原理を超えて、「目的・プロセス・ヒト」の哲学に立った、より豊かなビジネスモデルに向けて企業が進まねばならないことを深く実感しつつある。スマントラが存命なら、この状況をうれしく思ったことだろう。かつてその経済的資産を管理したように、効果的に人材資産と知識資産をマネジメントしようという企業が急激に増えている。ここに経営者たちの意識変革が進んでいることがは

っきりと表れている。組織の形態は、以前に比べて階層性が弱まり、よりネットワーク化された。この組織を通じて、一〇年前に、*The Individualized Corporation*で最初に提唱したときには過激であるとみなされた方法で再定義された経営の役割と責任を通して、変革が実際に行われていることからも、彼らの意識改革を確認することができる。

英語版が出版されてから一〇年後に、日本語の新装版が刊行されることには、多くの意味ではろ苦い感慨がある。私たちが提唱した論理が、最初の刊行時点にも増して今日さらに広く認知されるようになっていると感じることはうれしい。しかし、私の共著者がすでにこの世になく、このことを一緒に祝えないことは悲しい。

スマントラの遺産と生涯を称えて

スマントラが二〇〇四年三月に世を去ったとき、私たち彼を知る者は、寛容な同僚を、天才的な教師を、そして良き友を失った。だが実業界全体としては、才能豊かで、独創的で、知的活動が旺盛な経営思想家を失ったのだった。彼の思い出を語るうえで、私は本書の随所にも片鱗が現れている偉業の内容だけではなく、その知的活動の所産を通じて見られる洞察のプロセスについても紹介することにしたい。

共に調査し、執筆にあたってきた二〇年間に、私は、彼の仕事への取り組み方を形成した、批判精神の影響と核心的な実践のあり方を、だれよりもよく理解するに至ったと思う。調査研究に対する彼のアプローチを理解するためには、その礎石となったものを認識する必要がある。その礎石とはすなわち、スマントラの強固な研究哲学、彼の好んだ仕事のプロセス、そして彼のパーソナリティである。

研究哲学：マネジャーたちへの敬意を礎にして

スマントラには、実際にマネジャーとして働いた経験がある。アメリカに渡って経営学の修士号と二つの博士号を取得する以前に、インディアン・オイル社のエグゼクティブとして八年間働き、その間に同社史上最年少の部長に昇進した。この背景がその後も、彼の調査研究を支えた哲学に強い影響を与え続けた。

彼は、マネジメントという仕事の難しさに敬意を払い、またそれを効果的に実践する人々を称えていた。これがマネジメント分野の調査は、現場に最も近い人の視点を理解することから始めなければならないという彼の信念に反映されている。しかし彼にとっては、データ収集は継続的な作業であり、最後に調査ノートやケーススタディにまとめられるフィールドスタディこそが、経営活動の調査における最も体系化された、公式の部分であった。授業で出す宿題は、学生の経験を収集する手段となった。コンサルティングの依頼があれば、それもデータ収集の機会となった。同僚との会話は、彼らの最新の調査に関するディスカッションとなった。マネジャーたちとの内輪の宴席の付き合いも、アイデアを試し、トピックを集める機会となった。

フィールドスタディを進める能力以上に、スマントラは幅広い分野の理論を理解していた。そして経営学者の中でも最も優れた知識を持っていた。だが多くの同業者と違って、彼が知識を蓄積することには、その研究哲学の二つ目のポイントを実現するという目的があった。それは、理論と実践をリンクさせることだった。目的を達成するために、彼は常に、理論に調査データを当てはめるのではなく、まず調査データをもとに理論を検証した。すると、理論に欠陥があるのがわかることのほうが多かった。いみじくも彼はよくこう言っていた。「良き実践ほど良き理論に役立つものはない」。スマントラにとってこれは古臭い常套句などではなく、研究が先走るのを抑制するための哲学であったのだ。

スマントラの研究哲学の三番目の信条は、研究の目的は鮮やかな構想を創出することではなく、変革への刺激となることだ、というものだった。学術雑誌に載る論文は平均二・五人の研究者に読まれるだけだとよく言われる。この現実に対して彼は非常に憤慨し、彼らしい挑発的な態度で、「これだけ仕事をした結果をたった二・五人に読んでもらい、その二・五人がせいぜい別の二・五人を相手にそれを引用したり再利用したりして、いったい何になる？　そんなことなら道路掃除でもしたほうがまだ価値がある」と言ったものだ。

早いうちから、論文出版に対するスマントラの目的は、多くの読者に届くような本や論文を書くことだった。さらに重要なのは、読者が自ら考えるように挑発し、可能ならば彼らに行動を起こさせることだった。彼のキャリアはマネジャーという職務から離れて別の分野へ進んだかもしれないが、企業の業績を向上させたいという願いを捨てることはけっしてなかった。

プロセス：アート・フォームとしてのコラボレーション

スマントラは天性のコラボレーターだった。そのキャリアを通して、二十数名の人々と共著でケーススタディ、本、論文を執筆した。だが、二〇年余りにわたり、四冊の本、四四の論文や共著による寄稿、一〇〇を超えるケーススタディを彼と共に生み出したことを振り返ると、私は、だれにもまして、彼がなぜあれほど熱心かつ効果的にコラボレートできたのかがわかったような気がする。彼のパーソナリティのいくつかの側面が脳裏に浮かぶ。

社交的なスマントラは、他の人々と協力して思考を展開する機会を純粋に楽しんだ。膨大な量の仕事をこなす能力があったため、自分に刺激を与えてくれると思う人物が関わっている限り、好奇心をそそられるプロジェクトへの参加の誘いを断るようなことはなかった。そしてそれぞれのプロジェクトを学術的関心からだけでなく、知的で気さくな会話と社交の新しい機会としてとらえていたのだった。

プラグマティックな観点からいえば、大規模な調査研究に取り組むにはコラボレートすることが最も効果的だと信じていた。チームでアプローチを図ることで、より幅広く前線の調査が進められるだけでなく（たとえば「個を活かす企業」では二〇社を対象に詳しい実地調査を行った）、調査者たちが個別の組織について、より深く探ることができた。また、スマントラにとって重要だったのは、コラボレーションによって、より大きな疑問や広範囲に及ぶ問題に取り組むための調査が可能になることだった。

しかし、コラボレーション優先の作業スタイルの核心にあったのは、効果的な協力関係がより強力で豊かな成果をもたらすという信念であり、これは彼にとって常に、すこぶる重要な目的であった。彼が繰り返し唱えた「二人で力を合わせれば、どちらかの一人より賢くなる」(Both of us together are smarter than either of us individully.)というのは、古いことわざ「一人の知恵より二人の知恵」(Two heads are better than one.)を単に言い換えたものではなく、それ以上の含蓄があった。それは彼が好んだ思考の展開方法を示したものだった。コラボレーターを知的なスパーリング・パートナーとして使い、思考を推し進め、各人の最初の洞察を超えた理解を生み出そうとする方法である。

天性の論客として、文字どおり膝を突き合わせて議論を始めることほど、スマントラが楽しんだものはなかった。何にもまして彼は言葉の人であり、理性的なディスカッションと熱意ある討論を通して思考を深化させるプロセスこそが、知的創造活動の核心であった。彼は、そのプロセスにおいていずれの論者も、自分でもその存在に気づかなかった考えを明確にし、以前にはなかった論議を両者がつくり出す、と考えた。我々が執筆した論文、章、本それぞれの背景には、その議論と結論を鍛え上げた熱烈な(しばしば非常に疲れる)討論があったと私は証言できる。

スマントラという人物：熱意・大胆さ・共感

スマントラに会った人、著書を読んだ人ならだれもが文句なしに認めるだろうが、彼は実に頭脳明晰な人物だった。しかし、いかにして彼がこれほど豊かな知的遺産を残せたのかを理解するには、この複雑でいくつもの顔を持った人物の性格について、多角的に理解する必要がある。

その信じがたいほどの知的能力があればこそ、彼はこうした大規模な調査研究と教授としての活動を立派に果たすことができたわけだが、その原動力となったのは、目的に向かうひたむきなエネルギーとあくなき熱意だった。彼は、「一日二四時間、週七日」というフレーズが一般的な宣伝文句となるはるか以前から、ほとんどこのペースで働いていた。

朝食の会話から、夕食の後のポートワインのグラスを傾けながらの議論まで、スマントラはマネジャーたちと関わり、学生に質問を発し、同僚たちに議論をもちかけて、相手にさらに深く考えさせた。彼の研究室の灯りは深夜になってもともり続け、週末も祝日もなく、毎日彼が仕事をしているのがわかった（この研究欲は、彼が博士課程の学生だったときから発揮されており、自分に途方もない研究量を課し、しかも豊かな成果を上げているのを信じられぬ思いで見た担当教授たちが、彼に「三つ子」とあだ名をつけた）。

その馬力と熱意は彼のパーソナリティの明らかな一面であったが、そのうえなお、彼には大胆さと好奇心があり、そのため研究上の関心は絶えず変化し、しばしば驚くような方向に向かった。彼が大きな疑問を抱き、大胆な研究設計を行い、最終的に非常に挑発的かつ刺激的な結論を導き出したのは、とりもなおさず、こうした気性のなせるわざであった。

彼の情熱に満ちた好奇心は、二〇年間の研究生活で彼が取り組んだ大きな問題、課題、トピックの幅広さと多様性に表れている。多くの人間は、国際ビジネス研究で早々に確立した名声を土台に仕事を続けることに満足するだろうが、彼は新しいテリトリーを開拓することを望んだ。このような過程を経て、彼の研究は、トランスナショナル戦略から組織変革、経営の役割と義務の研究へ、そしてやがては二一世紀の会社組織を効率的に経営するうえで不可欠な、個人のスキルと能力に焦点を合わせた研究へと移行していったのである。

彼にはまた、機動力あふれる熱意と情熱的な大胆さの双方にもまさるパーソナリティが存在していた。スマントラは人間的な温かさ、寛容さ、相手に対する共感を備えた人物であり、度重なる成功によっても、学術研究に伴いがちなシニシズムによっても、それらが損なわれることはなかった。こうした美点によって、彼は学術界において特異な存在となった。スマントラは、彼を前にして緊張している学生や悩みを抱えた職員にも、彼の見解やアドバイスを求めに訪れるCEOやジャーナリスト、著名な学者たちに対するのと同様に、惜しみなく時間を割いていた。

いつか私と、我々の共同研究が次にどこへ進むかについて話し合っているとき、彼は自分の意見を実にあっさりと述べた。「『地球市場時代の企業戦略』(原題：*Managing Across Borders*)は世の奥さんたちに、『個を活かす企業』は母親たちに献呈した。次は子供たちの番だ。我々の子供たちに、最高の事業経営ができる力の感覚を与えるようなものを書こう。次の世代に、マネジメントという分野はわくわくしてやりがいのある、名誉ある職業であるということを示す助けになるかもしれない」

まさにスマントラらしい考えだった。スケールの大きい、理想を追う寛容な思想。高貴であると同時にナイーブでもあり、これは彼が選んだ職業と彼が行った仕事に対するポジティブな見解を映し出している。彼は、学術的な研究を行うこと、書くこと、教えることの価値は、創造される構想の鮮やかさにあるのではなく、それがもたらすかもしれない、恒久的でポジティブなインパクトにあると強く信じていた。彼は、学生の考え方を形成し、マネジャーの行動に影響を与え、できることなら社会全体におけるビジネスの役割を変えることを望んだ。

彼のそうした望みが実現しつつあると、ここにお届けする本書が示唆していればと願う。彼が開始した使命を彼自身で完了するチャンスが与えられなかったことは、我々すべての損失である。

クリストファー・A・バートレット

二〇〇七年七月

この序文は、*Sumantra Ghoshal on Management: A Force for Good*, edited by Julian Birkinshaw and Gita Piramal, Prentice Hall, 2005に寄稿した内容に基づく。

新装日本語版に寄せて

スマントラ・ゴシャールの先見的な知性

スマントラ・ゴシャールには素晴らしい思い出がたくさんある。彼の生涯を思うとき、思い出の一つひとつがつながって全体像がつくられる。心優しく、献身的で、また学者として有能であり、そして何より非常に情熱的で高潔な人だった。

スマントラとは二〇〇〇年から二〇〇一年にかけて、私たちがＩＳＢ（インド・ビジネススクール）の初代学部長に就任することになったときに、親しくなった。私たちはカリキュラムの設計や組織の構成に取り組んでいたが、そのいずれの仕事ぶりからも、彼が旺盛な知的能力を備えた人物であることがうかがい知れた。一つの教育機関を創設するだけでも困難であるのに、スマントラは二つの教育機関づくりに取り組んだ。ＩＮＳＥＡＤが経営学教育の中心的な存在となったのは、彼を含めた先駆的な教授陣の功績である。またＩＳＢにも多大な貢献をした。

スマントラがそのＩＳＢの繁栄を見ることがなかったのは、実に残念だ。校舎建設の進行状況を調べながら彼と話をしていたときのことである。彼は立ち止まって言った。「器はできたが、魂がない」。経営学教育に魂を与えたのは、だれあろう、スマントラである。彼は、いかに人的資源部門を改善するか、さらには部下から最大の力を引き出すかということを、しっかりと見据えていた。それが見事に結実したのが、著書『意志力革命』（*A Bias for Action*）である。親しくなるにつれて、私たちは「人類の意志の歴史」についての教科をチームで教えることについて話し合うようになった。

私が何より残念でならないのは、その教科を実現する前にスマントラが亡くなったことだ。偉大な学者、偉大な「教室の弁士」から学ぶ機会が奪われただけでなく、この傑出した人物との友情を深める機会も失われてしまった。計画ではこの教科を、同等の立場で共に準備し、教えることになっていたが、それが実現していたら、教室のどの学生よりも、私が彼から学ぶことは多かったであろうと思われる。

スマントラの思想とその知的遺産を称えるためもあって、私はケロッグスクールで教えている「マーケティングの未来」という教科で、多くの彼の教訓を用いている。また、周囲の人々の気持ちを盛り立てることについて、あるいは、人それぞれの持って生まれた性格に従って働き手に正しい役割を見出してやることについて、学生に話している。

このテーマに関するスマントラの著作には、その先見的な思索が反映されている。スマントラは、組織の設計であれ、グローバリゼーションであれ、それが発表された時点ではしばしば世間を驚かすような展望を提示した。そうした意味では、彼はラディカルな存在だった。しかしこれらの展望は、後年、正当性が証明されることが多かった。

スマントラは、たとえ自分の見解が好まれないときでも、常に自分の考えをはっきり口にした。これはいかにも彼らしい。勇気があり、因習的な概念に挑戦し、それを覆すことができる優れた思考の真の力を信じていた。より良いソリューションやより良い方法が可能だと思えば、現状に盲従することを拒んだ。

スマントラは、埋もれた真実をも掘り起こすという、学者としての責任を真剣に果たそうとしていた。埋もれたものを掘り出して探求し、そこから何を発見したかを明示する、強いパーソナリティがあった。この知的な率直さと熱意に加えて、自分のスタンスを常に明らかにしていた。自分の思索についてあまりに情熱を持っていたために、真実を話す以外に術がなかったのである。自分で言わなければ、思索が失われるかもしれず、誤って解釈されるかもしれない。彼は何としてもそれを未然に防ごうとした。

もちろん、スマントラの知的能力は専門分野のテーマに限って発揮されたわけではない。宗教、政治、哲学、歴史に至るまで、雄弁に語ることができた。何についても非常によく知っており、高い教養を身につけていた。ハイデラバードのシェラトン・ホテルのロビーで、スマントラとドン・ジェイコブズと共に、その日の話題や、何日も前の話題について、いく晩も討論したときのことをよく覚えている。たいていの場合、私たちが議論に貢献することさえなかった。ドンと私はそこに座って、スマントラがその創造性を発揮し、新しい関連性を打ち立てていくさまを畏敬の念をもって眺めていた。彼は、どんな聴衆の心をもつかむ魔術師的なスピーカーと言われたが、私たちの経験からわかるように、聴衆の規模は問題ではなかった。
二〇〇四年、スマントラの逝去によって、経営学教育とマネジメントの実践は大きな損失を被ることになったのである。

二〇〇七年七月

ノースウエスタン大学 ケロッグスクール・オブ・マネジメント学長
ディパック・ジェイン

日本語版への序文

企業変革の道標として

一九八九年に、我々は『地球市場時代の企業戦略』(*Across the Borders*) と題する本を執筆した。この本では、激変するグローバル環境の中で競争するために、企業が必要とする戦略の規範や組織モデルが急速に変化していく様を追った。この本が出版された一九八九年当時、本の中で紹介した日本企業の世界的な競争力はピークにあった。しかし、それと同時にその競争優位には危うさもあった。著者の一人は、これら日本企業がはたして競争優位性を維持できるか、疑問を投げかける論文を発表したのであった (Bartlett, Christopher A. and Hideki Yoshihara. "New Challenges for Japanese Multinationals: Is Organizational Adaptation their Achilles' Heel ?" *Human Resource Management Journal*, Vol.27, No.1, Spring 1988, pp.19-43.)。

前著の調査研究では、グローバル・ベースの競争が企業戦略と組織構造に与えるインパクトに焦点を当てていた。しかし、データを集めるにつれて、ほかのさまざまな力が、企業モデルと組織、ひいてはマネジメントの役割を変えつつあることに気づき始めた。とりわけ、情報化時代、知識に基づく競争、そしてサービス志向の経済の到来により、企業モデルと組織能力の両者に重大な変革が求められていた。『地球市場時代の企業戦略』の出版後すぐさま、我々はヨーロッパ、アメリカ、アジアの企業のグループと共に、新たな調査研究プロジェクトをスタートさせた。そして、本書を出版するに至ったのである。

六年にわたる調査研究では、世界中の二〇社を超える企業の何百人ものマネジャーにインタビューを行い、我々は企業が過去七五年の中で最も大きな企業形態、組織モデル、マネジメントの役割の変革を経験しているとの結論を得た。この変革の根底には、個人と企業を結ぶマネジメント契約の根本的な変化があった。しかし、アメリカ企業、そして後にヨーロッパ企業が遂げた変革を受け入れるには、日本企業にはもろもろの足かせがあった。欧米企業をリストラ、事業の再編、リエンジニアリングの波に巻き込んだ抜本的な企業変革は、日本では、根深い構造的・文化的事由に阻まれ、トーンダウンを強いられたのである。

しかし今日、状況は変化しつつある。多くの日本企業は、企業と社員の間の雇用関係を見直す必要があると認識し始めた。多くの組織が、文化的な制約を受けながらも、組織モデルやマネジメントの役割、そして終身雇用制のような企業と社員の関係の根幹にある価値観までをも変革し始めている。

本書では、世界中の企業を席巻している変革、すなわち、貴重な資源である資本を割り当てる組織モデルから、情報、知識、ノウハウを貴重な戦略的資産と見なしてマネジメントする組織モデルへの移行を解説する。このような抜本的な変革は、企業の組織形態の大掛かりな再編だけでなく、マネジメントの役割と関係をも再定義するものであった。そして遅まきながら、多くの日本企業も新たなる戦略規範へと移行しつつある。情報化の進む知識集約型サービス経済の中では、これまでとはまったく異なった組織形態とマネジメント・モデルが否応なく求められているからである。

我々はこの本が、「新世代の企業モデルと組織形態のパラメーターは何か」、そして「新しいモデルへと進化する過程でマネジメントが直面するチャレンジとは何か」を解説するものであると考える。また、本書のリサーチではヨーロッパ、アメリカ、アジアの企業を網羅したので、世界中のマネジャーが本書の論点に、自分たちの組織との関連性を見出してくれると思う。また、自社の業績を照らし測るためのフレームワークと、ワールドクラスの比較対照企業を提示することで、生き残りを賭けた企業変革を推進するための手段を提供することができればと願っている。

企業変革は、世界中のマネジャーにとってとてつもないチャレンジである。とりわけ、文化的規範と歴史的背景が変革プロセスの足かせとなる国では、そのチャレンジは一段と厳しいものになろう。本書が変革の道標として役立つことを願ってやまない。

クリストファー・A・バートレット

個を活かす企業

contents

◉

目次

新装日本語版への序文　「個を活かす企業」時代への到来、そして友の生涯を思う――クリストファー・バートレット
新装日本語版に寄せて　スマントラ・ゴシャールの先見的な知性を偲ぶ――ディパック・ジェイン（ノース・ウエスタン大学ケロッグスクール・オブ・マネジメント学長）
日本語版への序文　企業変革の道標として――クリストファー・バートレット

◉第I部◉　新しい企業モデルの誕生――1

第1章◉マネジメントの再発見　成熟企業から成長企業へ――2
ある熟練マネジャーの転機
老いた事業に新たな生命を吹き込む
マネジメントの再発見
トップ・マネジメントの率先垂範
異端児か、それとも模範生か

◉第II部◉「組織の中の個」から「個を活かす組織」へ――25

第2章◉個人への信頼
自発性と起業家精神を育てる――26
制度に組み込まれた3Mの起業家精神
当事者意識を育てる
自己規律を育てる
支援できる環境をつくる
閉じ込められた起業家精神を解放する

第3章◉知識の創造と利用
個人のノウハウを組織学習へ――67
戦略立案を超えた組織学習
マッキンゼーにおけるグローバルな知識の活用
個人のノウハウを養成する
組織横断的な情報の流れを作る
信頼に基づく企業文化を築く

組織の価値観を共有する
統合されたネットワークとしての組織

第4章 継続的な自己変革
改善から再生へ——117

花王の継続的な自己変革
ストレッチを根づかせる
柔軟な組織を作る
動態的な不均衡状態をつくり出す
「酸い」と「甘い」を調合するマネジメント

第III部 個を活かす企業の構築とそのマネジメント——157

第5章 社内の行動環境を変える
変革に必要な四つの特性——158

重要な「職場のにおい」
変革のための環境
フィリップス半導体事業部の変革
環境から行動へ

第6章◉組織力の構築
プロセスのポートフォリオとしての企業――208
古い組織構造でも変革はできる
ABBの組織
プロセスのポートフォリオとしての企業
新しい組織モデル

第7章◉個人のコンピタンシーの開発
新しいマネジャーの役割――248
新しいマネジメントの役割と個人の能力
新しい個人のコンピタンシーと人事の役割
個人の潜在能力を発見する

第8章◉変革プロセスのマネジメント企業
企業再生の三段階――289
変革の過程
第一段階：合理化　起業家的な動きを創り出す
第二段階：再活性化　統合とシナジーを創り出す
第三段階：再生　継続的な自己変革を達成する
個を活かす企業への変身

◉第Ⅳ部◉新しい企業の時代――325

第9章◉会社と個人の新たな関係
価値創造者としての企業――326
個を活かす企業の経営哲学
人のために価値を創造する
「未来を共有する」関係を築く

第10章◉変わるトップ・マネジメントの役割
企業目的、プロセス、社員への視点――359
戦略、組織構造、システムを超えて
マネジャーの新たな任務

訳者あとがき――385

参考文献――401

索引――405

第 I 部

Drawing How Companies Really Works

新しい企業モデルの誕生

第1章 マネジメントの再発見
――成熟企業から成長企業へ

新しいマネジメント・モデルを探るという調査研究のために何百もの企業を訪問したが、その中で私たちの考えに大きな影響を及ぼし、後に「個を活かす企業」の概念を作り上げる最初の手掛かりとなったものがある。コーラルスプリングスにある、ＡＢＢ（アセア・ブラウン・ボベリ）の米国継電機器事業部のゼネラル・マネジャー、ドン・ジャンスを訪問したときのことだ。

注目すべき業績改善の事例をこの目で見ようと、私たちはコーラルスプリングスを訪れた。かつてこの企業は、ウェスチングハウスの送変電・配電事業の一部門としてそこそこの収益を上げてはいたものの、ほとんど成長はしていなかった。ところが、一九八九年にＡＢＢが買収してからというもの、売上高の成長率は四年間で四五パーセントを超え、収益性でも一二〇パーセント改善した。また納期内の出荷率は七〇パーセントから九九パーセントにまで向上し、サイクルタイムは七〇パーセントも短縮、在庫は四〇パーセントも減少した。つまり、成熟産業における成熟企業が、まるで一夜のうちに、若い成長企業並みの業績を上げる企業へと一変したのである。

これは一見、よくある企業の再建物語のように感じられる。しかし、一つ他と違うことがある。それはこの変革が、売上げも利益も成長していないときと同じマネジメント・チームにより成し遂げられたということだ。私たちはマネジャーたちから、企業再生論も結構だが、必要なのは人材の一新だ、という話をよく聞く。つまり「老いた犬には新しい芸を教えることができない」といったところであろうか。

このドン・ジャンスも、まさに老いた犬の部類に入っていた。現に彼は、継電機器事業部のゼネラル・マネジャーだった最後の三年間を含め、計三二年間ウェスチングハウスに勤務した。ところが、その彼が継電機器事業部の徹底的な業績改善を推し進めたのである。また彼だけでなく、ジャンスの地域担当の上司となるＡＢＢのジョー・ベーカーも、ウェスチングハウス勤続三九年のベテランであった。それではなぜ企業の所有者が代わるだけで、同じ人材、同じ事業でありながらも、このような劇的な業績の変化をもたらすことができたのであろうか。それについてベーカーが答えを示してくれた。

ウェスチングハウスにおいて、私たちは第一級の人材を雇用し、最高のマネジメント教育を行ってきた。しかし、きわめて権威的な組織によって、彼らは身動きがとれなくなり、そうした投資は無駄になってしまったのだ。

そこでABBでの最初の一年間は、どうしたら皆で一緒に働くことができるか、徹底的に検討した。ABBのシニア・マネジメントは、毎日多くの時間をコミュニケーションに費やした。彼らは現場のマネジャーたちに対して、マネジャー自身が責任者であり、自らイニシアチブを発揮し、疑問を投げかけ、チャレンジしていかなければならない、というメッセージを浸透させていった。突き詰めると、権限委譲と密なコミュニケーションを徹底するという企業文化こそが、この組織を活性化させたのである。それは驚くべき変化であったと同時に、三九年ぶりにマネジメントの再発見をしたような気持ちになった。

ここでベーカーとジャンスが発見したものは、個を活かす企業の持つマジックであった。この個を活かす企業では、企業のあらゆるレベルにおいて個人の自発性が基盤になっているのである。ABBは例外的であるにしても、他社にもこのようなものがまったく見られないわけではない。私たちは研究を進めていくなかで、いくつかのケースに出合った。

たとえば、エクソンからISS（インターナショナル・サービス・システムズ、デンマークに本社を置くオフィス清掃事業のグローバル・リーダー）に移ったテオ・ブイテンディクは、同じような「マネジメントの再発見」をした。また、3Mにもこのような実例が見られた。同社は、一四〇億ドルの売上げを誇る巨大企業でありながら、新生ハイテク企業のようである。3Mのアンディ・ウオングは、個人の自発性を重んじる精神に鼓舞され、チームでコンピュータ用の新しいプライバシー・スクリーンを開発し、新規事業に発展させていったのである。

しかし、なかでもジャンスの例は最も象徴的なものといえよう。なぜならば、彼の場合は組織の中の人間が、同じ組織の中で同じ事業を行いながら変革を行ったからである。この物語が読者に投げかけているメッセージは、「必ずしも現場のマネジャーたちに自発性や創造性、原動力が欠けているのではなく、企業のヒエラルキーの中では、マネジメントによってそうした気持ちを奪われてしまうことがある」ということだ。「老いた犬には新しい芸を教えることはできない」と都合よく思い込んで自らの責任を放棄している経営者は、ジャンスとそのチームが成し遂げた変革に疑問を抱くであろう。そこで私たちは、ジャンスのマネジメント再発見の物語を通して、個を活かす企業の説明に取りかかることにする。

ある熟練マネジャーの転機

ドン・ジャンスは、一九五六年、ウェスチングハウスのバッファロー・モーター部門に下級エンジニアとして入社した。エンジニアリング、販売、製造部門を経験したあと昇進し、八〇年代には三つあるゼネラル・マネジメントの最初のポジションに就こうとしていた。ところがこの頃、ウェスチングハウスは大変苦しいときを迎えていた。結局ジャンスは、一〇年以上にわたってウェスチングハウスの困難に満ちた一連の変革期を見ることになる。そしてこの時期、ウェスチングハウスのマネジメントは、回転ドアのごとく、繰り返し入れ替わっていたのである。七五年、ロバート・カービーがCEO（最高経営責任者）に就任した年、ウェスチングハウスは一〇億ドルの赤字に転落した。原子力事業を後押しするために行ったウランの先物取引で、失敗したためである。顧客との間で、一ポンド当たり九ドルでウラニウムを供給する長期契約を締結していたのだが、市場価格はポンド当たり四〇ドルにも跳ね上がったのだった。

カービーは、ウェスチングハウスの根本的問題を二つにまとめた。まず一つ目は、過剰な多角化により経営資源が分散しすぎたこと。二つ目は、過剰な分権体制のために、トップ・マネジメントが事業の真の方向性を示さなかったり、業績に責任を持てなくなってしまったことであった。

一つ目の問題に対処するため、カービーは一五の主要事業を売却し、多くの海外事業から撤退した。二つ目の問題に対処するためには、全社的戦略立案システムを本部レベルで実施し、企業の事業ポートフォリオがよりうまく管理できるようにした。さらに価値基準戦略経営システム（Value Based Strategic Management）を導入した。これは本社の企画部門が、会社を成長分野に導き、同時に既存の事業部門の経営や財務を立て直すために開発したシステムである。この複雑な計画モデルでは、各事業部門のマネジャーの業績を株主資本価値で測る。株主資本価値は、事業部の戦略案に基づいて算出したキャッシュフローをベースに、本社スタッフが算出する。このシステムは、どの事業を継続するかを決めたり、戦略案の中で最も高い価値を生み出す戦略を選択したりするためのものであった。

その後数年間のうちに、効率の悪い工場が閉鎖され、儲からない事業が売却された。事業の再編や中央集権的管理の復活など、カービーの戦略は良い結果を生み出し、マネジメントの焦点はコスト管理に向けられた。また価値基準戦略経営システムは非常に厳格な資源配分のツールであり、会社の伝統的な事業に対しても容赦しなかった。ジャンスは、電球、電気器具モーターといったかつてのコア事業が売却されていくのを、同僚たちと共に悲しんでいた。それらの事業は、彼のウェスチングハウスでのキャリアを育ててくれたものだった。

組織が動揺するなか、ジャンスは地下配電変圧器事業部で初めてゼネラル・マネジャーのポストに就いた。彼は情け容赦なく訪れる価値基準戦略経営システムの要求に応じて、精力的にコスト削減に取り組んだ。そして数年にわたるコスト削減の結果、もうこれ以上は削減できないという状況にまで至り、収益目標を達成するためには価格を上げる以外に道がなくなった。そしてついに、不況の真っ只中の八一年、一年間に五回も値上げを実施したのである。

ジャンスは、コスト削減とスリム化に長けたマネジャーとして認められた。そして、五つの工場と八拠点の社員の合理化により新しく創設された、変圧器部品部門のゼネラル・マネジャーに任命された。彼はそこで再び、システム本位のマネジメント・プロセスが課す、新たな収益とコストの目標に取り組んだ。ジャンスが二年越しでコストの一五パーセント削減を達成したあと、新たな合理化の波により彼の部門は引き裂かれた。そして、他の多くのマネジャーたちと同様、自分のポジションそのものまで合理化されてしまったのである。

カービーがダグラス・ダンフォースにCEOの地位を譲った八三年頃には、ウェスチングハウスのコア事業は衰え始めていた。そして世界的不況の中、業績はカービーが就任した当時の低い水準に逆戻りしていた。ダンフォースは、精力的かつ新たな拡大志向で挑み、ウェスチングハウスの伝統的な事業に従事するジャンスのような現場のマネジャーたちにも、最初はいくばくかの夢を持たせてくれた。彼は会社の状況を「事業の硬直化」と表現したうえで、多くの問題の原因を過剰管理によるものと判断し、新たな分権化に乗り出した。何階層にもわたる本社スタッフの人員を削減し、本部による各事業部の戦略や財務計画のチェックを大幅に簡素化した。

しかし、現場のマネジャーと、強い実権を握っていた本社スタッフとの間には対抗意識が根強く、かつ競争関係が存在していたため、分権化は閉塞感を強める効果しか持たなかった。少なくとも、カービー時代の中央集権の「官僚」たちは、物事を実行するために必要な情報と権限を持ち合わせていた。しかし新たに分権化された組織は、重要な行動を新たに自分たちで起こすための資源も経営規範も持ち合わせておらず、だれも何もすることができない状態であった。都合の悪い情報は本部に内緒にした。ウェスチングハウスのあるベテラン社員が言ったように、ダンフォースによる分権化は、業績に対する責任をあいまいにし、政治的工作への見返りを増すだけの結果となったようだ。

自分のポストを失ったジャンスは、この時期の大半を本社で産業・国際グループ長の補佐として過ごしていた。彼は当時の会社、特に本社の役員の間に形成されていた文化について、以下のように振り返っている。

価値基準戦略経営システムは、基本的に株価の動向を意識したものだった。社内のマネジャーには、四半期ごとに株価を最大化するための超短期的な考え方を植え付けた。たとえば、わが社の国際戦略が海外投資より輸出と技術供与を重視していたのも、このためである。経営幹部として私は、既存の強い競争基盤を利用することや、大きな市場シェアを防衛することにすら無関心になってきており、それがいやでたまらなかった。そして、もし業績が落ち込もうものなら、価値基準戦略経営システム委員会が会合を開き、業績を維持するためにその事業資産を売却してしまうのである。

ダンフォース時代の五年間に、ウェスチングハウスは多数の事業を売却し、新たに五五の事業を買収した。マネジャーたちはこれまで以上に、『フォーブス』誌の書いた「業績が良ければ維持せよ、悪ければ切り捨てろ」という考え方に支配されていた。そして彼らにとっての「業績」とは、各事業部に課せられた資本コスト以上の利益を四半期ごとに上げることだった。

ダンフォースがCEOとして最後の年にあった八六年に、ジャンスは再度、ゼネラル・マネジャーのポストに返り咲くチャンスを与えられた。今度の職場はフロリダ州コーラルスプリングスに本部を置く継電機器事業部だった。ラインに戻りたい一心で、渡りに船とばかりにその機会に飛びついた。過去における現場でのマネジメント経験は、彼のマネジャーとしての手腕を証明していた。また、ハーバード・ビジネススクールで三カ月間にわたってアドバンスト・マネジメント・プログラムを経験したことも、多くの新しいアイデアを生み出す刺激になっていた。自分の過去の経験を生かし、イニシアチブをとり、自分が生み出した多くの新しいアイデアを実行に移すには絶好の機会だった。しかしすぐに、それはできないということをジャンスは悟った。なぜなら価値基準戦略経営システムがまだ支配を続けており、また公益事業は依然下降期にあって、ウェスチングハウスの株価上昇には貢献しない成熟事業だったからだ。この環境下では、自分の事業構築のアイデアを抜本的に変えていかなければならない、とジャンスは考えた。彼は、当時のウェスチングハウスの社内環境を次のように語った。

会社の指導者は、コア事業である公益事業を経験したことのないマネジャーの中から選ばれるようになってきていた。彼らはコア事業には無知で、長年これらの事業が投資の中心であったことから、敵対心すら持っていた。したがって彼らは、私たちに無理な目標を強い、ボーナスを得ることも資本を得ることも難しくした。

ジャンスは、自分の役割はこの事業の終焉を管理することなのだ、とすぐに感じ取った。新しい競争相手が台頭し、世界のほかの地域で広まっているソリッドステートやマイクロプロセッサを基盤とした継電を提供するなか、ウェスチングハウスは新製品への投資をせず、従来の電力機器の製品を作り続けていた。仮に事業が業績低迷のために売却されなくても、技術の陳腐化によりいずれ自然消滅することは明らかだった。実際、ジャンスたちは、タイタニック号の乗組員のような役割を演じていたのである。ただ、タイタニック号と違っていたのは、ウェスチングハウスの場合、社員全員が来るべき運命をはっきり認識していたことだろう。

老いた事業に新たな生命を吹き込む

一九八九年、ついに運命の時が訪れたように見えた。スウェーデンの総合エンジニアリング・メーカーＡＢＢが、「継電機器事業部を含むウェスチングハウスの送変電・配電事業の四五パーセントを買収する」という提案をしてきたのだ。このニュースがジャンスたちのチームに伝わると、彼らは履歴書を準備し始めた。ジャンスたちは、ＡＢＢがアメリカにおいて自分たちより近代的な継電機器事業を展開していることを認識しており、ウェスチングハウスの古株マネジャーは買収の際に一掃されるであろうと思ったからである。しかし驚いたことに、ＡＢＢは、翌年残りの五五パーセントを買収したあとも、ほとんどのマネジャーたちに残るよう呼びかけた。ジャンスは当時を振り返ってこう言う。

ＡＢＢに買収されたとき、私たちは戦争に負けたような気持ちだった。すぐに「占領軍」が入り込み、私たちは追い出されるであろうと半ばあきらめていた。ところが、ＡＢＢは私たちに残るよう声をかけてくれた。さらに、ＡＢＢのアメリカでの事業を含めた、全継電機器事業を経営する機会をも与えてくれたのだ。

しかしながら、継電機器事業にとどまったジャンスとその同僚は、ウェスチングハウスのときとはまったく違う環境でマネジメントを行う必要に迫られた。それは、ただ単に一つの企業から別の企業へ転職するというよりは、まったく新しいキャリアを踏み出すようであった。ビジネス上の仮説、組織慣行、マネジメント・スタイル等、すべてを抜本的に変革しなくてはならなかった。考え方がまったく違っていたのである。

ウェスチングハウスでは、ジャンスとＣＥＯとの間には五階層のマネジメントがあった。しかしＡＢＢではそれが二階層になった。またウェスチングハウス時代は、三〇〇〇人を擁す本社の官僚主義に常に縛られ、欲求不満を感じていた。一方、ＡＢＢでは本社機構にはたった一五〇人しかおらず、逆に自給自足を要求されるようになった。また、ウェスチングハウスにおける意思決定はトップダウンで、それも多くの場合、政治的なものが関係していた。ところがＡＢＢでは、現場がイニシアチブをとることが求められ、意思決定はデータと分析に基づいて行われていた。

つまり、ジャンスの言葉を借りるなら、マネジメントは「この上ない挑戦で、権力のあるもの」となった。マネジメントの焦点も、社内の障害を避けたり、次の評価時に生き残れるようにいかに統計をいじるかといったことから、いかに機会を創造し革新を導き出していくかといったことへと変わってきた。ABBによる買収は、ジャンスと彼のチームにとって、単に身分の安定が得られただけでなく、まったく新しいタイプの組織の中で充実したキャリアを築いていく布石となった。そして、この新しい企業モデルでは、彼らに内在していた「組織の中の人間」は、すでに過去の人となってしまった。

マネジメントの再発見

ドン・ジャンスたちにとっての大きな変化は、一言で言うと、送変電・配電事業を成熟あるいは陳腐化した事業とは考えていない組織で働く機会を与えられた、ということであろう。ABBの当時のCEOパーシー・バーネビクは、電力機器の需要の落ち込みは一〇年にもなるが、それでも必ずや復活するという自信を持っていた。先進工業国にある既存の発電所はいずれ陳腐化し、また多くの開発途上国も、二一世紀に向けてインフラ整備に力を注ぐと考えたからである。彼はこの信念を証明するためには、有形の資源のみならず、個人的な時間とエネルギーをも費やす覚悟であった。

しかしながら、バーネビクは、新しい事業を成功させるためには投資と情熱だけでは足りないことを承知していた。電力事業において「世界を制覇する」という野望を成し遂げるためには、いくつかの基本的な矛盾を解決しうるような、特殊な組織を築き上げていかなければならなかった。また一方で、今後の需要に応えるために必要な新しい技術と、規模の経済を追求するには、地球規模で事業を営み、かつ規模の優位性を最大限に利用する必要があった。さらに、公益事業は国家が所有し規制が強いので、その国に深く根づき、かつ小企業が持つ柔軟性や機敏性を持ち合わせたところが新規の受注の大半を獲得すると考えられた。つまり、成功への実質的なカギは、企業の経営資源やトップの戦略的才能ではなく、企業のあらゆるレベルに深く根づいている組織的な能力にあったのだ。バーネビクはＡＢＢのビジョンの中で、次のように語っている。

私たちはグローバルでありながらローカルで、巨大でありながら小さく、また中央集権的でありながらかなり分権的でなければならない。このようなジレンマを解決したときに初めて、私たちは真の組織的優位性を築くことができるのだ。

ＡＢＢがこのようなジレンマを解決するには、ＡＢＢの有名なグローバル・マトリックスのような新しい組織形態だけではなく、新しい考え方も必要であった。それは、内部のあつれきを最小限にとどめ、地域的、機能的、文化的な障壁を取り除き、さらには社員が企業の中で起業家的な思考と行動ができるような考え方であった。そのためには、小さくかつローカルで、極度に分権化された組織が基盤となり、その上を大規模で世界規模の集中報告管理システムが覆っているような形態が必要だった。バーネビクがマネジメント・チームに再三言っていたように、この組織は個人の自発性を促し、個人の責任を明確にすることを目的に作られていた。

ＡＢＢのように巨大で複雑な企業を経営していくうえでいちばん大切なことは、企業を可能な限り簡素化し、現地化させることである。新聞の報道によると、ＡＢＢは三〇〇億ドル規模の多角化されたグローバル企業だそうだが、私たちの見解では、二〇〇〇人程度の組織一二〇〇社（当初、現在は一〇〇〇社）の集合体である。そして、各事業単位で実際のビジネスが行われており、彼らには明確な権限、責任範囲、そしてそれを実行していくための最大限の自由が与えられている。

この新しい考え方は、ジャンスの社内における役割を大きく変えることを意味した。企業という巨大な機械の歯車の一つとして身を粉にして働いていた優秀な業務執行者から、一転して、自分が担当する企業の発展に全責任と権限を担う起業家的な役割を任されたのである。ＡＢＢの独立法人、ＡＢＢリレーズ社の社長として、ジャンスは損益（Ｐ／Ｌ）責任のみならず、貸借対照表（Ｂ／Ｓ）についても全責任を負うことになった。つまり、キャッシュフローを管理しながら、親会社に対して配当を支払い、総利益額に対して平均三〇～四〇パーセントの内部留保を蓄積し、そこから効率的な投資をしていかなければならなくなったのである。また同時に、現地で借入れをすることもできるし、自己資本の増減にも毎年責任を負う。簡単に言うと彼の任務は、本部から来る新しいプログラムを執行することから、活力と持続性のある事業を築き上げていくことへと変わっていったのである。

ジャンスの意思決定を助け、より良い方向に導いていったのは、七人から成る運営委員会（steering committee）だった。この運営委員会は年に三、四回会合を持ち、ジャンスの会社の取締役会も兼ねていた。運営委員会のメンバーは、ＡＢＢのグローバル継電機器事業部門（社内用語ではワールドワイド・ビジネス・エリアといわれていた）、米国送変電・配電事業本部、およびＡＢＢ社内の最前線で関連企業を経営する仲間たちによって構成されていた。この運営委員会は、ジャンスにとって、新しいアイデア（たとえば組織変革案）に関する意見交換を行う場であり、また重要事項（たとえば戦略計画と事業予算の承認）などを決裁する場でもあった。

この新しく、かつ刺激的なマネジメントの枠組みの中で、ジャンスは自分の事業体だけに専念するのではなく、それ以上の役割も担っていた。カナダとプエルトリコにある継電機器事業会社、およびＡＢＢと深く関連のあるネットワーク制御会社の運営委員会にも招聘されたのである。すなわちジャンスは、戦略的に重要で、大規模な継電機器事業会社であるＡＢＢリレーズ社の社長として、ワールドワイド継電機器事業地域委員会の一員に選ばれたのである。その委員会では、グローバルに事業を運営するための戦略や、中核となる方針を決定した。

また経営資源と責任の委譲も、確実に組織の中に浸透していった。他社の社長たちと同じように、ジャンスは社内に五つのプロフィット・センターを作り、責任と権限を組織の下位レベルに委譲していった。そのとたん、以前は自分のことをエンジニアとしか思っていなかったようなマネジャーも、市場ニーズに注目し始め、財務業績に対して気を配るようになった。

人材とアイデアを、従来の境界線を越えて交流させるという考え方は、スタッフ部門にも影響を与えた。すなわち、現地のスペシャリストたちは、グローバル機能委員会に属することにより、企業の世界的業績向上に貢献できるよう、専門知識を提供することが求められた。この委員会では、品質管理、購買、人的資源管理、およびその他の主なスタッフ機能のスペシャリストたちが、日常的に情報交換を行いながら業績を比較して、その中からベスト・プラクティスを共有していった。

社員を当事者として関与させ、個人の自発性を促しながらアイデアを共有化するという文化は、最も小さい事業ユニットの現場にまで浸透していった。その例として、継電機器事業地域委員会がグローバル戦略の作成に着手したときのことが挙げられる。グローバル戦略を策定するにあたって、ブラジル、ドイツ、アメリカ、フィンランド、スイスの各企業の技術管理、マーケティングのマネジャーから九人の有望な人材が選ばれ、戦略提案のドラフト作成が命じられた。そして、このグループのアイデアと提案が、以後五年がかりで構築された四億ドルの継電機器事業の基盤になったのである。

ドン・ジャンスと他のウェスチングハウス出身の同僚たちが言う「マネジメントの再発見」には、この分権化組織が不可欠であった。しかし、無形ながらも、これよりはるかに重要な要素がある。この要素こそが「組織の中の人間」という殻を彼らに破らせ、ウェスチングハウスでは夢見ることしかできなかったような能力を、実際に発揮することを可能にしてくれたのである。それは新しいリーダーたちの職務に対する考え方を定義し直し、実際彼らによって具体化されていったマネジメント・モデルそのものである。

トップ・マネジメントの率先垂範

ＡＢＢのマネジャーたちとの最初のミーティングで、ジャンスたちはまず、マネジメント・スタイルの違いに驚かされた。新しい環境に対応するのに、それまでの経験がまったく役に立たなかったのである。買収完了後数週間のうちに、パーシー・バーネビクと当時ＡＢＢの電送事業担当副社長であったヨーラン・リンダールが渡米し、アメリカのマネジャーたちに全幅の信頼を寄せていると伝えた。また二人は、これまでの典型的な買収とは違って、買収によって親会社が戦略や事業運営に制限を加えないことを強調した。

ジャンスは、バーネビクとリンダールが自分に対し、部下としてではなく、同僚として接してくれたことに驚いた。ジャンスは当時を振り返り、次のように語った。「あの人たちは営業マン、弁護士、会計士のいずれでもなかった。継電技術と市場に関する重要な問題点に精通したエンジニアだった。また、これまでのウェスチングハウスの上司とは違い、変電事業が成長期を迎えようとしていることを信じており、そのために投資をしようとしていた。また彼らが知りたがっていたのは、『あなたがこの事業を成功させるために、私たちはどんな援助ができますか』ということであった」

お互いの関係がより密接になっても、バーネビクらトップ・マネジメントが表舞台から姿を消すことはなかった。むしろ現場の人間を刺激し応援することで、より関係が親密になっていき、ジャンスたち現場のマネジャーは喜んだ。ジャンスによれば、「会議やセミナーでしょっちゅうトップと顔を合わせていた」「彼らは何百枚ものスライドを見せてくれ、業界がいかに発展を続け、ＡＢＢが何を目指し、どのようにそれを達成しようとしているのかについて、何時間にもわたって話してくれた。これには感激した。これが本当の教育だと感じた」からだ。

バーネビクとリンダールは、電力産業のビジョンを明確に示すだけでなく、企業の中核となる価値観についても力説した。また、ＡＢＢが生活の質の向上にいかに貢献できるかを語った。Ａ

ＢＢの使命は、送電機器をただ販売することだけではなく、世界中の生活水準を向上させ、中国や東欧に自由競争と経済発展をもたらし、さらには石炭を燃やして煙を出すだけの発電所を過去の遺物に変えてしまうことだ、とバーネビクは説明した。企業の掲げる広範な使命に、社員たちに一個人として共鳴してほしかったのである。また、世界における重要な課題に対し、企業活動を通じて個人個人が影響を及ぼせるようになってほしかったのだ。

バーネビクらトップ・マネジメントは、魅力的なビジョンや価値観をただ明示するだけではなかった。個人の自発性と責任が企業哲学の中核にあるのだという信念を徹底するため、莫大な時間をかけて、独自の経営アプローチと事業運営スタイルを説明した。それは社内における敬意と思いやりを重んじるコミュニケーションに反映され、常に仮説を疑い、具体的解決案を提案し、実行することの奨励にもつながった。

ウェスチングハウスとＡＢＢの戦略的マネジメント手法で大きく異なっているのは、オープンなコミュニケーションである。価値基準戦略経営システムは、スタッフ部門が管理するトップダウンによる財務重視のモデルで、事業売却という手段をちらつかせながら、マネジャーたちに短期的な業績を重視させるものであった。ところがＡＢＢでは、ボトムアップとトップダウンの双方向のコミュニケーション・プロセスをとり、いかに長期的な競争優位性を築き守っていくかを、すべての階層のマネジャーたちが議論できるようにデザインされていた。このアプローチは、継電機器事業のワールドワイド統括責任者であったウルフ・ガンドマークの行動にはっきりと示されている。彼は七人の現場マネジャーによる検討結果に基づいて、戦略立案を行っていた。彼は以下のように述べている。

私は、一九七〇～八〇年代から引きずっている、戦略についての古い前提を振るい落としたかった。その古い前提とは、主に経営陣が定義づけ、番号のふられた極秘文書によって意見交換がなされ、また、基礎となる前提や目標がまったく疑問視されずに毎年見直され、更新されてきたものなどである。私はあらゆる階層のマネジャーを巻き込み、幅広く自由に意見交換を行い、また、常に皆が異議を申し立てることができる戦略立案のプロセスをとりたかった。

全員が質問でき、意見を述べることができる（当然それは必須能力でもある）ような組織の能力は、マトリックス組織の中で醸成され、またバーネビクらトップ・マネジメントが常に強調してきた経営規範によって強化された。そして会社は、常にフィードバックと開かれた討論を奨励した。ただし、そこには一つの条件があった。それはお互いの相違点を解決し、実行に移すことであった。このような環境下で、ジャンスのような現場の第一線のマネジャーたちは、これまで以上の自由を与えられ、イニシアチブを発揮するよう求められたのである。

ジャンスは、自社で電子継電機器を作る能力を開発するために、新規の人材採用と製品開発の費用として、初年度に一五〇万ドルの予算を計上した。これに対し、彼の上司であるガンドマークは賛同してくれたが、ジャンスのマトリックス組織上、地域担当の上司にあたるウェスチングハウス出身のジョー・ベーカーは反対した。全米の電力送電・配電事業部の予算が達成できないのではないか、というのがその理由だった。ベーカーは、ジャンスの反応を以下のように振り返っている。

ジャンスは本当に怒り、私あてに強い抗議の手紙をよこした。ウェスチングハウスにいたら、おそらく彼はクビになっていたであろうが、ここでは反論することを奨励している。私はこんなことをされるのはけっして好きではなかったが、彼の行動自体についてはうれしく思っている。そして、もし本気で研究開発を行いたいのであれば、一年間スウェーデンの予算で行えばよいのではないか、と私が運営委員会でウルフ・ガンドマークに提案したときは面白い議論になった。最終的にはジャンスのプロジェクトは承認され、私の予算も維持することができた。

このような出来事とその結果は、各社員が一個人として会社に参画していると感じられるような、組織の雰囲気をつくり上げていった。ドン・ジャンスは、自分が貢献している広範な目標と、自分の個人的な価値観とが一体化していることを、彼のキャリアの中で初めて実感したのである。

ついに彼は、自分が関与する世界を左右するような意思決定に携わるようになっていたのである。

異端児か、それとも模範生か

それでは、どのようにすれば他の企業も、ＡＢＢが成し遂げた変革を真似することができるのだろうか。これは特殊なケースで、真似することはできないのだろうか。バーネビクのようなカリスマ的なリーダーだからできたのだろうか。あるいは、個を活かす企業を経営するのに必要であった徹底した変革を、ジャンスたちが受け入れたこと自体が特別なのだろうか。

私たちは六年の歳月を費やし、事業領域も地域もまったく異なる企業二〇社を対象に、実際に起こっている大きな変革について調査を行った。その結果、前述した三つの問いに対する答えは間違いなく「ノー」であることがわかった。変革の方法、手段やプロセスは企業によって異なり、それぞれの企業の状況にうまく適合させていくしかない。しかし、ＡＢＢが達成したように「人々の行動を変え、業績を好転させる」ことは、他の企業でも成し遂げることができるのだ。必ずしもＡＢＢがすべての企業の手本になるというわけではないが、少なくとも、どのようなことができるかを示すよい事例とはなるだろう。

ここで強調しておきたいのは、ＡＢＢ内でも言われているように、ＡＢＢは完璧な企業ではないということである。ドン・ジャンスは、私たちとのインタビューで、次のワールドワイド継電機器事業地域委員会用の「組織のバランスシート」を見せてくれた。このバランスシートの資産の部には、十数項目もの特性が列記されていた。たとえば、トップの明確なビジョンと期待、協調的なマネジメントや相互の尊敬を推進する一貫性ある方策、また「いつまでに、何を、どのようにして」を明確にする強い倫理観などである。

一方、右側には同じような長さで負債の項目があった。その中で強調して書かれていたのは、事業のマネジメントと国別のマネジメント間に緊張関係があることや、技術を共有する際に存在する障壁、また、長い時間を必要とする統合のプロセスにおける問題であった。ジャンスがこのような組織のバランスシートを作成し、上司や同僚との討論に活用したことは、だれの目から見ても完璧とはいえないこの企業の経営を、「魅力的なもの」にする一助となった。このようにしてつくり上げられた環境下では、個人の自発性が重んじられ、フィードバックや反論が期待され、また、協力的行動が絶対的なものであるとされていた。

私たちは、ウェスチングハウスには存在しなかった個人に対する揺るぎない信頼が、多数の企業において築き上げられているのを見てきた。そして、どのような企業であっても力を注げば、ABBの米国継電機器事業部で見られたような起業家精神や協力の精神を発揮させることができ、また、彼らと同じように良い結果を生み出すこともできると確信している。

第 II 部

Drawing How Companies Really Works

「組織の中の個」から「個を活かす組織」へ

第2章 個人への信頼——自発性と起業家精神を育てる

トップが組織を見るのと末端の人間が見るのとでは、同じ組織であっても大きく違っていることが多い。CEOにとって組織とは、秩序と調和と画一性であり、企業の実行すべき仕事と優先事項とを分担する、よく計画された精密な道具である。一方、現場の不運なマネジャーにとって組織とは、顔の見えないマネジャーの集合体であり、まるで、エネルギーと時間を吸い上げていく形のないスポンジのようにしか見えない。GE(ゼネラル・エレクトリック)のCEOジャック・ウェルチは「組織とはCEOに顔を向け、顧客にお尻を向けているものだ」と実にうまく表現している。

前章において、組織が下のほうからはどう見えるかを、ウェスチングハウスのマネジャー、ドン・ジャンスの立場から描いてきた。これはウェスチングハウスを、悪いマネジメントの代表として取り上げるためではない。実際、当時のウェスチングハウスは、新しいマネジメント・システムやプログラムの導入で最先端にあると評価されていた。私たちがウェスチングハウスを取り上げたのは、以下のような理由からだ。組織は本来、有能な人材の持つエネルギーと専門知識を利用するためのものであるはずなのに、現代的なマネジメントのアプローチと合理的な企業モデルによって、逆に人の持つ力を破壊したり、制約したりする環境がつくられてしまう。その一例として紹介したかったのである。

この問題は特に新しくも珍しくもない。よく知られているとおり、世界の大企業の多くが、発展の原動力となった起業家的な輝きや個人の自発性を失いつつある。大企業の何千人もの現場のマネジャーたちは、官僚的なスタッフ部門から口うるさく干渉されるのに疲れ果て、細分化された組織構造によって必要な経営資源から遮断され、さらには乱立する社内システムや手続きによって外界との接触もままならない。新たな機会や創造的な新しいアイデアを追い求めるだけの、動機も気力も失ってしまっている。つまり、物事を実現させようと一生懸命になっているよりも、必然的に起きることをただ一生懸命にこなしているだけのことのほうが多いのである。

しかしながら、この一〇年間、ほとんどの企業はこの問題を認識しながらも、解決策を見出すのではなく、むしろそれを避けて通ってきた。DEC（デジタル・イクイップメント）やGM（ゼネラル・モーターズ）では、官僚的組織が起業家精神の妨げになっていることを認識し、「スカンクワーク」といわれる、ラインから離れた仕組みを作った。官僚的組織から干渉されずに、新しいアイデアを生み出し育成できるような環境を提供するためである。IBMとコダックでは、新しいプロジェクトを独立子会社としてスピンオフさせることで、本体の圧力と構造から解放した。またポラロイド、キャタピラーなど、ベンチャー・ユニットを設けたところもいくつかある。新しい案件に対して、通常の資本予算システム以外から資金を投入し、ベンチャー・キャピタルのように事業を育てる効果を狙ったのである。

こういった新たな試みは、起業家的な活動を促した点ではある程度の成功を収めた。しかし、長期的かつ包括的な解決策を生み出すことができたのは、ごく限られた例だけであった。問題点の一つは、起業家的な自発性を妨げている官僚的組織と複雑化したシステムの改革に取り組まず、それを迂回してきたことにある。たとえばＩＢＭでは、スピンオフした子会社がパソコンを開発し、市場に導入することができたが、この成功は、ＩＢＭ本体における個人の自発性や創造性を刺激することにはならなかった。そればかりか、この子会社が本体に再び統合されたときには、起業家精神を守っていくことすらできなかったのである。

これは「組織の中の人間」の遺物であった。合理的で権威を基盤とした企業モデルは、「プロフェッショナル・マネジメント」の思想によって形づくられ、ＩＴＴのＣＥＯハロルド・ジェニーンが言うように、「個人を資産のごとく、予測可能で管理可能」な資源として扱うことにより機能したのである。ひとたび企業が画一性や従順さを求め、それを強化した後では、いくらトップ・マネジメントが個人の自発性を強調し、また個人がリスクを取ることを奨励してみても、大勢に影響を与えることはできなかった。

しかし、このような組織の合理性と画一性という広大な砂漠の中でも、例外的にオアシスのような企業を見つけることができた。そこでは、個人が絶えず斬新なプロジェクトを生み出し、リスクを取り、また現状打破を試みていた。おそらくその中でも最も大規模かつ有名なのは、3Mであろう。3Mは、「企業内起業家という言葉自体矛盾している」という考え方に異議を唱える人たちにとって、ベンチマーク的な存在になっていたのである。

制度に組み込まれた3Mの起業家精神

3Mが、長い時間をかけてどのように起業家精神を組織の血流としてきたかを理解するために、研磨材事業における競合企業であるノートンと比較しながら、発展の軌跡をたどってみよう。戦後、両社は規模的にはほぼ同格だったが、3Mは老舗のノートンにとって取るに足らない、新たな挑戦者にすぎなかった。しかし、一九五〇年代半ばまでに3Mはノートンの二倍の規模となり、さらに六〇年代半ばには四倍、また七〇年代半ばには売上げ規模で六倍、そしてついに八〇年代半ばには八倍の規模にまでなった。九〇年代半ばには3Mは、『フォーチュン』誌の「最も称賛される企業」（The Most Admired Company）のランキングに常に登場していた。一方のノートンは、フランスの巨大企業セント・ゴバンに吸収されてしまった。

大規模な多角化企業を経営するうえで、両社はまったく異なるアプローチをとってきた。ノートンは、一九二〇年代に流行したシステム重視のプロフェッショナル・マネジメント手法を最も早い時期に取り入れ、そして最も熱心な信奉者となった。またノートンは、当時流行していた事業部制を取り入れ、財務管理システムを革新した。さらに、PIMS回帰モデルやボストン・コンサルティング・グループのプロダクト・ポートフォリオ・マネジメント（PPM）など、最先端の戦略立案システムを導入した。スタッフ部門による専門的な分析に支えられ、ノートンのトップ・マネジメントは一貫して買収による成長の戦略を追い求めた。同時に、戦略事業単位（SBU：Strategic Business Unit）のポートフォリオ上の役割と業績をモニターしながら、収益性を追求してきた。

このような手法が経営の最先端であった時代において、3Mのやり方はノートンとは対照的で、まったくあか抜けていないものだった。実際、ミネソタ・マイニング・アンド・マニュファクチャリング・カンパニー（3Mの正式社名）ほど、事業立ち上げの時点で先の見通しが暗かった企業は少ない。

同社は、鉱業事業の立ち上げ当初、なかなか利益を上げられなかったときに研磨材事業に参入した。そしてウイリアム・マックナイトという若い経理担当者が指導力を発揮するまで、製造業としての業績も、鉱業と同様、パッとしないものだった。マックナイトは二〇年代に3Mのトップの座に着き、当時最先端といわれていた経営手法とは多くの点で相反する経営哲学をつくり上げていった。しかし次第に彼の信条が３Ｍの組織規範や行動様式の中に織り込まれていき、いまでは現代における最も成功した企業、かつ継続的に革新している企業の一つにまで成長したのである。

マックナイトの組織とマネジメントについての考え方は、二人の重要な人物により大きく影響されたという。二人とも、３Ｍが成長する過程で起こった出来事の当事者だった。

一つの出来事は、マックナイトが初めて製品開発専門に雇い入れた、天才的発明家だが変わり者のフランシス・オーキーの成功だった。オーキーの最初の発明品は耐水研磨紙で、この新製品は広く市場に受け入れられ、大成功を収めた。この成功は、研究や実験の重要性を証明しただけでなく、３Ｍの事業を成功させるためには製品の差別化が不可欠であることをも示したのである。

もう一つの重要な出来事とは、一九二三年にオーキーの若い研究助手であったリチャード・ドリューが、ある自動車工場を訪問したときのことである。ラインの作業員が新しいスタイルのツートンカラー塗装の工程で四苦八苦しているのを見て、ドリューは直感的に、これに対する良い解決法があるのではないかと考えた。彼は、３Ｍの基礎技術の中核であった接着技術と塗布技術を研究し、後にマスキング・テープという商品名で知られるようになった新しい製品の開発に成功した。ここでの教訓は、顧客のニーズを満たす技術的解決策を積極的に探ることによって、たとえコアになる技術が少なくても、価値ある技術革新を行うことができるということであった。

この二つの出来事は、３Ｍの経営哲学に大きな影響を与えた。変わり者のオーキー（彼は長年髭を剃る代わりに、紙やすりで削っていた）の数々の成功により、マネジメントは型破りなことに対しても寛容になり、天才の価値を認めるようになってきた。その後、三〇年にドリューがスコッチ・ブランドのセロファンテープを開発して大成功を収めたことと合わせ、二〇年代におけるこれらの出来事は、平均的な人間が持つ能力を信頼し続けることの重要性を、マックナイトら経営陣の意識に強く刻み込んだ。

ノートンは、複雑な組織構造と洗練されたシステムを作り上げた。これは、トップ・マネジメントによる戦略目標の設定、限られた経営資源の有効配分、事業目標の設定、進行中の活動の管理などを容易にするためである。一方のマックナイトは、マネジャーたちに、「普通の人が並外れた成果を出すような組織風土」を生み出すうえでマネジャーが担うべき重要な役割について説いた。この経営哲学は、新しい組織構造やシステムの力を利用するのではなく、社員の持つ潜在能力を認識することに焦点を当てたものだった。

年月を経るに従って、両社のマネジメント・スタイルの違いがより明らかになってきた。ノートンでは、マネジャーの役割は細かく定義されていた。一方、３Ｍでは「一五パーセントルール」を定め、マネジャーは自分の時間の七分の一を、将来会社に貢献する可能性のある、個人的な「秘密プロジェクト」に費やすことが許されていた。ノートンでは、資源配分の意思決定は精巧な計画立案プロセスと管理システムによって行われていた。しかし３Ｍでは、「少し作り、少し売る」という思想からもわかるように、マネジメントは自分たちよりも市場のほうが、事業のポテンシャルについて優れた判断を下せると信じていた。そして、良いアイデアを持った人に対しては、成功の光が見えるまで、できる限り追加的な投資を行うべきだと考えていたのである。

ノートンの事業部制は、トップダウンで仕事をバランスよく、しかも合理的に階層分けする組織であった。逆に3Mは、「成長と分割」の原則に基づいて作られたボトムアップの組織で、優れたアイデアを持った個人に対しては、事業部門が投資することも認められていた。アイデアを成功させたチームは、新しい部門として承認され、その後一事業部に格上げされた。また、こうして新しくできた事業部が、さらなる新しいアイデアに対する投資を行い、自己変革のサイクルを継続していったのである。

3Mの社内の雰囲気は、あるときは活気に満ち、またあるときは秩序のない実験であふれていた。一方ノートンは、合理的かつ論理的で、きちんと組織立った企業であり、内部では生み出せない多様性を企業買収で獲得し、成長してきた。一九九〇年代までに、3Mは〝普通の人たち〟の起業家精神の下で一〇〇以上のコア技術のポートフォリオを創造し、この技術ポートフォリオをテコに、六五万種類にも及ぶ製品群を生み出してきた。これらの製品群は、四七の製品部門の下にある三九〇〇のプロフィット・センターによって管理されている。

紙やすりのビジネスから始まったこの鍛え抜かれた企業は、多くの事業が成熟しているにもかかわらず、個人の自発性により成長を続け、売上げの三〇パーセント以上を過去四年以内に市場導入した製品群から生み出している。

かつての強敵ノートンが苦闘しているのに、なぜ3Mは成功を続けているのだろうか。また、どのようにすれば他の企業も3Mのように、制度化された起業家精神を発揮するための原動力を持つことができるのだろうか。

多くの企業はベンチマークのために、3M本社へと巡礼の旅に出掛け、こうした疑問に答えを出そうとする。そして、単純ではあるが確固たる結論を持ってこの旅から帰ってくる。これら企業によれば、3Mの行動の枠組みを作り上げている組織構造やプログラム、インセンティブ制度に秘密があるわけではないようだ。そうした構造的特徴は、3Mのような強力かつ持続的な起業家精神を育てられなかった企業のものと大差ないからである。

3Mが他社と違う点は、単純ではあるが大変重要な意味がある。すなわち、同社の行動すべてにおける基本は、「個人の能力に対する、深く誠実で揺るぎない信頼」にあるということだ。3Mの一連の組織方針や経営慣行は、この基本となる信念の下に築かれ、これをテコにしているのである。

3Mが持つ企業文化には特別なものがあるが、その基本的な内容がユニークだというわけではない。ほかにも数社ほど、起業家精神にあふれた企業の事業環境を調べてみると、いずれも現場の自発性を高めることに成功していた。3Mと後述するISSの事例とABBの教訓から、制度化された起業家的な行動における三つの共通する特徴を導き出すことができる。

●個人の自発性を引き出すためには、自分が関与していることについては「当事者意識を持つ」ように仕向ける。これは大企業よりも、小規模な企業のほうがやりやすい。言葉で表現すると当たり前のように感じられるが、実際にはノートンのように、多くの企業ではまったく正反対の効果を生み出すような組織を作り上げているのである。

●自分が当事者意識を持っているという自覚に加え、強い自己規律も必要である。これは、現場の自発性を企業の全社的方向に合わせ、あちこちに散らばっている起業家精神が混沌とした状態に陥るのを防ぐためである。自己規律は個人が持っている行動規準のことであり、上から課せられる管理とは異なるものである。

●マネジメントは、部下の疑問に答え、失敗を許容するような支援的な文化をつくることで、個人を尊重していることを示す必要がある。そのような環境でなければ、現状を変えるために必要なリスクを自由に取ることもできず、個人への真のエンパワーメントは実現できない。

当事者意識を育てる

皮肉なことに、現代企業の歴史を振り返ってみると、社員がかつて会社に対して持っていた強い一体感、帰属意識、当事者意識は、企業が権限委譲を強力に推し進める過程で失われてきていることがわかる。事業部制を生んだ経営思想の下では、権限委譲の結果、管理が必要となった。委譲された権限に対してトップ・マネジメントが管理する必要が生じたのである。それは組織に新しい階層やより精巧なシステムを作り出し、結果として起業家精神をつぶすことになった。

新しい組織構造とシステム重視の経営手法は、全盛期には強力で有効な革新をもたらした。しかしこの経営手法には副作用があり、時が経つにつれて、それが徐々に企業の活力を減退させた。

企業内における情報の共有と意思決定プロセスに根本的な変化が起きると、現場のマネジャーとその上位のマネジャーとの関係に亀裂が生じてくる。現場のマネジャーは、自分たちの創造的思考や精緻な分析も、画一化された報告書の様式によって縛られ、そしてトップ・マネジメントのために報告書を統合する過程で、情報が抽象化され、まとめられて、同じようなものになってしまうことに欲求不満を募らせ始めていった。上位のマネジャーが創造力豊かな現場のマネジャーたちの考えにフィルターをかけ、評論し、解釈することで、現場のマネジャーたちはその議論や評価のプロセスから疎外され、ついには欲求不満が無関心へと変化していったのである。そして彼らが苦労して作り上げた計画や提案が、最終的にはＲＯＩ（投資収益率）という一つの数字になり、戦略ポートフォリオ上の一つの点になってしまったときには、無関心はあきらめや皮肉な態度となって、情熱は完全に冷めてしまったのだ。

つまり、現場のマネジャーたちは、トップ・マネジメントが、実際に事業を行っている人間の考えや夢や情熱をほとんど無視した抽象的データに基づいて、勝手に意思決定を行っていることに気づいたのである。このために夢をあきらめ、数字をシステムのフォーマットの指定された場所に書き込むといった受け身の姿勢で、従順に服従することに逃避していく者もいた。また、なかには反抗的な態度を示す者もいた。彼らはなんとかして「システムを壊そう」と数字をごまかしたり、水増ししたり、ときには裏取引を行ったりした。いずれにしても企業と個人の関係は、病的なまでに壊滅的な状態になっていった。

こうした当事者としての当然の権利さえもない状態に対処するために、ＡＢＢをはじめとする多くの企業は、ドン・ジャンスのような孤立し疎外されている人々を再活性化させようとしている。その過程で、３Ｍが長い年月をかけて理解し、実施してきた真実を見出す企業も出てきた。すなわち、再び人間に関心を向け始めたのである。個々の人間を再活性化させるための第一歩は、彼らに当事者意識を持たせることだと気づいたのである。このことは、「事業部」を基本的な単位とするこれまでの組織哲学を再考し、その代わりに各人の影響力が目に見えるような、より小規模なユニットに置き換えていく必要性を提示している。

◉小規模な事業ユニットを作る

３Ｍの組織は、トップダウンではなくボトムアップによって成長していった。つまり、個人の自発性がプロジェクト・チームを生み、それが成功した場合、そのチームが部門に格上げされ、さらに事業部へと成長する機会が与えられていた。ＡＢＢが三〇〇億ドルの企業体を一二〇〇の独立事業会社に細分化したのは、３Ｍ革新の原動力ともなった一体感と当事者意識を再現するためであった。何百もの企業が、同じような動機から組織の階層を減らし、小規模なユニットを中心に組織を再構築した。

しかし、ノートンをはじめ多数の企業が、組織のフラット化や人員削減、また組織の再構築だけでは、個人の自発性を取り戻せないことに気づいていた。現場における士気の低下はいまに始まったことではなく、以前からも認識されていた問題であった。そして小規模なユニットを作るなど、いくつかの方法を用いて解決策を模索したが、いずれも失敗に終わった。たとえば、一九七〇年代に乱立されたプロフィット・センターや、八〇年代の戦略事業単位は、いずれもいくつかの重要な貢献をしてはきたものの、社員一人ひとりの活性化や、企業における起業家精神の再生までには至らなかったのである。

主に業務管理上の必要性から、これまでも組織の再構築が行われてきた。たとえば、より効果的な事業予算を作成するためにプロフィット・センターを作ったり、より優れた戦略立案を行えるように戦略事業単位を作るなどである。最近の再編の動きも、主に従来の組織構造やシステムを、より効率的に運営することを目的としたもののようである。ところが個を活かす企業への変革には、まったく異なった組織上の論理が働く。つまり従来の、トップが権威を駆使して現場をコントロールするのとは対照的に、現場のエネルギーを結集させ、彼らの自発性の後押しをするのである。

そのような組織モデルのよい事例として、ISSのCEOを長年務めているポール・アンドリーセンが築いた組織構造と経営哲学がある。アンドリーセンは、三大陸一七カ国に広がるネットワークを築き、ISSを二〇億ドルの売上げを誇る超優良企業に成長させた。清掃事業は、たちの悪い競合企業や同族経営的な企業によって支配されており、ISSの成功は驚異といっても過言ではない。この成功の主な要因は、社員が強い忠誠心を持ち、彼らの起業家精神を伸ばしていけるような小規模なユニットで組織が構成されていることであろう。

七〇年代初頭にアンドリーセンは、単一的な組織構造を壊すことができれば、現場のマネジャーたちが既存のオフィス清掃事業を、病院、学校、スーパーマーケットといった関連施設にまで広げることができるだろうと考えた。彼はこのビジョンを伝えるため、サービス重視の新しい哲学を打ち出した。その哲学とは、「現場を養成する」ことで組織が新しいビジネスチャンスを創造できるようにする、「マジック・フォーミュラ」と呼ばれるものであった。

それまでISSは一つの国に一つの子会社を持ち、それぞれが三つの本社部門に報告する体制をとっていた。しかし、アンドリーセンは子会社を分割し、一つの国により小規模な子会社を五〜六社作り、それぞれが特定の市場分野で特色のあるビジネスを生み出せるよう、組織を再編成した。組織分割により事業運営費が上昇することは避けられなかった。だがアンドリーセンは、末端の清掃員をはじめとする現場の個人個人に、事業拡大のためになくてはならない一体感や当事者意識が芽生えてくれれば、コスト負担以上の結果が期待できると信じていたのである。

顧客に最も近い現場に活気が生まれたことで、会社はかつてない成長期を迎え、アンドリーセンの判断が間違っていなかったことを証明した。たとえば、スーパーマーケット清掃会社の社員たちは、食肉売り場や冷凍庫、空気清浄システムを清掃するための特殊な技術を開発し、通常のサービスより高い価格でサービスを提供した。その後も個人レベルで起業家的活動が広がり、ラベル貼り、制服の洗濯、そしてショッピングカートの修理といったビジネスまで誕生した。こうした社員の自発性により、新しいビジネスラインができあがっていった。またオランダでは、利益率が高い食肉加工場の清掃事業を始め、イギリスでは空港設備清掃契約を結んだ。ドイツでは、東ドイツの統合により発生した瓦礫の処理に関する新規ビジネスが生まれた。

ここで重要なのは、ＩＳＳ、ＡＢＢ、３Ｍが、大きな組織単位で事業を運営しなかったということではない。事実彼らの組織図は、ウェスチングハウスやノートンと同じように、表面上は階層的で官僚的に見えるかもしれない。違いは、組織単位のとらえ方とマネジメント方法にあった。たとえば３Ｍでは、事業部の大部分が成功した新製品を中心に生まれたものである。新製品はプロジェクト・チームが主導し、それから現場部門で育てられるのが一般的であった。このような現場の自発性によってできた組織では、事業部のバイス・プレジデントたちの役割や、彼らとプロジェクト・チームや部門との関係は、行政的な組織単位のトップの役割や、チームとの関係とは根本的に異なっている。ここで言う行政的な組織単位とは、運営上依存関係があったり、戦略的に相乗効果が期待される製品や事業を統括するものである。

結論として、マネジャーたちが人間の動機づけについてどう考えるかで、すべてが説明できるのである。ノートンのプロフィット・センターやウェスチングハウスの戦略事業単位では、マネジメントの役割は現場の社員の動機づけにあるとの考えの下に、業績評価や報酬システムを設計してきた。一方、3Mのプロジェクト・チームやISSの子会社のトップは、社員一人ひとりが自らを動機づけるために、刺激を与え支援するような職場環境をつくり上げることが、自分たちの責任であると信じていたのである。

◉経営資源と責任を徹底的に分権化する

3MやABB、ISSが、非常に起業家精神にあふれたユニットを作り上げることに成功したのに対して、ノートンとウェスチングハウスがこれに失敗した重要な原因がもう一つある。それは、「何が人間を動機づけるのか」についての考え方が違っていたことである。ノートンやウェスチングハウスのトップ・マネジメントは、戦略策定者として、重要な資源を直接管理することが自分に課せられた任務であるという考えに固執していた。一方、真に個を活かす企業として成長してきた組織では、最も顧客に近い、あるいは技術に詳しい人が、激変する環境と市場機会に的確に対応できると認識していた。

この認識に加えて個人に対する信頼が根底にあると、経営資源と責任を徹底的に分権化できる。人間、権限、そして戦略的資源のすべての面で大きな移行があって初めて、従来の権限委譲が真のエンパワーメントに変わるのである。そして真のエンパワーメントだけが、小規模な事業ユニットの持つエネルギーを分散させることなく、付加価値の創造に結びつくのである。

この真のエンパワーメントを最も象徴的に実践している企業がＡＢＢである。ＡＢＢのパーシー・バーネビクは、本社主導のマネジメントから現場の事業会社によるマネジメントへ権限を再配分することを、二〇〇〇人以上の本社スタッフを一五〇人に削減することにより示した。これをきっかけとしてバーネビクは、後に「九〇パーセント・ルール」として知られるようになった、人材の配属に関するガイドラインを作成した。このガイドラインは、事業部や地域レベルでの活動や、買収企業の本部のオペレーションに適用された。これは、すべての本社スタッフのポストを九〇パーセント削減し、その余剰人員を事業に直接貢献できる現場や、本体からスピンオフしたアウトソーシング企業に配属して、付加価値のあるサービスを競争的な市場価格で提供するか、もしくは退社させるというものであった。

この本社機能の大幅な再編により、莫大なコストを削減できただけでなく、事業部や本社レベルのシニア・マネジャーと、事業会社やプロフィット・センターの現場のマネジャーとの関係も大きく変わった。二〜三人の部下しか持たない本社のエグゼクティブは、彼らの配下にある多くの独立事業の活動には介入することができなくなった。さらに、人材の九五パーセント、研究開発予算の九〇パーセント、借入能力や収益をどれだけ内部留保するかによって決まってくる財務資源などの会社の資源の大部分を、事業会社が管理できるようになった。このため現場のマネジャーは、以前は階層組織であるためにいつまでも承認を待っていたようなことでも、いまでは自分で意思決定できるようになったのである。

ＩＳＳも徹底した資源の分散化や権限委譲に対する強い信念を持っている。ＩＳＳのポール・アンドリーセンは、顧客に近い所に位置する独立採算企業の大切さを長い間訴えてきた。そして上級役員たちが事業会社に対して口出しできないように、「万里の長城」のごとき大きな壁を築いたのである。３Ｍが、社内に分散している一〇〇カ所以上もの専門の研究所に研究開発に必要な資源や能力を持たせたことも、同じような考えの表れである。これらの研究所は、起業家的な活動を導く現場のプロジェクト・チームに隣接しており、オーキーやドリューといった先駆者たちが確立した、「市場に直結した所から革新を起こす」という伝統を受け継いでいることがわかる。

だが、資源の分散化によって、現場のマネジャーたちが資源の活用に関する完全な自治権を得たわけではない。ＡＢＢ、ＩＳＳ、そして３Ｍでは、マネジメントが適切に評価・承認できるようなメカニズムができている。たとえばＩＳＳでは、国別の子会社は独立法人としてそれぞれに取締役会を有し、取締役会は事業内容に詳しい本社の役員や、専門知識や経験が豊かな外部の人間によって構成されている。四半期ごとの取締役会では、現地事業部のトップが自分のアイデアを出し、メンバーから意見を求め、戦略計画、事業予算、資本支出などの承認を得る。ＡＢＢも一〇〇〇の事業会社に対して、これときわめて似た機構を作っている。３Ｍの「少し作り、少し売る」という哲学が奨励しているのは、提案されたプロジェクトを早い時期にかつ頻繁に見直し、単なる合理的な分析よりも、プロジェクト推進者の信念やコミットメントを重視して追加投資の判断を行うことである。

どの企業も、権限を放棄したり、資産と資源の管理をやめてしまったわけではない。見直しや承認のプロセスを組織のより下のほうに移すことにより、現場にいるマネジャーたちがかつて欲求不満を感じていたような、手間がかかり、応答がなかなか得られない資源配分プロセスを短縮したのである。つまり、現場で働く人間に対する信頼が反映されるようなプロセスを作り、それによって現場のマネジャーに当事者意識を強く持たせたのであった。

自己規律を育てる

顧客や技術に最も近い人間に資源や権限を与える、分権化の進んだ組織で働いた経験のない人たちは、このような組織に対して常に一つの疑問を投げかけてくる。それは、「このような組織が方向性を失い、混沌に陥るのをどのようにすれば防ぐことができるのか」という疑問である。この研究を通じて、私たちは何十回もこのような質問を受けてきた。特に懐疑心の強いマネジャーは、ＡＢＢや３Ｍ、ＩＳＳがとってきたアプローチやその素晴らしい成果に対して、自分たちも同じようなことができるのだろうか、という疑問を私たちに投げかけてきた。反対に、小規模な組織において自由な雰囲気を味わっている人たちからは、「階層による権威によって人間関係が決められている組織では、どのようにして個人の自発性を育てられるのだろうか」という質問を受けた。

本書で取り上げている個を活かす企業に、秩序がないというわけではけっしてない。事実一〇〇〇の事業会社から成るABBが秩序立った行動をしていないとしたら、競争の激烈な動力機器産業を支配するまでには至らなかっただろう。また、明確な目標や厳しい業績基準なしに、ISSが利益の薄い清掃産業でここまで生き抜いてこられたはずもないのである。さらに3Mにおいても、混沌の中で製品開発を行っていたとすれば、毎年何百にも及ぶ数の新製品を市場で成功させることはできなかっただろう。これらの企業が焦点や方向性を定め、業績を達成しえたのは、起業家的組織の戦略計画や事業予算を厳しく管理したからではなく、社員一人ひとりの毎日の仕事や行動の中に、全社的なレベルで規律を深く刻み込ませたからである。

目標設定のプロセスにおける上司と部下との話し合いは、常にある程度、ギブ・アンド・テイクの交渉になることは間違いない。しかし組織内の業務にきちんとした規律を持ち合わせた企業では、従来の計画立案や予算編成プロセスに見られるような、泥棒と警官のような関係はほとんどなくなる。ABBや3Mのように自己規律を求められている組織環境と、ウェスチングハウスやノートンのようにコントロールと服従に支配された企業文化とでは、根本的に異なっている。人間は、より自由な環境に置かれると、ただ単に指示に従ったり方針を守ったりする以上のことを行うものである。つまり、自己規律の徹底している組織では、自分の行動に対しては、自分できちんと責任を負っているということである。これは、すぐに折り返しの電話をするとか、時間どおりに会議に来るとか、あるいは約束を守る、といった社員の些細な行動からもすぐにわかる。

ごく当たり前のこととして規律が存在する組織を築き上げるには、多くの時間と労力が必要である。しかし一度できあがってしまえば、いままで課してきた束縛を取り除き、中間層や現場で働く人たちのエネルギーを発揮させることが可能になる。組織に規律を徹底させていくための最も有効な手段は、明確な業績基準を設け、情報を公開し、社内の同僚たちとの比較に基づいて、継続的に挑戦させる環境をつくり上げることである。

◉明確な業績基準を設ける

エンパワーメントとは放任することではない。資産や資源、責任を下に委譲する必要性を認めたマネジャーたちが犯してきた大きな過ちの一つは、委譲する際に行動のガイドラインをほとんど示さず、また期待される成果も明確にせず、さらには業績評価の基準もあいまいにしてきたことだ。このような多くの試みが一方の欲求不満を募らせ、もう一方を失望させる結果に終わったのも当然のことである。

つまり、マネジャーが日々の管理の手綱を緩めるときには、その代わりに明確な業績基準と、どのような行動を期待しているのかをはっきりさせる必要がある。これらの基準と期待は、ビジヨンのあいまいな目標に比べ、より現実的で測定可能である。また、年次予算の項目をただ並べるよりは、より包括的で持続的だ。つまり、目標のバーの高さを決め、自己裁量の条件を定義づけるものとなる。

紙より薄い儲けしかなく、成長のポテンシャルも限られた清掃業という成熟産業において、ISSは子会社のマネジャーたちに対して利益率と成長率の目標を設定した。最低でも税引前利益率五パーセントと一二パーセントの成長率を達成している限り、マネジャーたちは頑丈な社内の「万里の長城」に守られ、ほぼ完全に自由な状態で事業を運営していくことができたのである。

数十年にわたり、3Mは各事業への期待をより明確に示すために、いままで以上によく練り上げた業績基準を作ってきた。それぞれの事業部は、「売上げ・収益の成長率一〇パーセント（インフレ調整後）、税引前利益率二〇パーセント、そしてROE（株主資本利益率）二五パーセント」という企業目標に、直接貢献することを求められた。一方で3Mには、以前から「売上げの二五パーセントは過去五年以内に導入された製品によって構成されていなければならない」という、現場の革新的なイニシアチブをさらに強めるための非常に有名な目標があった。そして一九九二年、CEOのリビオ・デジモニは、四年以内の新製品が売上げに占める割合を三〇パーセントにするよう目標を高め、新製品の導入目標を実質五〇パーセントも引き上げた。

この目標は、産業用研磨材から手術用製品に至るまで、3Mの事業部すべてに平等に適用された。このことについてデジモニは、「わが社の事業の一部はすでに確立されているが、成熟しているものはなく、最も古い製品でさえもまだ成長率と利益率の要求水準から外されることはない」と語った。

しかし、すべての基準が業績目標という形をとっていたわけではなかった。最も効果的に分権化されている企業では、現場のマネジャーが本社のリーダーシップの下に、細かく規定された行動規範に基づいて、比較的自由な行動をとることを許されていたのである。ＡＢＢでは、通称「ポリシー・バイブル」と呼ばれる五五ページから成る本がある。ここには、企業の理念、組織の方針、そして同社グループの一〇〇〇社の経営者たちに期待されている経営管理の方法が明確かつ正確に記されている。これには、自分の期待していることをより明確に相手に伝えれば組織はより自由になりうる、という当時のＣＥＯパーシー・バーネビクの信条が反映されていた。

◉情報を公開する

管理志向のトップ・マネジメントが権力を維持できているのは、情報とデータ分析へ特別にアクセスできるサポート・システムを持ち合わせていたからである。事実、多くの企業において情報システムは、本社の役員が利用しやすいように設計されている。毎週、毎月、そして四半期ごとに、企業のあらゆるところからきわめて細かい情報が集められてレポートとなり、まとめられ、分析が行われ、加工されてトップ・マネジメントが検討・承認する際の材料となるのである。

これにより、現場のマネジャーたちは不満と不安でいっぱいになる。なぜなら、自分たちが提供する情報がすべて、自分たちの行動を監視し管理するために利用されているからである（不満を抱いているあるマネジャーの言葉を借りるなら、「あなたが報告することはすべて記録され、証拠としてあなたに不利に利用されますよ」ということだ）。また現場のマネジャーたちは、集めたデータの収集やレポート作成に費やした膨大な時間が、自分たちの事業を運営していくうえではあまり役に立っていないこともよくわかっているのである。

上からの押し付けではなく、規律が内在するような個を活かす企業へと変わるには、情報システムの基本設計とその使い方を一新すると大きな効果が得られる。個を活かす企業に変身を遂げている組織を見ると、利用頻度の低いレポートをなくすのは当たり前のことで、情報システムを抜本的に見直し、現場のマネジャーの要望を満たすようなものに設計し直している。

たとえば、ＡＢＢではよく知られたＡＢＡＣＵＳというシステムを作ることで、画期的な変革を成し遂げた。ＡＢＡＣＵＳとはABB Accounting and Communication（CはControlではない）Systemのことである。このシステムは、「すべてのライン・マネジャーは、自分自身の会計監査官たるべきである」という前提に基づいて設計されている。ＡＢＡＣＵＳの中では、現場のマネジャーが自分の事業をモニターするための三二の業績指標を追うことができ、ここから出されるレポートは、すべてのマネジャーたちに公表されている。つまり、トップ・マネジメントも個々のプロフィット・センターのマネジャーも、皆まったく同じデータを、同じ書式で、そして同時に受け取ることができるというわけである（トップ・マネジメントに対しては、要約版が渡されていた)。

ＩＳＳにおいても同じような思想の下で変革が行われたが、より極端な形で実行されていた。ＩＳＳのマネジメント・レポーティング・システム（内部ではＭＲＳと呼ばれていた）は、従来からあるトップへの報告を目的とした管理システムとはまったく異なるものであった。このシステムにおける分析やレポートの基本単位は、部門や子会社ではなく、また事業ユニットでもなく、実際に清掃を行う人が管理する個別の清掃契約であった。清掃する人たちを管理する監督者は、それぞれの仕事ごとに予算原価と実際原価とが細かく書かれている毎月のＭＲＳレポートを、どのように読み解釈するのかを教わっていた。監督者は、清掃チームのメンバーと一緒にデータを検討し、どうすれば契約ごとの採算性を向上させることができるかを話し合った。清掃チームの多くは、精力的にコスト管理に努めただけでなく、顧客に対して追加サービスも提案し始めた。また、なかには各階層のマネジャーに割り振られている間接費を分析して、特定の契約に対する彼らの付加価値の正当性を説明するよう、上司に対して要求する者もいた。

企業の情報管理への取り組み方は、社員個々の能力と人間のモチベーションに関する基本的な考え方を反映しているといえそうだ。組織内で自由に利用されている情報は、自分の業績を測定し、それに対応するための強力なツールとなる。しかし、情報が組織の上のほうだけに埋もれている場合には、上から課せられた目標の達成を強いる鞭の役割を果たしてしまう。人間の能力に対する３Ｍの仮説は、ウイリアム・マックナイトの哲学にもよく反映されている。彼は言う。「私たちトップがビジネスにおいて、同じ情報を持ち合わせている現場の人間と同じくらい早く、あるいはそれ以上に早く、決断を下せることがあるだろうか」

◉同僚との比較

業績基準が効力を持つためには、それが正当なものでなくてはならない。高い目標を組織に課そうとしてきた経営者たちが気づいたのは、正当性の基本は信頼だということである。多くの企業がベンチマークキングに力を入れるようになったのは、この理由からだ。つまり、モトローラのシックス・シグマ品質達成への努力や、売上げの三〇パーセントを新製品で構成できる3Mの能力を知ることで、社員たちは自分たちにも同じようなことができそうだと考えるかもしれない。経営者はそれを期待したのである。

多くの企業で、ベンチマーキングは教育効果や啓蒙の役には立った。しかし、これを目標設定のための基準として用いると、多くの問題にぶつかってしまうのが現状である。特に本社スタッフが中心となってベンチマークを選定し、新しい目標や測定方法を決めている企業においては、この問題は深刻である。また、仮にライン・マネジャーがそのプロセスに直接関わっていても、セメント工場やタイヤメーカーの社員に、半導体メーカーのシックス・シグマや多角化企業における三〇パーセントの新製品基準などがなぜ彼らにとって意味があるのか、説得することが難しい場合もあるだろう。

対照的に、規律が徹底し起業家精神にあふれた企業では、より巧妙かつ説得力のある方法が取り入れられている。その方法とは、現場の個々の社員やチーム、あるいは組織に対して、社内で最も優れた社員の業績と自分たちの実績を比較するものである。この方法であれば、似たものを比較することにより正当性を持たせることができ、また自分自身で比較できるので信憑性も得られる。

このように、通常のマネジメント・プロセスの中に、他部門も含めた同僚との比較による測定方法を取り入れた企業としてABBが挙げられる。ABACUSレポートによって、現場のマネジャーに対して業務内容を管理するための細かいデータを提供できるので、ワールドワイドで事業を担当するシニア・マネジャーは、監督業務の大部分を現場のマネジャーたちに任せていた。シニア・マネジャーは、事業を成長させていくうえで重要な指標をいくつか選び、これに基づいて現場企業の業績を比較した「業績リーグ表」(performance league tables)を作成し、結果を検討させ、意見を聞き、また行動を起こしてもらうことを期待した。

業績の比較データを集計して公表するだけでも、いままでのやり方を修正していくきっかけとなり、スタッフによる分析やトップ・マネジメントの介入などよりも、はるかに効果的であった。これによりユニットのマネジャーたちは、リーグ表における自分のユニットのランクを上げることに一生懸命になり、下位のマネジャーにとっては強迫観念に近いものになった。また、自分と直接比較できるリーグの上位に位置しているユニットを見つけ、相談したり応援を求めたりすることができた。

ＩＳＳにおいても同じような自己評価と自己修正の制度があった。同僚との比較に重点を置いた評価システムとユニットの単位を越えた学習プロセスにより、すべての組織レベルでシニア・マネジメントの介入を最小限にすることができた。清掃員の監督者は、ＭＲＳレポートを用いて清掃契約の利益率が他の監督者の利益率とどのように違うかを比較し、これによって友好的な競争と互いの契約内容の比較を促すこととなった。

ＩＳＳのユニット・マネジャーたちは、社内で同じような事業に携わる人たちと強いネットワークを築き、最も優秀なユニットの業績水準にまで自分たちを引き上げるために利用していた。たとえば、まだ導入期にあったイギリスの列車清掃事業のマネジャーは、この分野ではデンマークが最も業績が良いことを知り、チームを引き連れてデンマークに二週間の研修旅行に行った。また国別子会社のレベルでは、ＭＲＳでオーストリアの子会社が最も高い利益率と成長率を維持していることがわかると、オーストリアのマネージング・ディレクターは、同じ立場にある他国の子会社のマネージング・ディレクターに対して、自社の重要な成功要因と思われる顧客維持プログラムについて詳しく説明したいと申し出た。つまり、内部から自主的に湧き起こってくる学習のほうが、トップ・マネジメントの介入によるものより、はるかに強い効力を持っていることを示したのである。

支援できる環境をつくる

いままで述べてきた変革、すなわち分権化された小さな事業ユニットを作ったり、業績基準を定義し、それを支援する情報の流れを作ったりすることは、起業家活動を促進する組織環境を創造するうえで、大変大きな力となる。しかしここで問題がある。従来の階層組織の中で従順に物事を進めていく習慣が身についているため、社員たちが新たな自由を有効活用するうえでの態度や知識、あるいはスキルを持ち合わせていないのである。こうした社員たちをそれぞれ真の現場の起業家に育て上げていくには、育成のための環境をつくり、新しい役割を担うために必要なスキルを身につけさせたり、自信を持たせたりすることがまず先決である。

人間の手で育てられた動物を野性に戻す際に何が必要か、ここで考えてみてほしい。それにはスキルと忍耐、そして多くの時間を必要とする。同様に、適切なコーチングや支援なくして抜本的な権限委譲を図ることは、愚かであると同時に無責任であるという結論が、研究から導き出された。事実、十分な支援をしなかったことにより、多くの人がエンパワーメントを机上の空論、もしくは不誠実のうたい文句と決めつけるようになってしまった。エンパワーメントという名の下に、新たに数多くの余計な仕事を、組織の下の人間に押し付けることになったケースが多いのである。

ＡＢＢの現在のＣＥＯヨーラン・リンダールは、「自分の主な役割は、部下たちの教師となりコーチとなることだ」と以前から考えていた。彼は自分の時間の約半分以上を「エンジニアをマネジャーに、マネジャーをリーダーに育成する」ことに費やしている。各個人が自由に行動できる「枠組み」を定義し、それを管理していくことは、非常に時間のかかるプロセスである。しかし、境界やコントロール、制約を徐々に弱め、最終的にはそれらをなくすことで、初めてその人間が真のリーダーになったといえるのである。リンダールの定義によれば、真のリーダーとは、責任を持って自分自身の目標と基準を設定し、それをモニターできる人間である。「すべてのマネジャーをリーダーに育て上げることができれば、私たちは自らを動かし、自ら変革できる組織となるだろう」と彼は言う。

現場の起業家的イニシアチブを十分に持ち合わせている企業はすべて、二つの重要な組織特性を育むことに努めていた。第一は、「個人が自己管理の責任を担うのに必要な知識とスキルを習得できる環境を築くこと」、第二に、「全員が怖がらずにリスクを取れる自信が持てるような企業文化をつくること」であった。他の企業を引き離し、最も優れた起業家精神にあふれる企業になるためには、組織のすべての階層における普通の個人が、自ら進んでリスクを取ることができ、またそのリスクを管理できるようにすることが重要であった。

これを達成する方法はさまざまだったが、いくつかの共通点を見出すことができた。たとえば、マネジャーと部下との関係づくりで、一対一の指導を中心に考える。従来の権威に対する受け身の姿勢をやめ、おかしいと感じた意思決定について異議を唱える。疑問を投げかけることを正当化する。また、リスクを取りやすいように、失敗に寛容な環境づくりをする、などである。

◉コーチの役割を果たすマネジャー

過去一〇年間にわたり、組織階層やスタッフの削減により、多くの企業が徹底した資産や資源の分散化を行ってきた。その中で、組織構造の変革は比較的容易だった。企業の事業再編に伴う社員の解雇はある程度のショックを社員に与えたが、従来の階層的組織をフラットにし、小さな現場のユニットに権限委譲した組織へと構築し直すことは、マネジメントにとってさほど難しくはなかった。ただ、その後マネジャーの役割と相互の関係を定義し直すときに、大きな問題が持ち上がることがある。

特にミドル・マネジャーやシニア・マネジャーにとって、これまで彼らの役割を定義づけ、権威を正当化してきた多くの管理業務を手放すことは非常に難しかった。重要な経営資源の管理や活動の責任が現場に移されたことで、マネジャーの多くは、もはや自分は会社にとって不要な存在になったのではないかという不安にかられたのである。彼らにとって他の人間へのエンパワーメントは、自分が骨抜きにされることを意味していたのだ。

また、ある企業においては、ミドル・マネジャーとシニア・マネジャーから権力を剥奪するという意識が、変革のすべてのプロセスにおいて大きな障害となっていた。彼らはまさに組織の「粘土層」となり、現場への権限委譲を妨げ、下からの新しい自発性に水を差した。このようなマネジャーたちは、自分たちの役割を従来の管理重視のものからコーチのような役割に変え、新たに権限委譲された現場のマネジャーが期待どおりの起業家になれるように支援する必要があることに、まだ気づいていなかったのである。

ABBでは、ミドル・マネジャーとシニア・マネジャーに対する期待ははっきりしている。ABBのポリシー・バイブルでは、彼らの最も重要な役割を、「新しいマネジャーを支援し指導すること」と定義づけている。さらに、有能な人材を引き付けて、他の部門の候補生として養成するたぐいまれな能力を持ったマネジャー（「与え手」）にも大きな価値を置いている。

しかしながら、ABBにおける行動の基準は、制度化された方針というよりも、トップ・マネジメントが信奉する理念や、彼らがロールモデルとして示す見本である。リンダールは自らがエンジニアをマネジャーに、そしてマネジャーをリーダーに育成することで、全社的な取り組みを促した。また、業績に関する問題にも同様に取り組んだ。事業環境の悪化や予想していなかった落ち込みを察知したときには、マネジャーに対して次の三つの質問をするそうだ。「問題の原因は何か。どのように対処していくつもりか。私に何ができるか」。これは、多くの人たちが経験してきた従来のやり方、具体的には本社スタッフが派遣されてきて問題点を分析し、そしてその結果に基づいてシニア・マネジメントが修正策を施すというやり方とは、まったく異なるアプローチである。

しかしほとんどの企業――もちろんＡＢＢもその中の一つであると認めるであろう――では、マネジャーたちの行動を管理中心のものからコーチのような関係へと変えることに、いつも成功するわけではない。多くの企業で変革が失敗するいちばん大きな要因は、現場の人間が起業家的行動をとれないからではなく、上司が彼らに自由を与えたり支援したりすることができないことにある。

３Ｍのように、何十年もかけてマネジメント・プロセスにコーチとしての役割が浸透してきたような企業では、変革はずっと簡単である。そんな環境で育ってきた人がシニア・マネジメントのポジションに就けば、「事業を育てるために人を育てる」（同社のある事業部長の言葉）ことが大切な役割であることをすぐに理解できる。また、このマネジメントの重要な役割をさまざまな方針と慣行によって支援してきた企業では、変革はよりスムーズである。たとえば、３Ｍの「少し作り、少し売る」の精神は、新しいプロジェクトに対する追加投資を可能にするだけでなく、マネジャーがプロジェクト・チームと頻繁に会ってプロジェクトの進捗を確認したり、問題を討論したり、また助言して次の段階の目標を設定させるプロセスを生み出している。すなわち、マネジャーと直属の部下との関係に、コーチングを欠かせない要件として織り込むのである。

◉挑戦を受け入れる

現場では問題に気づいていながら、トップがそれに気づいていなかったり、あるいはどう対処すべきかわからなかったために失敗を犯すことほど、企業にとって悲惨なことはない。このような状況は、いままでにもGMをはじめとし、フィリップスやアップル・コンピュータに至るまで、いくつもの企業で起こっている。

そのようなケースに共通している原因は、過去の成功体験である。マネジメントが、過去の栄光に対してあまりにも傲慢になり、さらにはその栄光をもたらした戦略的思考や組織能力に固執してしまうため、自己を見直したり、従来のアプローチを変更する適応力を失ってしまうのである。企業の持つ思考形式は時間の経過とともに固定化し、「自社のやり方」の目録を作り、それを守るプロセスを踏むものである。

こうしたことが起こらないように、多くの革新的企業ではさまざまな優先事項、ポリシー、慣行などを厳密には定めず、特に組織の下からの問題提起を封じ込めてしまわないよう、「聖域」にならないよう心掛けていた。マネジャーの地位にかかわらず、彼らに挑戦することを許し、またそれを奨励するような組織の規範を築いたのである。これには二つの利点がある。まず、時代遅れの仮説を再び考え直すことができる。次に、いままで自分の意見にはだれも耳を傾けてくれないと感じていた組織の下位レベルのマネジャーに、大幅に権限委譲することができる。分権化された小さなユニットを作ることが、現場のマネジャーに当事者意識を持たせるのに有効であるとするならば、企業の方針やトップの意思決定に対して自由に質問できるようにすることは、彼らにメンバーとしての一体感を与えることになるであろう。

3Mでは、これまで述べてきたような環境ができあがっており、そういった環境は同社のその他の方針と同じく、個人の尊重に根差している。3Mの新入社員はトレーニング・セッションを通じて、プロジェクトの正式な承認を得るのに必要な手続きを学ぶのではなく、どのようにして伝説的な改革者たちが既存のシステムに挑戦し、自分のアイデアの実現に必要な資金を得たのか、というサクセス・ストーリーを先輩たちから楽しく聞かされる。

たとえば、アルビン・ボーズが三回続けて自分の提案を却下されたにもかかわらず、後に一九もの事業部で新製品を生み出すことになった不織布技術を開発したことについて聞かされる。また、フィリップ・パームキストが中止の勧告を受けながらも反射技術の研究を続け、それが後にスコッチライトと呼ばれる新製品群の開発のもととなった話なども聞かされる。あるいは、3Mには不適切なビジネスであるとマネジメントから強く言われたにもかかわらず、衣料中綿の開発に熱心なプロジェクト・チームが密かにこれを続けていた話なども、おそらくCEOのデジモニによって語られるであろう。なぜならば、彼自身がこのプロジェクトをやめさせようとしたのだが、結果的にこのプロジェクトが、シンサレートという大成功を収めた断熱素材のブランド開発へとつながることになったからである。

デジモニは、物事を規律正しく確実に行うことと、挑戦することがオープンに認められる環境を維持することとの微妙なバランスについて、次のように語った。

マネジャーは常に、下から上がってくるアイデアを尊重しなければならない。そして「何か見落としていることはあるだろうか」と問いかけなければならない。しばらく目を閉じて瞑想する必要もあるだろう。また、自分たちのアイデアには価値があると主張する人間に対して、ドアを少しばかり開けておく必要もあるだろう。

ＩＳＳも、下からのチャレンジに対して開放的である。ＩＳＳのマネジャーたちは、トップ・マネジメントによる重要な戦略的意思決定に対して疑問を投げかけることに、心地よささえ感じていた。たとえば、アンドリーセンが保安事業からの撤退を決断したとき、ある優秀なシニア・マネジャーは強くこれに反対した。また業績優秀なオーストリアの子会社の社長は、オーストリアで成功している保安事業を継続するよう説得した。アンドリーセンは全面撤退の戦略を覆し、成功している国ではビジネスを継続することを承認したのである。

組織の階層を越えた日々の交流が、管理重視ではなくコーチ的な関係に基づいていれば、企業に根づいている方針に進んでチャレンジしたり、トップ・マネジメントの決断に疑問を投げかけたり、またそうするための個人の能力を醸成することは困難ではない。また、失敗を許容する環境があれば、個人に自信を持たせることができるのである。

◉失敗を許容する

3Ｍで最も尊敬されている製品開発者たちが、手続きをひっくり返し、トップ・マネジメントの決定に反発しながら自分たちのプロジェクトを守り、勝利を勝ち取ったというデジモニの話は、実際は事実の半分程度しか物語っていない。このような起業家的革新に関する伝説は、すべてがサクセス・ストーリーだ。しかし3Ｍで永久に語り継がれ、燦然と光り輝く成功例の周りには、これらよりはるかに多くの失敗例があるはずだ。興味深いことに、こうした多くの失敗例も、企業の歴史の中に語り継がれている。

たとえ失敗に終わったように見える動きでも、最終的には何らかの成功を生み出すことを、物語の多くは教えている。起業家は次の機会に成功を収めることもある。あるいは、苦戦している製品に新しい市場を見出すこともある。ときには、失敗だと思われていた技術が、だれもが考えつかなかった用途に利用されて成功を収めることもある。たとえば、ある研究者がとても強力な接着剤を開発する実験に失敗し、まったく逆の性質を持つ製品を作り上げてしまった。そのすぐ後に、もう一人の研究者アート・フライが、弱い接着力を必要とする用途を偶然見つけ、ポスト・イットという名前で世に送り出すことになったのである。まさに3Ｍの古くからの格言のごとく、「行動なくして発見はあらず」である。

3Ｍのトップ・マネジメントは、「よく考えた末の失敗」を正当化し、ときにはそれを祝うことさえも重要な任務の一つであると考えている。これは、3Ｍの組織の設計者であり、また精神的リーダーでもあったウイリアム・マックナイトによって教え込まれ、確立された価値観の一つであった。そして、半世紀以上経っても、彼の哲学は社内で引用されていたのである。

だれでも間違いは犯す。しかし、マネジメントが部下に対して独裁者のように仕事のやり方を強制する過ちに比べれば、犯した過ちも、その人間が本質的に正しいのであれば、長期的には重大なものではない。間違いを見つけたときに痛烈な非難をするようなマネジメントは、社員の自発性をつぶしている。企業が成長していくためには、自発性を持つ人材が多く必要とされるのである。

しかし「よく考えた末の失敗」に対して寛容な環境をつくることと、リスクのない環境をつくることは同じではない。私たちが研究してきた起業家精神にあふれる企業のほとんどは、個人がリスクを取ることに対して寛容であったし、また、個人が新しい動きを推し進めるためにリスクに身をさらすことをやめさせようともしなかった。

ABBのパーシー・バーネビクは、「七―三」というポリシーを強調していた。七―三ポリシーとは、「迅速に意思決定して一〇回のうち七回正しければ先延ばしにするよりいい。唯一、受け入れられない行動は何もしないことだ」ということであり、これに基づいて迅速な意思決定をマネジャーたちに求めた。結果的に間違えたとしても、イニシアチブをとった人は許され、長期的に経営者の期待を満足させるような判断ができなかった人は追い払われた。ＩＳＳのポール・アンドリーセンも、あまりに早い段階で失敗を切り捨ててしまうことはやめるべきだと信じている。しかしＭＲＳのレポートがガラス張りであるために、ビジネスがうまくいっていないこともすぐにわかってしまい、結果的にリスクを取るマネジャー自身も現実を見なければならなかった。アンドリーセンは、「リーダーには職業的危険がつきまとう。成功を収めなければ栄光は味わえないし、いずれ優秀な部下も失ってしまうだろう」と語った。

閉じ込められた起業家精神を解放する

ドン・ジャンスの話がはっきりと物語っているように、すべての企業の組織階層には、解放されたがっている起業家精神という人質がいる。ジャンスは三〇年以上にわたり、ウェスチングハウスの現場マネジャーとして、企業方針と決められた手続きに沿って上から提示された戦略と優先事項を忠実に実行し、真面目に勤めてきた。そうすることによって、彼はトップ・マネジメントが成熟産業と判断した事業から成果を出すように努めてきたのである。ところがジャンスは三年という短い間に、同じマネジメント・チームの仲間と共に、この成熟事業の大規模な転換を成し遂げてしまった。これはほとんど奇跡的である。ジャンスと彼のチームにこれだけの業績を上げるエネルギーを与えたＡＢＢのマネジメントが、これまでのものと違っていたことは明らかである。

ここまで私たちが目の当たりにし、記述してきたものは、単なるエンパワーメントの事例ではなかった。少なくとも、組織改編や職務記述書の再定義、経営資源の移転などに象徴される流行のエンパワーメント・プログラムとは異なるものである。このようなプログラムを実施してきた多くの企業では、エンパワーメントの概念は抽象の域から脱せず、組織の構成員からは中身のないうたい文句だと見なされ、しばしば組織のあらゆるレベルで不信が募った。

３ＭやＩＳＳ、ＡＢＢのように、個人の自発性や起業家的活動を鼓舞することのできた企業が、なぜこれほどまでに少ないのだろうか。その答えは、エンパワーメント・プログラムを超えたところにある。何か欠けているものがあるとしたら、それは個を活かす企業の魂ともいえる、個人に対する信頼であろう。

真のエンパワーメントは、相互の信頼関係から生まれるものである。組織の構成員は、自分の属する企業や指導者のリーダーシップを信頼し、一方シニア・マネジメントは、組織の構成員を信頼しなくてはならない。組織の中にいる人間一人ひとりが自分自身を信じることができるのも、相互支援のシステムがあればこそである。またそのことが、企業の原動力となる起業家的イニシアチブを刺激することにもなるのである。

このお互いの信頼関係は、知的理解や合理的契約に基づくというよりは、強い心の絆で結ばれるものである。階層的なシステム主導の企業で長い間経営者を務めると、自然発生的な現場の自発性や起業家精神に接した経験に乏しく、そのようなものにどう関わっていいのかわからない。しかし、この信頼関係を築くためにまず行動を起こさなければならない責任者は、明らかにトップ・マネジメントである。彼らだけが、「人間こそが私たちの最も重要な資産である」といった陳腐化した訓戒を超えて、私たちが描いてきたような組織インフラの変革の第一歩を踏み出すことができるのである。

ＡＢＢのように、企業はその官僚的階層組織の中に閉じ込めてきた起業家精神という人質を解放することによって、計り知れない潜在能力を発揮することができる。そしてすべては、ドン・ジャンスのような人間を信頼することから始まるといえよう。

第3章 知識の創造と利用

——個人のノウハウを組織学習へ

人間は基本的に好奇心に満ちた社会的動物で、人との交流やお互いに学び合うことを自然に求めている。これは本書で述べる個を活かす企業の思想を形づくる第二のカギとなる仮定であり、第2章において説明した、起業家的活動の基盤になる「個人の自発性」と並ぶものである。人間は過去何千年もの間、家族や一族、社会を学習の単位として発展してきた。私たちは知識を共有することで、これを社会的なつながりの中心とし、また集団で進歩していくための原動力としてきた。しかしなぜか現代の企業は、人間の持つ自然の本能を制限し、妨げ、またときには殺してしまうような組織を作り上げてきてしまったのである。

企業は、短期的な効率を最大化することに重点を置き、人材を含むすべての資産から最大限の価値を絞り取ることができるように設計されてきた。その過程において、個人が継続的に能力を向上させ、新しい価値を生み出すことから生まれる、長期的で動態的な効率性を犠牲にしてしまったのである。個を活かす企業は、価値を搾取するのではなく、継続的な個人の学習によって価値を生み出すことを考える。そして、個人の学習を単なる企業目標達成の手段ではなく、企業目的そのものとするのである。

企業は単なる個人の集合体以上の存在である。しかし、個人の自発性と学習欲求を刺激するだけでは、組織の効果を高めることはできない。たとえば、ある人が企業を辞めると、その人のアイデアとノウハウも一緒になくなってしまう危険性がある。投資銀行では、自社の最も優秀なトレーダーや、ひどいときにはチーム全体が、高い報酬を目当てに競争相手の銀行に移ってしまうことを懸念している。一方、ほとんどの大企業が規模や範囲の経済によって経済的利益が決まる事業を営んでいる以上、個人がいかに優れた能力や意欲を持っていようと、個人の力のみで成功することは難しい。

これら二つの要素は、企業における学習の概念に関して重要な意味を持っている。個を活かす企業は、個人の自発性と専門性を発揮させるだけではなく、組織の中に分散している自発性を結合させ、分散したノウハウを活用しなければならない。それによって、組織学習と行動の継続的なプロセスを根づかせる必要がある。本章では、組織学習が企業にとってどのような意味を持つのか、そしてどうしたら組織学習の能力を開発できるのかについて述べることにしよう。

戦略立案を超えた組織学習

以前から投資銀行やコンサルティング・ファーム、またハイテク・ベンチャー企業では、個人のノウハウと組織学習の重要性を認識していた。最近ではこの認識が、さまざまな伝統的産業にまで広がってきた。たとえば製鉄業は歴史的に、高性能の一貫生産設備による規模の経済に頼ってきたが、その中でニューコアは、知識をベースとした能力を見せつけた。ニューコアは、速い学習サイクルを武器に市場に切り込んできた。また、以前は安定的といわれていたエネルギー産業においても、エンロンが積極的な起業家的活動と共有された組織学習に基づいて急激に勢力を拡大したことにより、これまで財務力のみに依存していた業界の伝統は打ち破られた。

以上のことは、企業戦略論に対する四半世紀にも及ぶ強い情熱が、徐々に冷めてきたことを意味している。二つの密接に関連した要因が、彼らを魔法から目覚めさせたのである。

まず、急速なビジネス環境の変化が、過去に基づく予測にすぎなかった長期計画の妥当性を崩してしまった。その結果、経営の焦点は、市場に防御可能な地位を築くことから、変化を感じ取って柔軟に、素早く反応できる組織力を育てることへと移ってきたのである。世界中のマネジャーたちの関心は、将来を予測して計画を練ることから、現実になりつつある変化に対して敏感になることに変わった。新しい変化に対して常に対応策を試すことができ、そこから新たに得られた情報や知識を組織全体に広め、利用できるような組織を創造することが目標となった。いわば、戦略立案の時代から組織学習の時代へと急速に変わりつつあるのだ。

長い間続いたロマンスのように、多くの企業にとって物事を引き離す過程は長く、また難しいものである。なかなか捨てられないラブレターのように、戦略立案モデルを支えるために深く根づいている組織構造やシステム、プロセスは過去の思い出として残り、結果として組織学習への取り組みに対する大きな障害となった。

これを最も明確に表しているのは、アメリカのファストフードのチェーン店であるケンタッキー・フライド・チキン（KFC）である。KFCは一九七〇年代、急激にグローバル展開し、フランチャイズ方式のファストフード店として、世界的なリーダーとなった。海外事業発展の初期段階では、マネジャーたちはかなりの自由を与えられていた。一方で、八〇年代初期に本社機能が拡張され、本社スタッフの数は当初の二〇人から一〇〇人以上に膨れ上がった。その任務は、戦略立案システムや資本予算計画、あるいは海外子会社と本社を強固に結び付ける業務管理システムの強化を図ることであった。日本ケンタッキー・フライド・チキンの社長である大河原毅が、それによる影響について語ってくれた。

この変化により、本社からの提案の数が大幅に増えた。私たちはとりあえず提案を実行してみることにしたが、本社のほうも私たちから学び取るべきものが数多くあると常に感じていた。たとえば私たちが独自に開発した一二ピース入りのミニ・バーレルは、ほかでも成功すると思っていた。また、私たちの柔軟なキッチン設計による小規模店向けレイアウトは、アメリカのショッピング・モールの店舗に最適だと思った。マクドナルドが導入する時期よりはるか以前の一九八一年に、私たちはチキン・ナゲットを試験的に導入したが、本部から中止を命じられてしまった。

ＫＦＣをはじめとする多くの企業に見られる問題点は、戦略的計画立案システムや資本予算計画、業務管理システムを枠組みとした、非常に分析的なマネジメント・プロセスが作り上げられていたことである。そしてこれらによりトップ・マネジメントは、製品・市場地位に関する合理的な意思決定や、財務的な基準による業績評価を容易に行えるようになった。

たとえば、ＫＦＣの資源配分システムは、本社のマネジャーたちが合理的な投資決定を行うためのデータを提供するものにすぎなかった。また戦略計画立案システムは、すべての市場において一貫した商品ポジショニングを確立し、業務管理システムは、店舗運営を世界中で統一できるようにするものだった。しかし、逆にこれらはマネジメント・プロセスを硬直化させ、適応力のないものにしてしまった。つまり、チキン・ナゲットの試みや店舗設計のイノベーションを中止させてしまったのだ。皮肉なことに、これらの改革については、後になってアメリカ本土で再びアイデアが出された。

しかし、私たちは組織学習に効果的に移行した企業の例もいくつか見てきた。その一つは、スウェーデンに本拠を置くスカンディアという保険会社である。スカンディアは、競争のカギは市場における確固たる地位ではなく、組織の適応能力であり、世界中で新たに作られている拠点から学ぶことであると考えた。それにより同社は、伝統的に保守的な事業を活性化することができたのである。同社が世界的な展開を進める原動力となったのが、事業部門の一つであるアシュアランス・アンド・ファイナンシャル・サービス（ＡＦＳ）だ。ＡＦＳは一九八六年に設立され、立ち上げに苦労したものの、九五年には七五億ドルにも及ぶスカンディアの売上高の半分を占め、また一億ドルの営業利益の八五パーセントを稼ぐまでに発展した。ＡＦＳを成長に導いた指導者であり社長のヤン・カレンディは、ＡＦＳのメンタリティの違いについて次のように語った。

絶対負けない商品を開発したり防衛可能な戦略的地位を確立しようとするのは、もはや過去のビジネスモデルである。いま必要なのは、変化している顧客のニーズに応えるべく、常に新しい商品を開発し導入することのできる能力と意欲だ。そのために組織に必要なのは、子供がビデオゲームに挑むような競争的エネルギーと柔軟性であり、チェスの長期戦を耐え抜く名人が持っているような分析的な堅実性ではない。

ＫＦＣとスカンディアはともに、私たちが第2章で述べてきたような起業家的な活動を創り出すことができた。しかしスカンディアのみが、このような活動を、常に新しい商品の開発や導入を行える組織へとまとめ上げることができたのである。ＫＦＣは本社と海外子会社との間の泥沼の争いにはまり込み、組織学習の火を点火させる前に、試みようとする芽を摘んでしまった。

この二社の違いは何だったのだろうか。また、どのようにしてスカンディアは、この素晴らしい能力を身につけることができたのであろうか。本章ではスカンディアと、世界中でおそらく最も著名で信頼されているコンサルティング・ファームであるマッキンゼーの例を取り上げながら、これまで提起してきた疑問に対する検証を行っていくことにする。

マッキンゼーにおけるグローバルな知識の活用

マッキンゼーは過去一五年かけて、組織学習への取り組みを強力な競争手段へと転換させてきた。この新しい武器は、市場における知的優位性を示すためだけではなく、組織を内部から活性化するのにも役立っている。またこの能力は全社的なものであり、ニューヨークやロンドンといった主要な事務所だけではなく、マッキンゼーのどの事務所からでも利用できるグローバルな資産である。ここではマッキンゼーの典型的なコンサルティング・プロジェクトを、事例として見ていくことにする。

マッキンゼー・シドニー事務所のディレクターであるジョーン・スタッキーは、オーストラリアで最も成功し尊敬されている企業の一つから、金融サービス業の成長戦略立案に関する調査に入札するように誘いを受けた。この誘いは大きな喜びだったが、同時に大きな挑戦でもあった。なぜならシドニーの事務所は、小さいが多様な市場を担当する中規模のものであり、配下には金融業経験者が比較的少なかったからである。また運が悪いことに、経験者のほとんどは、国内で競合となる金融機関に対して同様の調査を経験したことがあった。つまり、マッキンゼーの言葉を使うなら、このプロジェクトには「コンフリクトがあった」(conflicted out) のである。

スタッキーはさっそく社内ネットワークを活用し、マッキンゼーの世界中のスタッフの中から、この重要な新しい顧客との最初のプロジェクトに適したリーダーを探し始めた。数多くの電話による交渉や個人的な根回しなどのあと、二〇件ほどの金融機関の調査を経験したことのあるこの分野のベテランを探し当てた。その人物は、ボストンに本拠を置くシニア・エンゲージメント・マネジャー(エンゲージメント・マネジャーとはプロジェクトをまとめるリーダーをいう)であるジェフ・ピータースだった。ただ問題は、彼がすでに二つの案件を抱えており、今回実施する調査プロジェクトの最初の六週間は参加できないということであった。そこでスタッキーは、調査の初期の段階においては、比較的経験が浅い現地のチームをマッキンゼーの世界的な知識ネットワークで補強しようと考えた。

まず、スタッキーと現地におけるエンゲージメント・ディレクターであるケン・ギブソンは、時間が取れ、かつ「コンフリクト」のない三人のアソシエイトをチーム・メンバーに選んだ。同時に彼らは、チームを支援するため専門家とスペシャリストによるチームを作った。ニューヨークにおけるパーソナル・ファイナンスの専門家であるジェームス・ゴーマンは、シドニーに一週間滞在し、その後週一回の電話会議に参加してくれることになった。また、保険業界のスペシャリストであるマヒード・アラブも、二週間の滞在と電話会議への参加を承諾してくれた。ロンドンの金融業界の専門家アンドリュー・ドーマンは、コンサルティング・ディレクターとして参加することになり、シドニー事務所の成長戦略分野のリーダー、チャールス・コンは、その専門知識を提供することになった。戦略に対するテクノロジーの影響に関する考察では第一人者と認められているクレム・ドハーティーも、その知識を提供してくれることになった。

三人の若いアソシエイトたちは、ギブソンの指導に従って社内のさまざまな人名録を利用して、新しいアイデアの手掛かりや、重要資料、ならびに専門家と認められている人々の検索を行った。

最初に彼らが利用したのは、ＦＰＩＳ（Firm Practice Information System＝社内の研究情報システム）であった。このシステムはコンピュータ化されたデータベースであり、マッキンゼーがこれまで全世界で手掛けてきたすべてのコンサルティング・プロジェクトの情報が蓄積されていた。またここから、初期の提案書をはじめ、最終報告書やバックアップ・データを入手できた。その後彼らは、一万二〇〇〇種類もの書類が保存されているＰＤネット（Practice Development

Network＝研究開発のネットワーク）を利用して、マッキンゼーのさまざまな研究分野ごとにまとめられた知識や洞察を入手することができた。マッキンゼーの社内にいる専門家を検索するには、知識資源ダイレクトリー（Knowledge Resource Directory）が利用された。これは研究分野別の専門家と主なレポートの題名が列記された小冊子であり、マッキンゼーの職業別電話帳に相当するものであった。チームはＦＰＩＳとＰＤネットから関連のある一七九の資料を入手し、六〇人以上の社内専門家に対して助言を求めた。チームの一人は次のように語った。

エンゲージメント・ディレクターのケンが金融サービスの専門家ではなかったので、私たちは普段以上に社内ネットワークに頼った。その際、相手がまったく異なる時間帯で働いていることは非常に好都合であった。一日の終わりに仕事の壁に突き当たった場合、ヨーロッパとアメリカに十数件のボイスメールを残しておくと、翌朝には七つか八つの新しいアイデアやデータソース、あるいは手掛かりになるものが届いていたのである。なぜならば、社内には、同僚からの依頼に対して速やかに返答するという不文律があったからだ。

第一段階が終了する時点でワークショップを開催し、まとまりつつあった結論をクライアントの経営陣に知らせ、結論をまとめるプロセスに参加してもらい、協力態勢を強めてもらった。調査から四二のアイデアが提案され、クライアント側参加者は、コアとなる七つの方針と四つの実現性のあるオプションに絞り込み、チームがプロジェクトの次の段階で行うべき課題を作成した。この段階でピータースがチームに合流し、彼の持つ豊富な経験のおかげで、オプションを速やかに絞り込み、いくつかの明確な結論を導き出すことができた。そしてチームは結果をクライアント企業の取締役会で報告し、クライアントの採択を得た。クライアントのマネージング・ディレクターは、結果について次のように説明した。

私たちは手厳しい顧客だが、彼らの仕事に対しては最高の評価を与えた。彼らの付加価値は、知識の収集力、知的な厳格さ、および多彩な経営陣の中に理解と合意を築き上げたことである。もしうまくいかないことがあれば、それはもう私たちの責任である。

この話の興味深い点は、エンゲージメント・ディレクターと三人の若手アソシエイトがすべて、金融サービス産業に関してほとんど経験を持っていなかったことである。それにもかかわらず、知識が豊富でかつ多くを望む顧客からの高度に専門的な問題に対して、卓越した価値を提供することができたのである。

実際に仕事に携わった人たちや、シニア・マネジャーを含むマッキンゼーの関係者と話をするうちに、この成功の本質ともいうべき要因は、マッキンゼーのいくつかの特徴にあることが明らかになった。これらの特徴は、スカンディアや世界最大の半導体メーカーであるインテル、そして世界最大のコンサルティング・ファームであるアンダーセンコンサルティングにおいても見られるものであった。

①これらの企業は、社員の専門性を伸ばすためにかなりの資源を投入してきた。最も優秀な人材を確保するために多大な努力を払い、絶えず彼らの能力を高め、より幅広いものにすることができるような体制づくりをしている。

②世界的なレベルで、水平方向の情報の流れを支えるツールやプロセス、組織の関係を作り上げた。これによって個人の知識を結集させ、活用し、また学習のプロセスに組み込んだ。

③水平方向で知識を共有し、またそこから生まれた成果をもとに、同僚同士、あるいは上司と部下の関係において、お互いに強い信頼関係を築き上げた。

この三つの特徴から生まれたのが、これらの企業の組織である。伝統的な事業部制や階層構造ではなく、統合されたネットワークのような構造の上に組織が築かれていたのである。このようなネットワーク構造は、組織学習能力の要である。情報や知識が上下関係などによって打ち消されたりせず、横にもスムーズに流れることを可能にするからである。

個人のノウハウを養成する

世界最大で最も利益を上げている半導体企業インテルの社員は、比較的若手で構成されている。しかし、インテルの傑作といわれるペンティアム・チップに使われている技術のほとんどは、それを発明した科学者やエンジニアが大学院で学んでいた頃にはまだ存在しなかった。最高の頭脳を採用し、トレーニングに莫大な投資をして、急激に変化している技術の最先端に彼らをとどめておかなければ、この産業で生き延びていくことはできないのである。インテルにとって、最も優秀な人材を確保し、その技術を常に向上させることは、ただの「自己満足」のためだけではなく、生き残りの必須条件であった。

サービスに基盤を置く経済や情報化時代においては、最先端の知識や専門的ノウハウを獲得して育成し、応用する能力が競争のカギであり、採用と能力開発は組織を動かすためだけの二次的な機能ではなくなった。それらはいまや企業の能力の中核であるといえる。ビル・ゲイツはこのことをよく理解しており、候補となる優秀な人間と会い、マイクロソフトへの入社を勧めることが、自分にとって最も重要な任務だと考えている。また、サイプレス・セミコンダクターのCEOであるT・J・ロジャースは、だれかが辞表を提出したときには、たとえ彼が取締役会に出席中であっても、すぐに呼び出すようマネジャーに言いつけている。ロジャースは、退職しようとしている人間を引き止めるためには、個人的なレベルで全力を尽くす。これにより、「サイプレスにとって社員が最も大切な資源である」との彼の言葉が、ただのうたい文句でないことを証明しているのである。

これはインテルやマイクロソフト、あるいはサイプレスのようなハイテク企業に限定されたことではなかった。第2章で見たオフィス清掃会社、ＩＳＳのマネジャーたちも同じような取り組みをしている。社員の質のみが唯一、競合との差別化を図るものであることを認識して、同社のマネージング・ディレクター以下すべてのマネジャーたちは、一カ月のうちの二日間を候補となる人物との面接に充て、清掃オペレーターとして最も適した人材を採用している。また、ファイブスターといわれるトレーニング・プログラムにより、社員は清掃技術だけではなく、品質管理や顧客管理、さらには財務分析の教育を受けた。その結果、ＩＳＳは最も意欲があり、忠誠心の高い社員を有することになった。社員の退職率が競合企業の半分以下の水準であることは言うまでもない。さらに重要なことは、このようにして動機づけられた清掃チームは常に優れた清掃業績を上げ、新しい事業創出の源となっていたことである。

つまるところ、社員が持つ優れた知識やスキル、そしてモチベーションによってのみ、企業は競争力を維持できるのである。アンダーセンコンサルティングのトップ・マネジメントにとっても、これは明らかであった。アンダーセンでチェンジ・マネジメント部門のワールドワイドのトップを務めるテリー・ニールは、「標準化の先を行くこと」が彼らの最大の挑戦であると説明してくれた。

一九四〇年代におけるアンダーセンの専門領域は、アメリカの証券取引委員会（ＳＥＣ）が定める膨大な量の報告書提出義務に対応するための、複雑な会計システムを設計することであった。そして五〇年代にこれが日常的な業務になってきたとき、この仕事を集中的に行っていた多くの企業に先んじて、給与システムの必要性に注目した。またこの仕事も六〇年代には日常化し、次にアンダーセンはコンピュータ化された会計と給与システムの開発を始めた。七〇年代にはシステム・インテグレーションを手掛け、さらに八〇年代にはより高度なビジネス・インテグレーションへと移行していった。社員のスキルの継続的な向上があったからこそ、標準化の先を行き、世界最大のコンサルティング企業になることができたのである。これはアンダーセンのリーダーたちにとって明らかなことだった。

◉情熱的な人材収集家

従来の企業モデルは、日常業務に必要な知識や経験を移転したり活用したりする場合、トップ・マネジメントの知恵とノウハウや、確立されたシステムと業務プロセスに頼っていた。トップ・マネジメント以外の人材の資質に左右されないこのようなモデルの利点は、少なくとも理論的には、組織の現場やミドル層にいる平凡な人間を介さずに済んだことであろう。逆に、本書で述べている個を活かす企業は、すべての社員の高い資質と能力を前提としている。したがって、この前提が現実的かどうかでその有効性が決まるのである。

ノートンの中堅マネジャーは、「ノートンは伝統的に資本財を重視する一方、人的資源をどちらかというとぞんざいに扱ってきた」と言う。ノートンにおいて一〇万ドルの機械を購入するには、複雑な企画書づくりから始まり、三階層のマネジメントの承認を得る必要があった。しかし年収一〇万ドルの上級エンジニアを採用することについては、シニア・マネジメントはあまり興味を示さず、指導や支援も得られなかった。しかし、このマネジャーも指摘したが、人事に関する意思決定は「資産」の寿命が長いため、投資コストがはるかに高い。機械投資に対する正しい意思決定を行ったとしても、そこから競争優位性が生まれてくるわけではない。ところが優れた人材の選択は、企業にとって大きな効果を与えてくれるのである。

個人の能力を開発するには、まず人材の採用を戦略的意思決定と考えることが必要である。ノートンのようにほとんどの企業のトップ・マネジメントは、最も優秀な人材を確保することよりも、最も効率が高い工場を造ることや、最適な流通網を築き上げることに神経と時間を使っている。これとは対照的に、知識に基づく競争を重視する企業のトップ・マネジメントは、競争相手より少しでも優れた能力や意欲を持つ人材、知的な人材を常に採用することにより、持続的な競争優位性を築けることをよく理解している。つまり、彼らは情熱的な人材収集家なのである。

スカンディアのヤン・カレンディィは、組織にとって魅力のある優秀な人材を見つける努力を怠らない。彼は優秀な人を見つけると、たとえそのときには見合ったポストがなくても、とにかく入社を勧める。彼がある会議で出会ったアン・クリスチャン・ペアルソンの場合もそうだった。ペアルソンの優れた思考力に魅了されたカレンディは、彼女が当初躊躇したにもかかわらず説得を続け、ようやく仕事を辞めさせてAFSに入社させた。そしてすぐには空きのポストがなかったため、事業開発担当ディレクターに任命した。このポストはストックホルムの本社にある一人だけの部署であった。数年を経て、ペアルソンはこのポストを、AFSにおける市場参入のための情報センター機能に変えていった。そしてスカンディアが持つ世界的な知識を集大成し、世界中どこからでも新規事業開発のために利用できるようにしたのである。

このような個人的なヘッドハンティングは別としても、最も効果的な「学習する組織」(ラーニング・オーガニゼーション)のトップ・マネジメントは、優秀な人材を確保するシステムを取り入れることに力を入れた。

たとえば、マッキンゼーの人材採用システムは伝説的だ。世界中にある一流のビジネススクールの優秀な卒業生は、常にマッキンゼーを最も望ましい雇用主だと考える。この高い評価は、高水準の報酬や卓越したトレーニングのためばかりでなく、採用プロセスを支える莫大な資金や、マネジメントが費やす時間などにもよる。マッキンゼーは毎年五〇〇人を新規採用するために、五万人の履歴書を検討し、数万人の面接を行っている。候補者が十数回におよぶ面接を受けるためには、五〇〇人のマッキンゼーのパートナーたちは莫大な時間を割かなければならないが、彼らはこの面接を最優先事項としている。

◉大学としての企業

いま展開しつつある知識革命の中では、社員の持つ専門知識は多くの場合、数十年ではなく、数年単位で使いものにならなくなる。先のインテルのケースが示唆するように、最も優秀な新入社員でも継続的に能力の向上を図らなければ、無駄な資源となってしまう。インテルのような企業はこの事実を理解し、能力開発を行う責任を真剣に受け止めている。

インテルは自社内に大学を設け、社員が幅広いコースの中から自由に選択できるようにしている。また、大学やコンサルタントが提供する外部のコースの受講も支援している。さらに、すべてのレベルの社員が仕事を離れて学生や教師として大学に戻れるように、数カ月から一年のサバティカル制度も提供している。

インテルのケースからもわかるように、この戦略はセミナーを開いたり、話題のトピックスについて特別なトレーニング・プログラムを組むといった程度のものではない。また、学習する組織を作るためには、企業が知識獲得に飢えている人間を養成しなければならない。彼らの知識欲を刺激するには、企業のビジネス・インフラに組み込まれている教育や能力開発計画を通して絶えず彼らを刺激していく以上に、有効な方法はないだろう。世界的に有名なGEのクロトンビル経営開発センターや、多くの企業が真似ているモトローラ大学などは、社員の継続的な能力向上に対する企業の意気込みを象徴している。そしてこれらの企業に他に例を見ないほどマネジメント層の厚みができたのは、この意気込みのあかしといえよう。

社員の能力開発を企業の日常的な活動の一つとすることによって、予期しなかった学習方法を開発できることがある。マッキンゼーが一九七〇年代にアソシエイトの教育を大幅に強化したとき、パートナーに教授の役を務めてもらった。すると彼らは、以前は説明されることのなかった知識を理路整然と語り、文章化していった。もう一つ重要なことがある。この過程においてアソシエイトたちは、新しい手法やモデル、フレームワークを習得しただけでなく、マッキンゼーが世界中で知識を開発したり、迅速に広めていくためのベースとなる、人間関係を築くことができたのである。マッキンゼーは一八億ドルの年間収入の五パーセントを、四〇〇〇人から成るプロフェッショナル・スタッフの能力開発に費やしている。これは一人当たり年間二万ドルという計算になる。

個人の能力開発のために投資をすることの大きな利点の一つは、人的資産としての価値を向上させるのと同時に、組織に対する強い忠誠心をも育てられることである。アンダーセンコンサルティングもマッキンゼーと同様、教育に熱心だ。新しく採用されたコンサルタントは、最初の五年間に一〇〇〇時間近くのトレーニングを受ける。このトレーニングの大半は、イリノイ州セント・チャールズにある最先端技術を誇る自社のキャンパスで行われている。ところがアンダーセンでは、社員に対する莫大な投資を行っているにもかかわらず、開発される知識やスキルに対して所有権を主張しないのである。つまりアンダーセンにとってこの教育投資は、コンサルタントをそれぞれの分野における最も有能なプロフェッショナルに育てていくことへの意気込みを表現しているにすぎないのだ。アンダーセンの採用パンフレットには、「アンダーセンでトレーニングを受ければ、あなたはどこの会社でも働くことができるはずです。また独立することも可能です」と書かれている。しかし、会社が社員に投資することを惜しまない姿勢に共感し、実際にはほとんどのコンサルタントがアンダーセンで働き続けたいと考えるのである。

企業がより優れた情報や知識、そしてノウハウをベースに競争していると自覚していればいるほど、「企業は最適に配分された財務資源のポートフォリオである」との見方を変えていかなくてはならない。これに関しては第4章で詳しく述べることにするが、私たちが調査してきた企業の中でこの考え方を最もよく取り入れているのは、日本の消費財メーカーの花王である。彼らは自分たちのことを単なる洗剤メーカーではなく、教育機関であると考えている。そして「すべてのマネジャーにとって最も重要な二つの責務は、教えることと学ぶことだ」ということを、すべての社員がはっきりと認識している。これは非常に強力なコンセプトであり、花王が他の競争相手を引き離して日本で最も革新的かつ創造的な企業の一つとなりえたのも、このコンセプトを持っていたからである。

◉新しい能力開発志向のキャリアパス

トレーニング・プログラムがいかにうまく設計され、教えられていたとしても、それはそこで得た知識を実際に仕事で使って、真の意味で学習していくための下準備にすぎない。また、組織の役割は求められる製品やサービスを創り出すことだけではなく、生産的資源すなわち社員の育成にもあることを認識している企業は非常に少ないようである。実のところ、仕事を担当する人を育成できるように作業を編成し直して初めて、望ましい製品やサービスが提供される場合が多い。これは戦略が組織に従う典型的なパターンである。

マッキンゼーがこれを悟ったのは、一九七〇年代半ば、最大の困難に直面したときのことである。その頃、ボストン・コンサルティング・グループをはじめとするいくつかの強力な競争相手がマッキンゼーの市場に参入してきていた。マッキンゼーが「クライアントとの関係を築くこと」を柱に業務を確立してきたのに対して、ボストン・コンサルティング・グループは、経験曲線やPPM理論といった単純明快ではあるが強力なツールを利用し、「思考のリーダーシップ」といわれるアプローチを確立して、マッキンゼーから顧客や若い採用候補者を奪っていった。

マッキンゼーのパートナーたちは、伸び悩みと内部の混乱を経験し、「クライアントとの間に強い関係をただ作るだけでは、もはや成功することはできない。また、どんどん専門化していく問題に対しては有能なゼネラリストでも対応しきれない」と悟った。彼らは「T型コンサルタント」といわれる人材を育てていく必要性を感じた。このT型コンサルタントとは、ゼネラリストの持つ幅広い知識のほかに、特定の産業や機能領域についての高度な専門知識を持つコンサルタントのことである。

マッキンゼーは、重要な資産である顧客中心のゼネラリストの居場所はきちんと確保しておき、その上に産業別と機能別の組織を被せていったのである。そしてどちらの組織においても、コンサルタントたちが新たな組織内での関係を築き、キャリア・チャンスを開くことをサポートする上部構造を作った。

これによってコンサルタントたちは、自分が属する事務所以外でも機会が得られることになり、自分の専門を深めることができるようになった。九〇年代半ばには、マッキンゼーの仕事の約二〇パーセントは、他の事務所へ短期あるいは長期に出向しているコンサルタントによって担われていた。これは、それぞれのコンサルタントの持つ専門知識やノウハウを伸ばし、また活用するために必然的に行われていたのである。

スカンディアのカレンディがスカンディア・フューチャー・センターを創立したのも、同じような動機からだ。フューチャー・センターは五つの「フューチャー・チーム」から成るバーチャルな組織で、有望な社員を配属し、難題を与えたり限界に挑戦させることにより育てていくものであった。各チームは三つの母集団より選抜された五人で構成されていた。三つの母集団とは、「現在権限を持っている世代」「次を担う世代」、そして「X世代」といわれる二〇代の幹部候補生である。これは単なるトレーニングというよりは、四カ月に及ぶフルタイムの能力開発プログラムであった。

各チームには、スカンディアにとって重要な課題（たとえば人口動態の変化による保険市場への影響、スカンディアの組織と戦略におけるＩＴの将来的利用など）が与えられた。この経験によりメンバーの視野は大きく広がり、新たなエネルギーや意欲が生まれた。そして、新しいアイデアや取り組みを職場に持ち帰ることになったのである。

組織横断的な情報の流れを作る

優れた人材の採用や育成は、企業にとって非常に強力な武器となる。しかし、いくら企業が情報や専門知識を蓄積しても、それぞれが独立した島のように孤立し、その孤立した責任範囲を離れると何の価値も持たなくなるようでは、競争優位を築いていくことはできない。つまり、分散している情報や専門知識を移転、共有、活用することによって初めて、企業は組織学習の恩恵を受けることが可能になる。そのためには、各ユニットに分散している個人のノウハウを横方向に流れている豊富な情報と知識のフローに結合させ、重要なノウハウを全社的に広め、ベスト・プラクティスを伝授できるようにしなければならない。

これは一見簡単なことのように思われがちだが、実はきわめて難しい。なぜなら情報の流れは、上下の報告関係とそれを支える公式の計画・管理システムによって作られているからである。第2章で見たように、過去七五年にわたってこのようなシステムが開発され、また改良を重ねながら情報伝達の担い手となってきた。つまりシニア・マネジメントやトップ・マネジメントに対しては、計画書や稟議書、提案書を上げ、一方上から現場に対しては目標値や経営資源の割り当て、そして現場の社員の行動規定などを与えてきたのだ。

組織学習を促進するような環境をつくろうとしている企業は、既存の情報システムを、根本的に異なるコミュニケーションのチャネルで補強するか、置き換える必要がある。従来型の情報システムのほとんどは上下方向で制度化されたものであり、情報は財務関連データに落とし込まれている。しかし、ユニットを越えた学習を実現するためには、個人的な人間関係に基づいた横方向の情報チャネルを築き、専門的な知識を日常的に交換できるようにしなければならない。

第2章で見たように、3Mではこのような横方向の情報伝達を、特に技術者の間で進めてきた。技術者は、四七事業部の下にある三九〇〇のプロフィット・センターに分散しているが、「製品は部門のものだが、技術は会社のものだ」という強い信念によって結ばれていた。花王やマッキンゼーは長い間試行錯誤しながら、組織の境界線を越えて自由に情報が流れるシステムを作り上げ、これを競争優位の源泉にすることに成功した。またスカンディアのAFS部門やインテルも、まったく白紙の状態から、他社とは異なる情報伝達とコミュニケーション・プロセスのモデルを作り上げた。これらの企業に共通するのは、新しい情報チャネルの開発や横方向の組織の結び付きを正当化、制度化したこと、また業績報告と評価の新たな基準や方法を開発したことである。

◉新しい情報チャネル

マネジャーがパソコンのマウスをクリックするだけで、膨大な量のデータを企業の中で動かすことができる時代になってきた。ここで多くの人は、情報の根底にある基礎的な知識も付随して動いてくるのだと錯覚しているようだ。しかし知識というものは厄介なもので、一方では独占意識のようなものから出し惜しみされ、受け手側では「どうせ、自分が考えたものではない」(not-invented-here) という偏狭な意識により締め出されてしまう。結局、情報は組織の中の隔離された水溜まりにとどまり、不毛の砂漠であった現場に新しいアイデアを開花させることはない。したがって、横方向の情報の流れを作るための最も基本的な作業は、新しい情報チャネルを作り、戦略的な知識とノウハウを組織の中に迅速に広めていくことができるようにすることである。

部門を越えた結び付きを生み出す最も簡単でかつ直接的な方法は、シニア・マネジメント個人が部門間の交流に積極的に取り組むことだ。ヤン・カレンディが率先して手本を示すことにより、AFSでは蓄積している知識やノウハウを、世界中の子会社で活用することができた。カレンディは自分の立場を、企業の頂点に立つ意思決定者とは考えておらず、遊軍のような存在で、変革の推進者であると理解していた。彼の解釈によると、彼の任務はアドバイスや支援を行い、さまざまな資源と行動を結び付けることだそうである。彼は「私は組織の公僕である」と述べていた。

カレンディは社内でのパイプ役を果たすために、いくつものレベルにわたって複数のポストに就いていた。彼の言葉を借りるなら「組織への浸透」を試みていたのだ。彼はＡＦＳのトップのほかに、スカンディアの経営幹部会のメンバーでもあった。また、ＡＦＳにおける三つの地域持株会社の会長職も兼任していた。さらに、アメリカン・スカンディアのＣＥＯと、その投資子会社の社長でもあった。このような職に就くことで、組織の五階層に浸透することができ、スカンディアがビジネスを行っている全地域をカバーすることになった。彼は一年のうち二〇〇日程度を出張に費やした。そして常に、次のようなメッセージを説いていた。「革新とは、まったく白紙の状態から生まれるものではない。良いアイデアはどこかから引っ張ってくるものであり、過去の成果の中にもそのヒントは隠れている。それらを活かさなければならない」。彼は自ら率先して組織の境界を乗り越えることで、たとえるなら植物の交配を助けるチョウの役を務めた。さらに重要なことは、彼が企業におけるロールモデルであり、また触媒の役割を果たしていたことである。そして社員たちも、それまでのように自分の職務記述書の範囲といった狭い見方にとらわれず、組織の中で多くの部門の人間やアイデアを受け入れるようになったのである。

伝統的な家具製造販売に革新をもたらしたイケアの創設者であるイングヴァル・カンプラードも、個人的ネットワークの信奉者であった。彼は「口から耳へ」をモットーに、アイデアやベスト・プラクティスを好んで伝達した。彼は、カレンディより一歩踏み込んで、情報伝達の作業をさらに強化するために、「文化の使者」(culture bearer) と呼ばれる人たちを利用した。「文化の使者」は将来性の高い経験豊かな社員で、彼らが将来担う役割に備えさせるため、カンプラード自らがトレーニングを行った。このトレーニングは、イケアの価値観を自分自身のものとしてもらうため、カンプラード自らが一週間にわたって直接指導するものであった。九〇年代初め、使者たちは三〇〇人以上になり、世界中の重要なポストに就いていた。このような体制を作ることで緊密な人的ネットワークが構築され、情報の収集や解釈、伝達ができるようになった。そこでは、制度化されたシステムがもたらすことの多い情報のゆがみもなかった。

しかし、ユニットを越えて伝達する必要のある情報の量や複雑さを考えると、非公式な使者や個人ネットワークだけでは不十分だ。ＩＴの発達により、さまざまなシステムやツールが、このようなインフォーマルなつながりを支援できるようになった。たとえばマッキンゼーでは、社内で大掛かりな調査を行った結果、オフィス間のインフォーマルな情報交換のプロセスを、よりフォーマルな活動で補強する必要性があると考えた。だからこそ彼らは、ＦＰＩＳやＰＤネット、知識資源ダイレクトリーを開発した。それがシドニー事務所の若手スタッフにも非常に役立ったのである。

◉横のつながりを制度化する

ユニットを越えた情報伝達は強い力を持っている。しかし、私たちが調査した多くの企業では、階層的な上下関係による縦の情報の流れが、十分に確立されていない横方向の情報の流れを圧倒していた。新しい情報チャネルと情報交換の場をより強力なものとするために、企業はユニットを越える関係を公式な制度とする必要に迫られた。

最も単純なレベルでは、さまざまな組織からメンバーを集めてチームやタスク・フォースのグループを作り、ユニット間の協力が必要な仕事を課した。スカンディアでは、新しい子会社を立ち上げる際にこの方法を採用し、さまざまな部門の持つ知識や経験を集めて活用している。カレンディは、「過去の成果を認識し、それを再利用しなければならない」という信念に基づき、組織の枠組みや管理システム、商品設計についてのプロトタイプの開発に力を注いだ。同社が世界進出をする際にはこのプロトタイプが使われ、改良されていった。新規に会社を立ち上げる際は、既存の子会社のチームが最新のプロトタイプを提供したり、アドバイスを与えるなどして、新会社を支援した。

マッキンゼーでは、非階層的な関係を制度化するために、より強力な方法を採用した。前述したとおり、マッキンゼーでは産業別と機能別のグループを作って、それぞれの事務所に点在するスペシャリストの間のインフォーマルなネットワークを補強し、制度化した。このような専門家チームの一つ、プラクティス開発チームのメンバーであったトム・ピータースとロバート・ウォーターマンは、数々のアイデアを生み出した。それが後に『エクセレント・カンパニー』という題名で出版され、経営書としては初めての大ベストセラーとなったのである。

FPIS、PDネットといった情報伝達インフラに支えられ、組織全体を覆うようなこの関係は、従来の地域別組織と同じくらい重要な意味を持つようになった。パートナーたちは、得意分野や産業ごとに指導的な役割を与えられた。また、プラクティス・コーディネーターがフルタイムで新たに採用された。彼らの仕事は、情報が正しく伝達されているかどうかをモニターし、また必要な場合には、コンサルタントが適切な専門家に連絡を取れるよう手助けするというものであった。かつてはパートナーの大半は全社的ゼネラリストであったが、特定の業務に特化した専門家としてのキャリアパスも加わり、専門家の育成の必要性も認められるようになった。つまり、マッキンゼーは全社的に知識と学習を広めるために、ユニット横断的な研究別スペシャリストを開発育成する仕組みを制度化したのである。

◉新しい業績評価基準

多くの企業で、公式、非公式を問わずさまざまな方法で、横方向の情報交換やユニットを越えての交流などが試みられた。しかし大半の企業では、財務数値重視の業績評価システムが偏狭な態度や行動を生み、ただでさえつかみどころのない組織学習を妨げた。一九九〇年代初めには、ROIや利益目標への固執が誤った行動を引き起こしかねない、とマネジャーたちは感じ始めていた。マネジャーたちは、「バランス・スコアカード」や「三六〇度評価」などさまざまな新しい業績評価のシステムを導入し、階層に基づく業績評価という「暴政」を打破しようとした。このような従来の型を破った革新的な試みは、知識のネットワークづくりに必要不可欠な、横方向の情報の流れを作るのに大いに役立った。

手始めに、既存の業績評価システムの利用方法を変えてみることもできる。たとえば、バンク・ワンは買収したいくつかの地方銀行をベースに、州をまたいだ銀行のネットワークを築くことに成功した。買収された地方銀行は「共有と比較」と呼ばれる横方向の情報交換プロセスによって結ばれ、互いに学び合うことができた。このプロセスの中心となるのは、標準化された業績評価システムだった。このシステムは、ローン債権の質や流動性の指標、また生産性指標や経費比率などの伝統的な測定項目を用いて、銀行の業績を評価するものであった。

他社と違うところは、このレポートがトップ・マネジメントのためのものではなく、仲間同士の比較検討のために用いられた点だろう。経営側は、ネットワーク内の九八の銀行を資産規模によって三つのグループに分け、各銀行が重要な経営指標などを同規模の姉妹行と比較検討できるよう、二ページのレポートを作成してそれぞれのグループに配布した。トップ・マネジメントは、新しく情報交換の場（たとえば頭取会）を設け、お互いのベスト・プラクティスを伝え合うことを奨励し、横の関係（たとえば銀行間のメンター制を導入するなど）を新たに作った。しかし、この新制度においてベスト・プラクティスの伝承が成功するかどうかは、あくまで受け手側の銀行に助言を求める意志があるかないかによるだろう。バンク・ワンの経営陣は、「共有と比較」による評価プロセスにより、受け手側が積極的に助言を求めるであろうと確信している。

スカンディアは、もっと抜本的に業績評価方法を変革した。ヤン・カレンディは、企業の競争力はその企業の知的資産の価値によって決まると気づき始めた。しかし、他の金融サービス会社と同じように、スカンディアの会計システムは財務的な指標でいっぱいだった。このような伝統的会計システムでは、企業の将来に必要不可欠と思われる知的資産と知識の交換を評価するどころか、認識さえもしないのではないか、とカレンディは懸念した。そこで彼は、この重要な問題を解決する新しい評価システムを開発するために、リーフ・エドヴィンソンを知的資産担当ディレクターとして迎えた。

カレンディからの支援と自由裁量を得て、エドヴィンソンは見事な概念モデルと、それを表現する言語システムの開発に成功した。そしてマネジャーの間では、「会計処理されない資産」が話題にのぼるようになった。さらに「知的資産の会計担当者」の採用がカレンディより許可され、このモデルは真の力を発揮するようになった。指標を定義し、データを集めていくことで、議論を学問的な情報交換のレベルから、現実的な業績評価へと移行させていくことができたのだ。

ビジネス・ナビゲーターといわれる手法を用いて、エドヴィンソンは業績の変化を五つの側面から追跡していった。この五つの側面とは、従来からの財務フォーカス（エドヴィンソンによればこれは過去の実績の評価）、顧客フォーカス、人材フォーカス、プロセス・フォーカス（これは現在の業績を反映する）、そして革新と開発フォーカス（これは将来の業績を意味する）である。この新しい指標により、マネジャーたちは財務以外の面での行動や実績を意識し、追求するようになった。たとえば、顧客フォーカスで評価される顧客との接触回数や解約率、また、人材フォーカスでの評価に使われるマネジャーの数や一人当たりの研修費、革新と開発フォーカスの指標として使われる、新商品や新規事業により生み出される収益の総管理費に対する割合などである。

カレンディは、マネジャーたちが知識を蓄え、そして学んだことを他に移転するという重要な仕事に集中できるように、いままでとはまったく異なる評価の尺度を導入しようとしていた。エドヴィンソンは以下のようにまとめた。「最終的に出てくる財務結果は、私たちにとっては最終結果ではなく、データにしかすぎない。私たちが目指している最終結果は、開発と革新にある。なぜならば、それこそが将来への基盤だからだ」。そして大掛かりな業績評価制度の変革なしには、このような戦略目標の大転換を成し遂げることはできなかったのである。

信頼に基づく企業文化を築く

学習する組織を作るうえで最も難しい点は、企業の中に新しい文化を築き上げることである。その新しい文化とは、いままで自分の力の源泉であった知識と経験を他者と共有し、自分が部分的にしかコントロールできない物事に対しても責任を引き受け、また、たとえ評価基準や尺度があいまいでも自発的に行動を起こすような文化である。このような文化は、相互関係が契約により成立していたり、事業単位と同じように個人も自己の利益を守ることが最も重要だと考えているような組織の中では育たないだろう。つまり、お互いの判断を信じたり、やる気に頼るような、より有機的で家族的な絆が必要なのだ。これはすなわち、信頼に基づく企業文化なのである。

私たちが観察してきた企業の中で、知識の移転や組織学習が戦略の中核となっていた企業のすべてに共通しているのは、信頼が企業文化の大切な要素だったことである。３Ｍでは、現場のマネジャーとシニア・マネジャーが強く信頼し合っていることで、個人がイニシアチブを発揮できる環境がつくられていた。また、組織の境界線を越えて共同作業に携わる人たちへの信頼関係がユニット間の支援体制の枠組みとなっていた。つまり人間は、信頼できる支援者の存在を強く信じない限り、企業内において起業家的な行動をとることはできないのである。

３Ｍは半世紀以上にわたって、個人に対する信頼を礎とする哲学を根づかせ、また「普通の人が非凡な業績を上げることができるように刺激する」ための環境をつくり上げてきた。しかしほとんどの企業では、まだこのように組織の中に信頼を築き上げることができていないようである。それどころか多くの企業では、リストラや事業の再編により、信頼を築くどころか破壊してしまっているのが現状である。

しかし、調査対象企業の多くでは、信頼に基づく企業文化を創ることに経営陣が精一杯努力していた。このような企業にはいくつかの共通点が見られた。その中で最も重要な要素は、プロセスの透明性と開放性、マネジメントの意思決定における公正性と公平性、そして企業の中に確立され共有されている価値観などである。

◉透明性と開放性

信頼は、社員が参加意識を持つような、透明で開放的なマネジメント・プロセスの中に最も生まれやすい。信頼は、企業に根づいている規範や価値観から生まれてくる。この規範や価値観は、ロールモデルとしてのトップ・マネジメントの経営スタイルから大きな影響を受ける。

たとえば、ヤン・カレンディィは頻繁に出張することにより、世界中にいるスカンディィアの社員と頻繁に接することができた。質問をしたり、問題を投げかけるその自然な経営スタイルは、社内に開放感をもたらした。そうした環境下では、意見の不一致を素直に表明することが学習の大きな原動力となった。そして社内の出張の多いマネジャーと同じように、カレンディィはある部署のアイデアを別の部署に持っていくという「情報の交配役」となった。何よりも自分の見解を隠さず、また情報を自分のものだけにはしておけない彼の性格が、マネジメント・チームとの信頼関係を急速に築き上げた理由であろう。

またスカンディィアは最新のITを駆使し、世界中の支社を一つの情報網で結んで、社内の開放的な環境を築き上げた。スカンディィア独自のグローバル・エリア・ネットワーク（GAN）は、子会社のローカル・エリア・ネットワーク（LAN）と結ばれ、世界的な情報のインフラとなり、電子メールの送信や外部情報の集中保存、また世界中のベスト・プラクティスの掲示など、多数の機能を持ち合わせていた。そのほかにも、書類やファイルを共有したり、世界中どこからでも出張中のマネジャーと常に連絡が取れるような体制を作り上げた。さらに、共同作業が必要になった場合には、組織のどこからでも候補者を選び出すことが可能になり、また自らが候補者に名乗り出ることもできるようになった。最終的なチーム・メンバーには、候補者の中から最適任者が投票で選ばれた。

このような、組織の透明性によって支えられた、全員が幅広く関わり合える環境下では、トップの主な仕事は問題点についての枠組みを作り、解決のためのプロセスを組織に開放することであった。知的資産担当のエドヴィンソンは次のように説明した。「私たちはストックホルムを本社（ヘッド・オフィス）とは呼んでいない。なぜならば、会社の頭脳（ヘッド）は現場にあり、ストックホルムは心臓部（ハート・オフィス）に当たるからである。そこでグループの価値観を保ち、私たちの生命の源である情報を組織中に循環させているのである」

しかし信頼は、定期的な会合を開いたり、開放的なコミュニケーション・システムを作るだけで簡単に築き上げられるものではない。信頼は人材の選抜や、人間関係の育て方からも築き上げられていくものである。マッキンゼーはこのことを非常によく理解していた。以前から「ワン・ファーム」（106ページ参照）の概念を提唱し、パートナー同士の関係が相互の尊敬と信頼で表されるような企業文化を築き上げていた。この貴重な資産を守るため、マネジメント・グループを選考する際には、開放性や信頼性、そして個人の誠実さから成る「パートナーシップ精神」が基準となっていた。その結果つくり上げられた環境は、一方では方向性の一致と相互支援を確実なものとし、もう一方では根底にある信頼感を傷つけることなく「異議を唱える義務」を奨励するものであった。最終的にマッキンゼーは、会社の望ましい規模や成長率、パートナーになるための昇格基準など、主要な戦略や方針に関する意思決定について、活発な議論を行えるような活気に満ちた自己統治のモデルを創り出した。

◉公正性と公平性

開放性と透明性は、重要なマネジメント・プロセスや意思決定に人々を参加させていくうえで、非常に大切な役割を果たしている。だが、そのプロセスと意思決定が本質的に公正と認められなければ、信頼を築き、維持していくことはできない。特に工場閉鎖や解雇といった感情的に敏感にならざるをえない問題が、無神経に、あるいは政治的に扱われてしまったりすると、長年にわたって築かれた信頼関係が、瞬く間に崩れ去ってしまうこともある。

一九八〇年代半ば、日本製の低価格の半導体メモリーが市場に氾濫したために、多くのアメリカの半導体メーカーは大量の人員解雇を余儀なくされた。このような状況の中でインテルは、苦労を重ねた末、ついに代替方法を見つけ出し、社員の信頼を得ることに成功した。インテルでは工場閉鎖を最終手段と考え、資金調達のために株式の二〇パーセントをＩＢＭに売却したり、経費削減のために経営陣を含む社員の給与を一律削減した。またフィリップスの半導体部門では、信頼を損なうことなく二〇パーセントの人員削減を行うことができた。解雇のプロセスにおいては、自分の利益を守ろうとする人たちが裏で駆け引きをすることが多いものだが、客観的な業績データを示しながら社員集会で誠実に何度も説明することにより、解雇をスムーズに行うことに成功したのである。

他のプロフェッショナル企業と同様に、マッキンゼーもこのような問題に常に直面している。なぜなら彼らの人事制度は、「昇格か退職か」の原則で成り立っているからだ。マッキンゼーでパートナーになれるのは新規採用者の二〇パーセント以下であるため、業績評価のプロセスをどこから見ても公正になるよう徹底し、退職のプロセスは人間的なものになるよう心掛けている。

評価のプロセスはコンサルタントが入社した日から始まり、一緒に働く他のコンサルタントから毎日のように、非公式のフィードバックを受ける。顧客の依頼に基づいて案件が開始されると、最初の週に各コンサルタントの正式な能力開発目標が設定され、案件の中間と終了時にはエンゲージメント・マネジャーによって評価を受けることになっている。また各コンサルタントは少なくとも四半期ごとに、デベロップメント・リーダー（能力開発を担当する）から評価と指導を受ける。デベロップメント・リーダーは、コンサルタントと共通の関心事を持つパートナーの中から選ばれる。さらにコンサルタントは年に二回、より正式な評価を受け、ここで次の六カ月の能力開発計画を見直す機会が与えられる。このようなフィードバックと能力開発が五〜六年行われると、今度は、パートナーになる最初のステップであるプリンシパルへの指名がパートナーによって行われる。ここで重要なのは、その指名が、それまでのフィードバックなどからアソシエイト自身が自分の状況について抱いていた結論と、ほとんど齟齬をきたさないことである。

マッキンゼーには「プリンシパル候補者評価委員会（ＰＣＥＣ）」があり、メンバーは上席のパートナーによって構成されている。この委員会は年に二回ほど開催され、世界中にある六九のオフィスより選ばれた候補者の評価を行う。ＰＣＥＣのメンバーは、自分の管轄の事務所以外に属する六人から八人程度の候補者に対する評価をリードし、このプロセスにほぼ六週間をフルタイムで費やす。このプロセスに続いて、すべてのパートナーにより報告、推薦、投票が行われるので、選考プロセスはきわめて厳密で、また可能な限り公正であるといえよう。そしてパートナーの上のディレクター職についても同じようなプロセスが設定されている。

パートナーになれずに会社を去った人たちが、その後もマッキンゼーと非常に強い関係を維持していることからも、この選考プロセスがいかに公正だと認識されているかがわかるだろう。事実、元マッキンゼーのコンサルタントが、後に他の企業においてトップ・マネジメントの職に就くと、マッキンゼーに仕事を依頼してきたり、助言を求めたりすることがよくある。元社員のネットワークからマッキンゼーの仕事の多くが生まれているのである。

組織の価値観を共有する

この一〇年間、多くの企業では、社員のやる気や自発性を引き出すようなビジョンを策定することに力を注いできた。しかし、すでに戦略目標や予算などの優先事項があるなかで、「会社は何を達成しようとしているか」といった壮大な文言を並べても、社員に希望を持たせるどころか、「仕事の量を増やす口実にすぎない」と感じさせ、不信感を募らせる結果となった。このような不信感を持つあるマネジャーは、「何を目標に励むべきかも結構だが、『何に拠って立つべきなのか』も知りたい」と述べていた。

ビジョンに掲げられた壮大な目標に向かって努力するためには、その努力とバランスをとる「信頼」が必要であり、その信頼を生み出すのが、共有された価値観、つまりは「拠って立つべきもの」なのである。しかし、企業の価値観を見極め、伝達し、形にすることは、戦略ビジョンを明確にすることよりはるかに難しい。なぜなら、それは分析や理論に基づいているのではなく、どちらかといえば感情や直感に頼るものだからである。確立されたすべての企業は、何を大切だと考えるかについての信念と哲学に基づいて、企業活動を行っている。しかし、ほとんどの場合その価値観は語られることがなく、マネジメント活動の無用な妨げにならないよう、あるいはビジネス上の課題から注意をそらさないように、意図的に抑えられている場合もある。

哲学が見えない状態から抜け出し、価値観を大胆に表現している企業のほうが、価値観に共鳴する社員を引き付け、社員の離職を防ぐことができるようだ。また、社員は価値観を具現化する企業に対して、さらにコミットメントを高めるようだ。ABBのヨーラン・リンダールは、次のように語った。「最終的に人間は、特定の上司や企業に対して忠誠心を感じるのではなく、信じることができ、かつ満足のいく価値観に対して忠誠心を感じるのである」。価値観の共有は、共通のアイデンティティや一体感、連帯意識を生み出し、それにより信頼と分かち合いが生まれ、組織学習に不可欠な横方向の流れを支えるのである。

マッキンゼーは、その名を社名に冠するジェームス・O・マッキンゼーが同社の原動力となったビジョンを作り上げたのだが、社の価値観を明確にして根づかせたのは、一九五〇年から六七年までマネージング・パートナーを務めていたマービン・バウアーだった。バウアーは「効率化の専門家」と呼ばれていたマッキンゼーを、法律事務所のような、誠実さと高い専門性、職業倫理観を持ったプロフェッショナル企業に変えていくことを決意した。そうしなければ優秀なアソシエイトを引き付けたり、育てていくことはできず、またステータスのある重要な顧客を確保することもできないと考えたのだ。

その価値観の中核となっていたのは、「ワン・ファーム」という原則だった。この原則は、すべてのコンサルタントの採用と昇進を全社的に行い、全社的な責任の下で顧客とビジネスをし、すべての収益を一つのプールに集めるというものである。バウアーは、これがプロフェッショナルとしてのスタンダード、顧客との関係、そしてパートナーシップ制をマッキンゼーで維持していくための唯一の方法であると強く信じていた。しかしこの原則も、バウアーや彼の後継者が業務上の行動で実践しなかったら、単なるお題目としてとうの昔に忘れ去られてしまっただろう。マッキンゼーにおける代々のリーダーは、マッキンゼーの一員であることの意味を、すべての社員に徹底して理解させる努力をしていた。つまりマッキンゼーの社員であるならば、クライアントの業績を持続的に向上させる努力をし、かつ卓越した人材を引き付けて離さない、偉大な企業づくりに貢献しなければならないのである。

マッキンゼーの急激な成長を考えると、「ワン・ファーム」の原則が意味する人材やアイデアの自由な流れ、そして卓越性についての基準を作ることは、だんだん難しくなってきている。しかしリーダーたちは、事務所間に壁ができたり、バラバラな動きをしないように、統合された情報チャネルや意思決定の場を設けることに専念してきたのである。

価値観を現実のものにするもう一つのカギは、価値観を実現した方法や時間を定量化できるかどうかである。もしそのような基準がなければ、常に定量化されモニターされている企業の戦略目標や業務目標によって、価値観のようなソフトであいまいなものは必然的に圧倒されてしまうだろう。

このような認識に基づいて、マッキンゼーではクライアント・サービスを強化するため、顧客に与えるインパクトを測るいくつかの方法を開発した。それはまた、マッキンゼーが長い間持ち続けていた前提である「基本となるコンサルティング・ユニットは、事務所単位でプロジェクトごとに作られたチームだ」という認識を見直す結果にもなった。マッキンゼーは全社からコンサルタントを集め、特定のクライアントと彼らが抱える問題を深く理解し、長期的な関係を構築していくための、クライアントサービス・チームを組織化し始めた。クライアントの長期的なニーズに応えるために、パートナーやコンサルタントがコミットメントを共有するグループを組成することが目的だった。別の言い方をするならば、顧客に与えるインパクトを測定することに力を注いだ結果、クライアントに優れたサービスを提供するための「ワン・ファーム」という価値観を再度強調することになったのである。

統合されたネットワークとしての組織

従来、組織に関する意思決定は、組織構造に関するものに限られていた。製品別組織か、顧客別組織か。効率を優先するのか、柔軟性を優先するのか。中央集権型組織にすべきか、それとも分権化された組織にすべきか。このようなジレンマの背景には、マネジャーたちに二者択一的な選択を要求する、従来からの事業部制がある。しかし、先に述べたような選択を行ったとしても、それだけでは一貫した組織学習の能力を身につけることはできない。

なぜなら問題は、この選択を強要する組織モデルそのものにあるからだ。職務が専門化され、組織間の関係が制度化され、組織単位が細分化されている環境においては、知識の自由な流れを期待することはできない。事業部制では、効率とアカウンタビリティ（結果に対する責任）の名の下に部門ごとの責任を重視し、組織学習の原動力となる組織単位を越えた幅広い協力関係を犠

図3-1▶統合ネットワーク

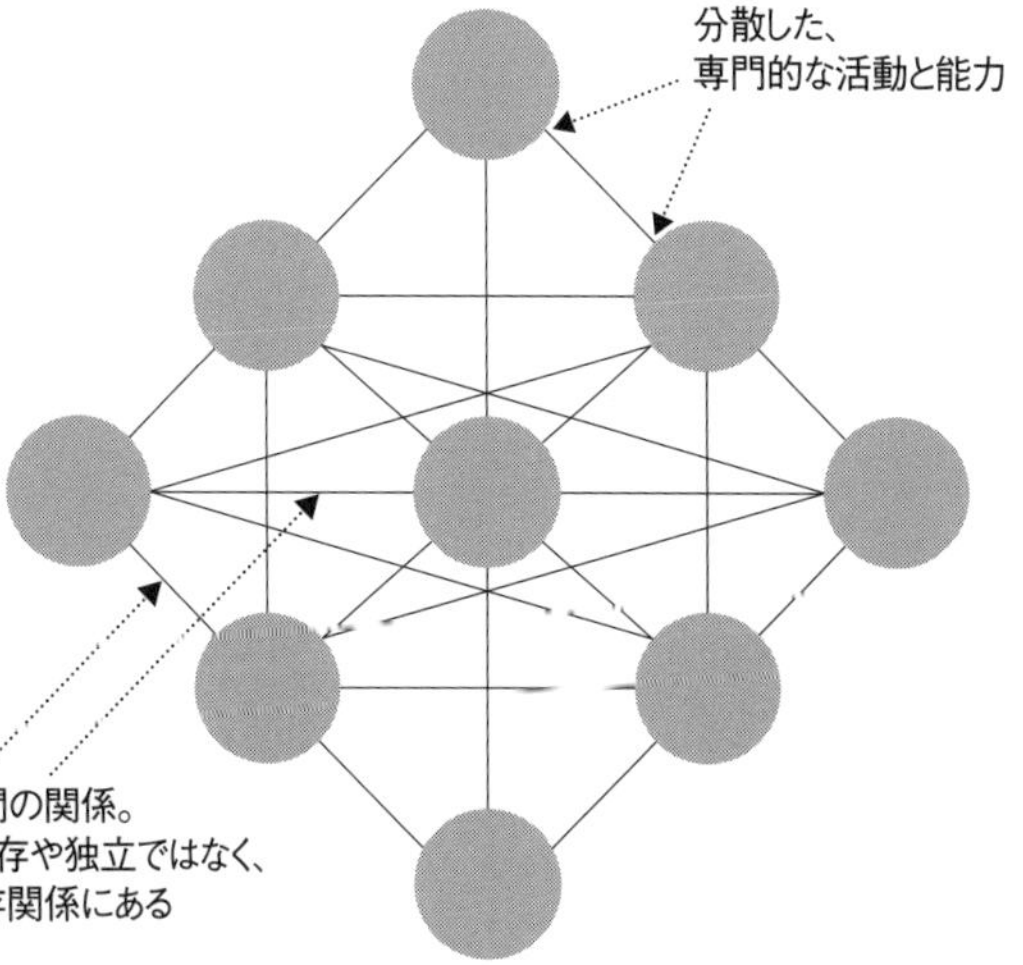
ユニット間の関係。
単なる依存や独立ではなく、
相互依存関係にある

性にしてしまう。

そのような企業とは対照的に、マッキンゼー、スカンディア、アンダーセンコンサルティング、3M、ABBのような企業では、「統合ネットワーク」ともいえる組織の枠組みを軸にして組織を形成している(図表3-1)。この組織モデルは、企業が部門ごとに能力やノウハウを育て、知識や情報、経営資源の横方向の流れを通じて、その分散した能力を結合させる。さらにこのモデルは信頼を醸成し、その信頼が組織をまとめる接着剤としての役割を果たす。こういった組織は、企業に学習能力を根づかせるのに必要不可欠な、二つの原則に基づいて作られている。その原則とは、「分散した専門的な活動と能力を基盤とした構造」、そして「相互依存を基盤とした組織間の関係」である。

◉専門化されたネットワークの形態

分散した専門的な活動と能力を基盤とした組織形態を理解するには、このような組織と、従来からある組織を比較してみることも意味があるだろう。伝統的な中央集権型組織では、規模と範囲の経済による利益の最大化を図るために、経営資源と権限を中央に集中させてきた。また連邦型組織では、ある程度自立している各組織が、主な経営資源をコントロールしてきた。この典型的な組織形態のいずれにおいても、いままで述べてきたような企業の開発が妨げられている。中央集権型組織では、現場にいるマネジャーの起業家精神を育てていくことは難しく、連邦型組織ではユニット間の学習を促進することができない。

統合ネットワーク型組織においては、効率性による利益は、中央集権化によってではなく専門化によって得られる。専門化することによって、採算の取れる量を確保したり、規模の経済を得ることができ、組織ごとに的を絞った専門的知識を開発していくことができる。この専門化された組織単位を適切な市場に置くことで、市場動向や技術革新、競争状況など、外部からのさまざまな情報に対して迅速かつ柔軟に対応していくことができる。

たとえばマッキンゼーでは、金融機関を相手とする業務の本拠はニューヨークに置いている。これはただニューヨークに最大の顧客がいるという理由からだけではなく、この市場であればコンサルタントたちが業界の最先端に身を置くことができ、他の事務所でも応用できる知識やノウハウ（シドニーの案件のような）を身につけることができるからだ。これと同じように、ニューヨーク事務所のパートナーが石油業界の顧客と仕事を行う場合には、エネルギー部門の本拠地であるダラス事務所と連絡を取り合うのである。

専門化、あるいは細分化された活動とは、必ずしも特定の経営資源や権限を永久に所有する権利を意味するものではない。外部環境が変化したり、新たに社内に能力が生まれた場合には、「本拠地」や「センター・オブ・エクセレンス」を変更する。たとえばスカンディアが年金型生命保険の事業にワールドワイドで参入した際に、ヤン・カレンディは「連邦組織」（federative organization）と呼ばれる組織を新たに作った。

この組織は私たちが統合ネットワークと称している組織によく似ている。権限委譲の環境と個人のイニシアチブを奨励する哲学に支えられ、スカンディアのＡＦＳ部門の地域子会社は早い時期からそれぞれに固有の能力とノウハウを開発していった。またカレンディが、このような能力がＡＦＳの他の子会社において競争優位の源泉になると判断した場合には、その子会社を「戦略能力センター」と決め、彼らのノウハウを全社的に普及させることを義務づけた。

たとえば、ＡＦＳのスペインにある子会社が銀行を販売窓口とする独自の商品開発に成功すると、すぐにこの子会社を銀行向け商品開発における戦略能力センターに指定した。またアメリカの子会社は情報化技術における先進性を買われ、情報化技術の戦略能力センターに任命された。

コロンビアの子会社も事務と管理業務面での効率性が認められ、管理業務面での戦略能力センターとなった。しかしいずれも、それが恒久的なことではなく、他の子会社に学習曲線で先を越された場合にはこの名誉ある指名を譲り渡さなければならないことを、皆が承知している。

◉統合された相互依存

統合ネットワーク組織の第二の特徴は、分散しているが専門化している活動をベースとする組織を作ることから生じる。このような組織におけるユニット間の関係は、それぞれ独立したものではなく、またある組織が一方的に他の組織に依存する関係にあるわけでもない。つまり、組織のつながりは相互に依存する関係によって形づくられているのである。

現場の組織を独立もしくは依存という関係で定義している従来型の企業では、いずれ組織モデルが競争の妨げになっていることに気づくだろう。独立型で自給自足に近い組織は、組織間で調和のとれた戦略を駆使している競合他社に狙い撃ちされ、打ち負かされてしまう。なぜなら、競争相手は特定の市場での赤字を、他の市場からの利益で埋め合わせることができるからである。逆に本部に強く依存する組織では、異なる市場環境に適応したり、各組織の周りにある市場機会に対応できない。今日のような複雑かつ動態的な競争環境においては、共同での問題解決や経営資源の共有が求められ、結集して物事を遂行しなければならない。そのためにはユニット間の関係を、より相互依存に基づくものに作り上げていくことが必要である。

しかし家族関係を見てもわかるように、長い年月をかけて日々作り上げてきた依存関係や独立関係を変えるのは並大抵のことではなく、ときには痛みさえも伴う。相互依存関係を強化する必要性を感じた多くの企業が決まって実施するのは、組織間の調整機構やシステム、インセンティブづくりだった。しかし、そのような機械的な方法が良い結果を生むはずはない。独立色の強かった組織は、従うような素振りは見せたものの、すぐに自主性を維持しようとした。依存的だった組織は新しい共同的な手法を歓迎して受け入れたが、実際には多くの場合、それまで依存してきた人たちに対して、単に合意する権利を手に入れた程度にしか感じていなかったのである。

しかしいくつかの企業では、機械的な方法ではなく、ユニットを越える関係を定義づける活動に焦点を置き、合理的で恒久的な相互依存関係を築き上げることができた。つまり、自身の利益を達成するためにはユニット間の協力が欠かせないという状況にすることにより、相互依存や協力関係を半ば強制していったのである。

たとえば、マッキンゼーは大変苦労して、七〇にも及ぶ世界各地の事務所に「ワン・ファーム」の哲学を浸透させた。世界中で仕事をしている四〇〇〇人のコンサルタントたちは、顧客に助言するために必要な知識やノウハウのすべてが、それぞれの事務所には整っていないことにすぐに気づいた。シドニー事務所の若いアソシエイトたちは、マッキンゼーに深く根づく相互援助の規範を頼みに、ほとんど接点を持たない事務所や、面識のないコンサルタントにボイスメールや電子メールを送ることを躊躇しなかった。

「ワン・ファーム」の哲学において最も重要なことは、このような要請に対して必ず返事がもらえることである。返事の内容も、重要な情報源を簡単に教えてくれるものから、実際にチームや顧客に会いに来ると約束するものまでさまざまだった。事務所間の人材の交流は、短期的な出張や長期的な転勤などを通じて頻繁に行われている。そして全体の仕事の二〇パーセント近くは、他の事務所から応援に来ているコンサルタントが担当している。パートナーたちはすべて、このような人材交流は顧客サービスの質を保つばかりでなく、人材育成にも効果があると考えている。

このように企業の貴重な資源を無私無欲で移転させることができるのは、顧客サービスや人材育成という高い次元の理想に動機づけられているからだが、それと同時に、自己利益に強く動機づけられていることも見逃せない。コンサルタントたちはマッキンゼーに入社した初期の時点で、パフォーマンスを上げて生き残れるかどうかは、強い人的ネットワークを築けるか否かにかかっていることを学ぶ。

同社でパートナーとなるには、自身の専門性を確立することに加えて、クライアントに適切なアドバイスを行うのに必要な知識を持った人たちのネットワークを築かなければならない。また、自分がパートナーになったときには、事務所のコンサルタントたちに同じレッスンを伝えていく。なぜなら彼らは、顧客に対して最大のインパクトを与えるためにノウハウを仲間に求める必要があり、また協力や支援を得るためには、自分自身の専門性や知識を常に向上させ続ける必要があることを認識しているからである。

◉コラボレーションの専門家

本章の事例でも裏づけられているように、情報や資源の流れによって専門的活動を統合する相互依存のネットワークを築き上げることは、並大抵のことではない。本章では実際に企業が実施してきた具体的な変革を述べてきたが、「トップ・マネジメントの思考パターンが抜本的に変化しない限り、知識を結合させ学習を根づかせる組織の能力は生まれない」ということはあまり知られていない。実際多くの場合、企業のビジネスに対する概念を根本的に見直したあとに初めて、大きな変化が起こっているのである。

マッキンゼーの場合は、一九七〇年代に、過去半世紀にわたって継続してきた成長に陰りが見え始め、コンサルティング業界の頂点の座を脅かされてきたときにこのような局面を迎えた。コンサルティング業界は知識が商売道具であるにもかかわらず、マッキンゼーは自分たちの持つ莫大な知的資産を利用しようとせずに、事務所ごとに顧客との永続的な関係を築くことに力を注ぎ、徐々に組織を分散させてしまった。数人のシニア・パートナーたちが「クライアントとの関係維持」だけではなく、「思考のリーダーシップ」の面でも他社と競争する必要があることに気づいて初めて、二〇年にもわたる相互依存の組織の構築に着手したのであった。

スカンディアにおいても、八〇年代にヤン・カレンディが「事業を世界的な規模に育てるためには、基本的な事業概念を考え直す必要がある」と感じたときに、同様のブレークスルーが起きた。彼は新しい市場に進出することを新たな挑戦とは考えずに、学習したことを吸収し、プロトタイプ・モデルを作り、一つの国から他の国へ移転することに組織を専念させた。そのためには、情報や知識、ノウハウが自由に交流し合う組織、すなわち学習する組織を創造する必要があった。「私たちは、保険の専門家であるというよりは、『コラボレーションの専門家』であると考えるべきだ」とカレンディは述べた。

現在、多くの企業が「コラボレーションの専門家」を目指している。コラボレーションの専門家となることこそが、知識を創造し、社内で広める能力を高め、組織学習を競争優位の源泉とするのである。

第4章 継続的な自己変革
──改善から再生へ

『エクセレント・カンパニー』に登場した「エクセレント」な企業の多くは、まるでその称号に呪われてしまったかのようである。一九八一年に同書で優良企業と賞賛されたうちの多く、たとえば、ナショナル・セミコンダクター、ワング、タッパーウエア、ＩＢＭ、エイボン、ＤＥＣなどは、本が出版されてから一〇年の間に悲惨な運命をたどる結果となった。これは名声と成功のもろさについての警告ともいえるものである。

これらの企業は、「成功の復讐」という現象を実践してしまったようだ。「成功の復讐」は、第3章の中で述べた組織学習の急所をさまざまな面で突いている。企業が過去の経験を生かし、ベスト・プラクティスを企業内で普及させていくことは重要だが、この過程は同時に、組織の惰性や硬直性を生み出す危険性を伴っている。つまり、昨日の成功方程式は今日の知恵となり、そのままの状態で放置しておくと、翌日には疑問も変化も許さない教義となり、そして「うちの会社のやり方」として破れないものとなり、社員を縛り付けるようになってしまうのである。

また「成功の復讐」のもう一つの要因として、トップ・マネジメントの傲慢さが挙げられる。企業の成功要因としては企業内外のさまざまな要素が考えられるが、優れた業績を上げている企業のマネジャーは、自分たちの決断と行動が会社の成功につながったと自負している。彼らは自分たちの経営手法を持続させるために、さまざまな組織構造やシステム、スタッフ部門を作り上げてきた。そしてこれにより、成功を導いてきた意思決定を組織が忠実に実行しているかどうかを監視し、必要な場合は軌道修正を強いてきた。しかし、このように内部の状況にばかり注意を集中していると、外部に対しては自己満足に陥り、ときには傲慢にもなりかねない。そして自分たちの見方を信じるようになり、競争相手を見下したり、顧客に横柄な態度をとるようになる。

このような傾向の結末は明らかである。すなわち、過去に達成された抜群の収益力や成長率は徐々に低くなり、ある重役の言葉を借りるなら、会社は「不満にはならない程度の月並みな業績」へと堕落していくのだ。マネジャーは業績の悪化に気づき、私的な会話の中では会社の無力さについて愚痴を言い合うこともある。しかし組織として現状を守るシステムに対して疑問を抱いたり、組織に深く根づいている病巣に対して挑戦することはできない。つまり、企業は現実に直面する能力を失ってしまうのである。

このような組織の病の結果、業績とともに士気も低下し、何か手を打つどころか、仕方がないとあきらめて自己を正当化するようになる。不満にはならない程度の月並みな業績は、いままで蓄えてきた知識や顧客のロイヤルティ、ブランド力などによってある程度は続くかもしれない。しかし、いずれは硬直的な方針やマネジメントの傲慢な態度が、企業を危機に導いてしまう。そのとき初めてマネジメントは「いったい、どうしてこうなってしまったのだろうか」と自問するのである。

だが、この暗い筋書きは必然的なものなのだろうか。企業が抜本的な変革を起こすためには、実際に危機に直面しなければならないのだろうか。成功の復讐は、重力の法則のごとく不変なのだろうか。

物事を観察し、そこから一定の法則を見出す人たちにしてみると、この現象はまさに法則のようにとらえられるのだろう。なぜならばこの現象は、大成功を収めてきた企業の大半がたどるサイクルのように思われるからである。しかし法則の定義が「絶対不可侵なもの」であるとしたら、この現象が法則であるということに対して反論する余地がありそうだ。なぜならば、長い間継続的に自己変革することに成功してきた企業がいくつもあるからだ。その一つに花王を挙げることができる。花王は石鹸メーカーとして誕生し、いまでは売上げ七〇億ドルを誇る日本最大の消費財メーカーである。花王は過去の栄光にとらわれず、常に個人や組織に対してベストを尽くすように挑戦し続けてきた。だからこそ、常に変身を遂げ、急速に拡大できたのである。そして現在では、家庭用洗剤や漂白剤において圧倒的なシェアを持ち、日本の洗濯用洗剤市場の半分を握り、また日本最大の化粧品メーカーともなっている。

花王の継続的な自己変革

一八九〇年に花王が設立されたとき、その戦略は単純なものだった。それは、「舶来品に匹敵する品質の石鹸を作り、それを手頃な値段で提供する」ことだった。当時この小さな会社におけるマネジャーと社員たちは皆「清潔こそが社会を繁栄させるための基礎である」というやや遠大なモットーを固く信じていた。彼らは半世紀にわたって製品の改良を行い、流通網を拡充し、成長を続けてきた。そして、終戦直後における外国技術の積極的な導入政策により、日本で初めて洗濯用洗剤を発売したのである。次いで食器用洗剤や家庭用清掃用品の市場に参入し、国内の家庭用清掃用品市場を支配する三大メーカーの一つになった。

一九七〇年代から八〇年代にかけて、花王はようやく競争相手を引き離すようになり、さらには海外からの参入者であるユニリーバやプロクター・アンド・ギャンブルに苦戦を強いた。この二十数年の間社長職にあった丸田芳郎の指導の下で、企業活動の中で継続的に自己変革を続ける経営哲学と、組織能力の開発を推進してきたのである。

一九七一年に社長に就任した丸田は、彼の仏教への深い傾倒を経営哲学に反映させた（事実彼は自己紹介する際に、自分はまず仏教学者であり、次に花王の社長であると述べた）。彼の信条の中心となるものは人間平等の原則であり、それは個人に対する深い尊敬によって表現された。3Ｍの価値観を思い起こさせるようなこの哲学は、「言いたいことを言う」ことを社員に奨励するばかりでなく、社員の潜在能力を発揮させようとする意気込みを明確に表現しているものであった。

丸田はこの哲学を基本に置きながら、急進的な概念を取り入れた。彼はマネジャーたちに対して、花王を石鹸メーカーとしてではなく、教育機関と考えるよう強く主張したのである。そしてマネジャーに対して、社員の最も基本的な責任は、教えることと学ぶことであると諭した。また学習する組織を作り上げる過程において、高度な情報システムを築き上げた。マネジャーたちはこのシステムを使って膨大な量の「情報」を収集、分析し、付加価値を付けることで、これを利用できる「知識」にしていった。丸田は会社の焦点を、模倣や改造から、創造と革新へと変化させていったのである。

丸田は、学習と知識の開発は、過去を顧みることではなく将来に集中することだと主張した。そして組織が自己満足に陥ることを極度に恐れ、マネジャーに対して過去の体験談はもとより、過去との比較を行うことさえも禁じた。丸田は次のように話した。「過去の知恵が制約になってはならない。日々変革を行うためには、過去に対して休まず挑戦し続けなければならない」

同社はこの経営哲学の下で技術開発や事業拡大を行い、従来の石鹸や洗剤の市場から、幅広い分野へ事業を広げていったのである。八〇年代の前半には使い捨て紙オムツや化粧品、さらに界面活性技術やポリマー化学、超微粉技術を応用してフロッピーディスクの分野にまで進出した。

また八〇年代の終わりには、それぞれの新しい製品分野において一位、もしくは二位の市場シェアを誇るまでになったのである。花王は他の多くの企業と異なり、学習の罠、つまり「常に製品と工程を改善していけば、企業の競争力を維持することができる」という、TQM運動によって広まったマネジャーたちの思い込みから逃れることができた。マネジャーは、学習曲線が上昇していれば、企業は将来のために自己変革を図っているのだと考えがちだ。しかし実際は、単に過去のやり方を純化し、強化しているにすぎないのである。

花王の経験は、真の意味での変革が、単に改善を積み重ねる（学習曲線を上昇させる）ことだけで成し遂げられるものではなく、「生まれ変わるという意識」、つまり新たな学習曲線に飛び移る能力に立脚していることを教えてくれる。インテルやGEにおいても同様の能力が見られる。彼らは過去を尊重し純化させると同時に、自己再生を試みるという分裂症的な能力を備えている。これらのケースから、以下のような自己変革能力に不可欠な要素を見出すことができた。

●まず「不満にはならない程度の月並みな業績」という病を予防するような、内部から発生するエネルギーを持つこと。我々はこれを「ストレッチ」と呼んでいる。ストレッチとは、個人の持つ潜在能力を完全に引き出すよう刺激し、それぞれの組織が最高の水準に達することができるように挑戦させる、組織に深く根差した規範であり、課せられた基準のことである。

●「改善と自己再生」という相反する要求により生じる緊張を緩和できるように、組織に柔軟性を持たせること。

●戦略の調和、組織の意思統一を図るという伝統的な役割と、戦略に挑み、組織に不均衡をもたらす役割の両方を管理できる能力を持つこと。

ストレッチを根づかせる

「不満にはならない程度の月並みな業績」をもたらす組織の自己満足や個人の優柔不断さは、競争優位の源泉を守るために作られたシステムや組織構造によって支えられている。企業のリーダーが戦略の優先事項を具体的に示して事業領域の定義を厳しくすれば、組織の内部にいる人間は強く制約を感じるようになる。こうして起こる欲求不満は、予算作成における目標設定プロセスなどでさらに悪化していく。第2章でも述べたように、その交渉過程で目標は最小共通項へと収束され、通常、財務指標を用いた一二カ月という計画期間の目標に落とし込まれる。

ジャック・ウェルチはGEのCEOに就任したとき、会社がまさにそのような状況にあることに気づいた。そこで彼が最初に力を注いだのは、社員を倦怠感から抜け出させることであった。彼は一九八五年に行ったスピーチで次のように語った。

官僚は根本的な変革ではなく、漸進的に物事を考える。わが社の社員も例外ではない。さて私はといえば、漸新的なものを避け飛躍を選ぶ。（中略）もし私が「組織は引き裂かれるほどストレッチしなければならない」と述べたとしても、それが大げさな表現だとは思わないでほしい。

その後の一〇年間にウェルチが導入した変革の規模とスピードは、「企業はストレッチされるべきだ」という彼の信条のみならず、組織がどこまで柔軟になれるか限界まで追求してみよう、との彼の強い信念をも表している。ウェルチの持つトップダウンの指導力も強力だったが、内部からも企業文化が変革されなければ指導力を維持していくのは難しいことを、ウェルチは後に認めている。

このストレッチとは、トップ・マネジメントが戦略ビジョンに野心的な修正を加えたり、無理な予算目標を押し付けることではなく、それ以上に難しいことなのである。具体的には、組織の中間層の社員や現場が、過去の実績や現在の制約にとらわれて組織や自分自身のことを考えるのではなく、将来の可能性の観点から考えるように促すことである。別の言い方をするならば、プログラム化された変革を押し付けるのではなく、考え方や態度を変化させ、適応させていくことである。

組織から過去のしがらみを取り除き、社員が自己や他人に対して抱いている期待感を高めるということは、並大抵のことではない。ストレッチを組織文化に取り込むことに最も成功した企業では、いくつかの必要条件が存在していた。それは共通の志を築くこと、集団としてのアイデンティティを持つこと（共通の志を支えるために）、そしてこれらを個人の意欲と行動に結び付けることである。

◉共通の志を築く

並の水準を目指している企業で働きたいと思う人は少ない。人間は常に秀でることを望み、勝利を味わいたいと考える。優秀な経営者であれば、このことを理解してはいる。しかしそれに応えることのできる経営者は驚くほど少ない。それは多くの場合、経営者が大胆な志で感情的に社員を引き付けているのではなく、合理的な戦略分析のような知的な論理で縛ろうとしていることに原因があるようだ。

かなり広い意味でとらえるならば、この志とは「二五パーセントのＲＯＥ（株主資本利益率）を目指す」といったことではなく、企業の長期的な目的の中に個人としての意義を見出せるような、何よりも重要な志のことである。丸田は一九七一年に社長に就任して以来、九四年の退任に至るまでの間、このような「共通の志」を組織に植え付けてきた。彼は「新技術を開発し、その技術を革新的な方法で商品化することは花王の義務である」ことをすべての社員に理解させようとした。そして彼は組織の中に、「社会に役立ち、かつ消費者にとって価値のある商品群を創り上げる」という魅力的な志を芽生えさせたのである。

目的がはっきりとした花王の志は、他社の表層的で陳腐な、年次報告書に掲げられているだけで、発案者を含むすべての人たちから無視されているようなミッションとは対照的であった。花王では、役に立つ新製品の創造こそが行動の原動力であり、新しいプロジェクトの評価や意思決定の基準でもあった。また丸田は、花王で多角化や成長が成し遂げられたのは、優れた市場分析や洞察的な競争戦略のためではなく、人々の生活をより良いものにするために技術を利用するという、途切れることのない志の結果であると信じていた。「私たちは競争相手を追うことに時間を費やしたりはしない。私たちが知恵や知識、創造力を絞り出して、消費者が喜んでくれる画期的新製品を提供すれば、競争相手の動向などを気にする必要はない」と彼は語った。たしかにこれは、多くの石鹸を売ることよりも士気を鼓舞する志であった。

インテル会長のアンディ・グローブも、志を共有することの威力を理解していた。インテルは、コンピュータの磁気コアメモリーを半導体チップというまったく新しい製品に置き換える、という大胆な志をもって設立された。だが、メモリーの製品寿命は通常三年以下とたいへん短いため、インテルは最も革新的かつ効率的なメーカーの座を勝ち取るために、モトローラ、テキサス・インスツルメンツをはじめとする内外の多数の競合メーカーとの間で、熾烈な競争をせざるをえなかった。

やがてグローブは、企業の志をあまりにも厳格に定義してしまうと、それが活力になるよりも制約になることに気がついた。一九八〇年代の前半から半ばにかけて、日本製のメモリーがアメリカのメーカーの生産コストより安い価格で市場に出てきたことで、インテルは市場シェアと収益性を維持することに苦戦し始めた。グローブはその時点で、メモリーの支配的なメーカーになるという志が、より大きな志を抱くことを妨げているのを悟った。そうした大きな志こそが、インテルを破滅的な競争の悪循環から救い出すものなのである。

八六年から彼は、インテルをメモリー・メーカーとは言わず、マイクロコンピュータ・メーカーと呼ぶことに決めた。そして彼は「コンピュータ産業において、最高級の部品を供給しよう」と社員に説くようになった。そうすることによってインテルを「コンピュータ産業の中心」に据えることができる、と彼は考えたのである。これは過去二年間に二億五〇〇〇万ドルの赤字を出し、もがき苦しんでいたメモリー・メーカーとしては、かなり大胆な発想であった。しかし、そうすることによってメモリーから解放され、撤退の大義名分ができた。社員はマイクロプロセッサを製造するという新たなる目標に向けて挑戦を始め、そのマイクロプロセッサが後には業界標準となった。そして一〇年も経たないうちに、今度はペンティアムという、新たなる標準を再び作り上げたのである。

◉集団としてのアイデンティティを持つ

理想の高い目標を掲げることは、企業と個人に大きな動揺を招くことにもなる。なぜなら、目標が大胆で積極的であればあるほど、それを達成できない危険性が増すからだ。しかし多くの人は他人と手を結ぶことによって、一人では持てなかった勇気や意欲を奮い立たすことができる。企業が、ベストを達成するという野心的な目標を軸に、集団のアイデンティティを生み出していけるかどうかが、企業の潜在力の決め手になるようである。

花王のオープンで相互支援的な学習環境は、丸田の「企業は教育機関である」という概念によってつくられた。この環境により花王は、技術と新製品開発に集団として取り組むようになった。たとえば、研究開発部門は仕事の中核を「協力による学習」としており、日常の業務は事業、研究所、業務ユニットの境界線を越えて行われた。進行中の研究課題は毎週公開討論され、所属部署を問わず、さまざまな人の参加と貢献を奨励した。こうして時が経つに連れ、研究開発部門の人たちは正式な責任者がだれであろうと、すべてのプロジェクトに対して責任と当事者意識を共有するようになった。

しかし、集団のアイデンティティを築くことは、必ずしも個人の責任を軽減することを意味しているわけではない。また企業は、集団性が規律のない「グループシンク」に陥ったり、時間を浪費する官僚主義や個人のタダ乗りなど、組織の価値を破壊するような行動へと落ち込んでいかないように注意しなければならない。このことを最もよく理解しているのがインテルだろう。集団のアイデンティティを追求することで、社員それぞれが自分の運命を切り開いていけるようになることを、インテルは示している。

インテルにおける集団のアイデンティティは、(インテルの名誉会長で共同設立者でもあるゴードン・ムーアの表現によれば)「崖っぷちに立たされている」事業については、全員が相互に支援し合わなくてはならない、との意識によるものだ。インテルは創業期に、自らが築き上げた市場をモトローラの一六ビットのマイクロプロセッサによって脅かされたことがある。生き延びるためには、全社一丸となって資源を集中しなければならなかった。これは「オペレーション・クラッシュ」と名づけられ、一九七八年にはモトローラにストップをかけることに成功した。一六年後に、主力商品であるペンティアム・チップの小さな欠陥からリコール(商品の回収)が起こり、市場での地位が脅かされた際にも、リコール対策室において持てる力を結集させることで、惨事を防ぐことができた。

グローブはこのような集団のアイデンティティから生み出される超人的な活動を、自然災害の対応時によく見られる、救急隊員の自然発生的な協力態勢にたとえる。インテルではこのような集団のアイデンティティと意欲の共有は、切迫感から生じることを学んだ。そしてリーダーたちは脅威に直面したときに、常に社員たちの力を結集することに成功してきた。ムーアは、「単価当たりのチップ性能は一八カ月ごとに倍増する」(これは後にムーアの法則と呼ばれるようになるほど正確なものであった)と予測して、より速い技術革新とより積極的なコスト管理に組織を専念させた。さらにグローブも組織にプレッシャーをかけ、競合の脅威と市場変化は予測不可能であることを経営哲学の特徴とし、「パラノイア(偏執狂者)のみが生き残れる」をモットーとした。

困難に一致協力して立ち向かう「救急隊員」さながらのインテルの能力は、このような組織文化を背景として育て上げられたのである。

◉個人のコミットメントを生み出す

ジャック・ウェルチはGEで何年もの間、過去から継承した戦略立案や事業予算のシステムを通じてマネジャーを動かし、より高い利益や成長率の目標、高度な戦略的能力を要求した。リーダーの立場を一〇年以上経験して初めてウェルチは、「数字と目標によって物事が達成されるのではない。人によって達成されるのだ」という事実を悟った。そして「もう一度やり直すことができるとしたら何を変えるか」という問いに対して彼は、「従来のコントロール重視のマネジメントから、個人の中にあるストレッチの感覚を育んでいく方向へ、展開を早めていく」と答えた。「単純なことだ。予算は気力を奪ってしまうが、ストレッチは活力を与えてくれる」とウェルチは語った。

ウェルチが十数年をかけて学んだことは、いま変革をしようとしている新世代の企業のリーダーにとっては、さらに明らかなものとなっている。ストレッチを生み出す環境をつくるために、社員を鼓舞するビジョンや目標を強いることには限界がある。志を共有し、集団としてのアイデンティティを持つことも、組織を構成する人のメンタリティを変え、彼らの行動を変えることができて初めて価値を持つのである。

私たちが調査した企業の中では、インテルが最も、企業の成功と自己の能力開発に対する個人のコミットメント（意欲や取り組み、関わり合い）に重きを置いていた。インテルの強烈な覇気（事業が「崖っぷちに立たされている」という意識に基づく）と強い集団のアイデンティティ（「パラノイアのみが生き延びられる」という信念に駆り立てられた）は、優秀で自己主張が強く、ときには生意気な人たちが、会社と自分の成功のために死に物狂いで働けるような、活気に満ちた環境をつくり上げたのである。

グローブは絶えず、競争相手による予期せぬ動きや、予測不可能な市場の変化の恐怖を説いていたが（「業界トップの地位の代価は、果てしないパラノイアである」）、彼はこの脅威が外部からのものであることを強調するのに極端に注意を払っていた。社内では、質問などに対してオープンで透明な、すなわちパラノイアとは正反対な人間関係を築くことを望んでいた。

実際、社員はだれでもあらゆる問題について、どのマネジャーに対しても行動を要求することができた。その目的は、トップ・マネジメントが過度に社員と距離を置くことを防ぐばかりでなく、社員が自由に既存の考えなどに挑戦したり、ストレッチにはつきもののリスクを取ることができるようにするためであった。

またグローブは、社員が自己のベストを目指すことができるように、さらなる試みを行った。社員に対して、自身をインテルの社員ではなく、独立した事業家であると考えるように説いたのである。世界中にいる何百万人もの個人事業家と競争しているのだから、競争力を持続するためには自分の能力開発やキャリアに責任を持たねばならないとも述べた。さらに、会社から解雇されることを恐れてではなく、競争の厳しい組織の中で有能な社員からの挑戦に勝ち残ることができるよう、たゆまず付加価値を付けていくことを奨励した。

インテルの社員は、既存の企業戦略や行動について疑問を抱き、企業の発展を安易に現状の延長線上でとらえず、そこから脱却するだけの力を常に持っていた。その結果インテルは、技術革新や業界標準の変化がきわめて予測しにくい産業の中でも、自己を変革し、正しい選択を行うことができた。設立まもなく資源が限られていた頃でも、MOSとバイポーラの両技術の開発に対し、情熱的で優秀な人たちがマネジメントの支援を嘆願したのもこの現れである（145ページ参照）。また九〇年代にも、インテルが支持してきたCISCデザインが、新しいRISC基準のプロセッサによって脅かされるようになるか否か、熱気のこもった議論が現場で起きた。結果的に、両方のデザインの並行開発が行われるようになったことからも、このことがうかがえよう。

柔軟な組織を作る

組織の偉大なところは、比較的安定していながらも複雑で無秩序な社会の中に、体系や秩序をもたらしてきたことである。組織における役割のほとんどが永久的なものであったから、専門性や経験を蓄積することができ、一方で業務プロセスの一貫性を維持することができた。ときには予想外の変化がこの硬直的な組織を脅かしたこともあるが、そのときにはトップ・マネジメントが素早く対応し、緊張とジレンマを緩和させた。

しかし状況は変化し、日常は安定的ではなく不連続的となり、秩序は恒久的な混沌に取って代わられた。一九八〇年代になってから、大企業のトップ・マネジメントたちは、自分たちの事業を取り巻く環境が急速に変化しており、そこから取り残されていることを感じるようになった。外部環境から断絶していることがわかっても、その規模の大きさに圧倒され、逆方向の力に対抗することができなかった。最も大きな問題は、変化に対応するのに必要なスピードが、対応可能なレベルをはるかに超えていたことだ。GEのジャック・ウェルチは、これに関して簡潔に次のように語った。「最終的に私たちが持ちうる武器は、スピードと柔軟性である」

企業が絶えず自己変革を追求するときほど、組織に根づいた柔軟性が必要だと感じられることはないだろう。このきわめて重要な能力は、持続的な改善と殻を打ち破る自己再生という相反する要求、つまり組織の分裂病に対して、いかに企業が対処できるかを左右する。これは上から強制することができない、組織の根底にある力だ。

インテルにそのような能力があることは、以下の例が示している。インテルは半導体の製造において、七〇パーセントの経験曲線累積生産量を倍増するたびに、単位当たりのコストを三〇パーセント削減できる能力を維持しており、同時に、自社の経験や効率を陳腐化させるような新しい世代の製品を次々に開発する、自由な挑戦を促す雰囲気をもつくり出しているのである。また製品開発の過程においても、技術主導のソリューションと市場主導のアイデアの対立を避けたりせずに、その対立に真っ向から取り組んでいる。

個を活かす企業を築くうえで最も難しい点は、この組織の分裂的な症状が病的なものにならないようにすることである。この微妙なバランスを保つために、組織構造やプロセス、組織文化によって規範を築き、かつ定着させるには、かなりの手腕が必要だ。私たちが観察してきたなかから、それに貢献するいくつかの要素がわかってきたが、最も重要なこととして、「業務の多面性を反映した組織体制の構築」が挙げられる。また、静的な組織体制に柔軟性を与えるための「動態的な経営手法やプロセスの構築」、個人の展望とスキルを「マネジャーの意識の中にマトリックスを築かせる」ような方法で開発することも挙げられよう。

◉組織を多面的にする

二〇世紀が幕を閉じようとしている現在、新たな組織の仮説が生まれつつある。企業が柔軟性を保つためには、組織の中の異なる経営観や能力を、無理に一緒にしたり切り捨ててしまうことは不可能である、ということだ。ＡＢＢが認識しているように、本来複雑な世界に単純なものを強要することにはしょせん無理があり、代償が求められる。バーネビクはこれを見抜き、「ＡＢＢは大きくかつ小さく、グローバルかつローカルに、また分権化しながらもある程度の集権的管理を行う企業になるべきだ」と考えた。

ABBと同様に、多くの企業は非常に複雑な経営環境の中にいる。その中で企業を存続させるには、複数の要求や機会を理解し、それに対応する能力が必要である。このような環境における企業の組織構造は、外部環境の複雑性を否定するのではなく、むしろ積極的に反映していくものでなければならない。また、これに柔軟に対処するために、企業は（環境を理解するために）内部の視野を広げ、また（環境に対処するために）多様な経営資源と能力を育てなければならない。

このような組織を作り上げることに成功したのが花王である。丸田には個人に対する強い信頼があり、それが階級的な権威主義を否定した同心円のような形の組織に現れた。この同心円のモデルは、花王の経営方針が官僚的な序列ではなく、アーサー王の円卓のように、平等主義と開かれた民主制に基づいていることを表している。

この組織構造とそれにより導かれる実際の業務運営は、もう一つ重要な利点をもたらした。それは古い組織図によって制度化された、機能重視の組織構造から抜け出せたことである。取締役会を円の中心にして、事業グループや全社プロジェクト、あるいは地域組織が、かつて花王のヒエラルキーのトップにあった研究開発部門や営業部門と並列に位置することができるようになったのだ。また、丸田はシステムの多面性を強調するために、それぞれのマネジャーに複数の職を与えた。たとえば、各研究開発部門の長に特定事業部の技術開発に関する責任を負わせることによって偏狭な考え方を減らし、花王の伝統的な強みである石鹸と洗剤事業への偏重を打ち破ることができた。

　インテルも原型である機能別組織を進化させ、組織をより流動的かつ多面的にとらえるようになった。製品別と機能別のマトリックスにより、責任を分担し合うことが一つの規範となった。プロジェクト・チームは従来の組織の境界線を越え、資源とノウハウをいたるところから求めるようになった。実際、制度上の組織と責任分担があまりにも速く変化するため、社員の多くは組織が永続的なものであるとの概念を持たなくなった。ある役員は次のように語った。「私たちはすべての組織形態を一時的なものと考えている。組織の目的はその時々の必要性に応えるためだけのものである」

　インテルは独自の方法で柔軟性を取り入れた。彼らは「一つの箱に二人」（two in a box）という原則を生み出し、一つの事業や組織ユニットを、お互いに補完し合う能力を持った二人のマネジャーによって管理した。この原則は、創立者であるゴードン・ムーアとアンディ・グローブのコンビを意識してできあがったものだ。ゴードン・ムーアは技術志向の未来主義者で、アンディ・グローブは細かいことにこだわる現実主義者だったため、どちらか一方による経営より、チームとして経営するほうがはるかに威力を発揮することができたのだ。

　この方法はインテルのすべてのマネジメント・レベルに適用され、スムーズに変革を進めたり、新規事業をいっきに立ち上げたり、また組織再編を円滑に行うなどの目的に使われた。しかし何よりも、重要な業務にもたらされる知識や経験の幅を広げ、有能だが特定の分野のスペシャリストである社員の持つスキルとノウハウを幅広く活用するのに役立ったのである。この方法を採用することで、重要な意思決定すべてに多面的な視点を持たせることができるようになった。

◉動態的なプロセスを創造する

組織が多面的でより流動的なものになるにつれ、役割分担や、権力や資源配分を決める権威の安定性が薄れてくる。公式な組織構造による支配が弱まるにつれて、マネジャーは日常の業務に柔軟性を与える手段として、プロセスを創造し管理する能力に頼るようになる（第6章ではいくつかの先端的な企業が、組織を業務の階層としてではなくプロセスのポートフォリオと考えていることについて考察する）。特に、組織の自己変革で中心的な役割を果たすプロセスは、貴重な資源を一つの分野から別の分野へと移すプロセスである。多くの場合これは、企業の伝統的な事業分野から異なる新規分野へ移すことである。

花王の丸田は組織構造をあまり重要視せず、「小川のように流れるシステム」としての組織を作り上げることに専念した。このイメージを土台に彼はさまざまなたとえや比喩を駆使して、マネジャーたちの視点を機構的なイメージから、よりプロセス志向の組織概念へと導いた。彼が「生物学的自己管理」と名づけた新しいモデルは、アイデアや能力や資源が自由に組織の中を駆け巡り、最後にはいちばん必要とされているところに行き着くという適応性を持つモデルのことであった。「ちょうど人間の体が痛みやけがに反応し、自然治癒する作用があるように、組織も同じような反応をしなければならない」と丸田は語った。「ある部署で問題が起きた場合には、他の部署は何も言われなくても手助けすべきである」

経営哲学をはっきりと伝えることはもとより、イメージを呼び起こすような比喩を通じて、丸田は他部署からの提案を受け入れるような環境をつくり上げた。そして、長年にわたる個人的な働きかけや、積極的な後押しの結果、組織は自発的に資源の再活用を図り始めた。工場を合理化した際に生じた余剰人員はタスク・フォースとして結集され、海外工場における日本からの機械や技術の導入を、より迅速かつスムーズに進めるための特殊部隊として派遣されていった。

インテルの緊急援助チームも、花王に見られるような迅速性や柔軟性、感受性を持ち合わせていた。丸田と同じようにアンディ・グローブも、自己組織化するイニシアチブ（self・organizing initiative）を育てられるような環境をつくることに長い年月を費やした。その過程において、グローブも同じような比喩を用いて表現しているのは興味深い。

問題が起きた場合、血液中の異物に対して抗体が攻撃するように、適切な専門家が自発的に行動を起こしてくれる。「マネジャー」を正式に任命することなしに、目的は難なく達成された。

◉「マインド・マトリックス」を構築する

企業において自己変革が進められるか、それとも封じ込めてしまうかは、最終的には社員が変化を認識し、取り込んでいく能力にかかっている。また自己変革は、硬直的な官僚組織に見られる視野の狭さや、偏狭な態度を打ち破った組織においてのみ成功する。したがって組織の柔軟性を築くために中心となる課題は、いかに個人の柔軟性を育むかである。あるマネジャーは次のように語った。「マトリックス制の組織構造を入念に設計することより、『マネジャーの意識の中にマトリックスを築き上げる』ことのほうが重要だ」

私たちが調査したなかで、自己変革を実現している企業では、従来の人材育成モデルからは懸け離れたさまざまな人事の考え方と経営手法を駆使することによって、「マインド・マトリックス」を構築している。このような企業では、社員を特定の業務だけに専念させたり、将来の予測がつくキャリアパスだけを指導するのではなく、主力社員にはできる限り幅広い分野で多くの経験をさせ、機会あるごとに組織の適所に異動させる。そういった企業は「専門化は区分化を意味するのではなく、特定の専門を持つ人材は能力を試し応用するために、組織のさまざまな分野を体験すべきだ」との仮説に立っていた。

たとえば花王では、日常的な意思決定プロセスにおいても、社員から広範囲にわたるアイデアや見解を求める、きわめてオープンな経営プロセスを制度化している。すべての社員は、花王に関して知りたいことはすべて学び、特に全体における自分の職務の位置づけを理解するよう奨励されている。したがって、企業のすべての情報はどのレベルの社員でも入手することができ、だれでもあらゆる商品の売上記録を見たり、事業部の業績や新商品開発に関する情報、また実験室での最新の研究まで手に入れることができるようになっている。丸田によると「花王には『極秘』というハンコはない」そうである。

花王において社員は、最も重要な戦略的資源であると見なされている。またマネジメントの責任は「社員一人ひとりの知恵を合わせることにあり、そこからグループの戦略が生まれてくる」というものであった。「情報を自由に入手できる有能な人が、創造的アイデアと健全な議論を生み出す一番の源である」という信念は花王に深く根づいており、それは彼らの「デシィジョン・スペース」と呼ばれる場所のデザインにも反映されている。この空間は、事務のフロアや研究所の中心にあり、会議用テーブルとオーバーヘッド・プロジェクター、ホワイトボードが設置され、社員が集まっては重要な案件について討論し、決裁する場所である。重要な会議の議題は公表されており、議題に関する意見やアイデアは大いに歓迎される。通りすがりの社員でさえも足を止め、意見を述べて会議に貢献している光景がしばしば見受けられる。

花王よりは体系的だが、インテルの会議も同じように民主的だ。若いエンジニアは、シニア・マネジャーと同席して重要な案件の意思決定に参加する。グローブは常に、「知識力」を持つ者は「職務権限」を持つ者と同等に渡り合うべきだと主張していた。そしてグローブはこれを実践しなければ、現状に対して疑問を投げかけたり、現状を打破することはできないと考えていた。

またインテルでは、職務上のニーズを満たし、組織を活性化し、個人の視野を広げるために、慣例的ではない配属方法を採用した。社員が組織階層の地位ではなく、各自の知識や実績で評価され尊敬を得る企業文化があるので、同等のポジションに社員の配属が変わったり、ときには組織図上で下位にあるポジションに異動することも珍しくない。グローブは次のように説明してくれた。「インテルにおいてキャリアアップとは、組織図で上に行くことではなく、インテルのニーズを満たすという意味だ」。このような戦略は、会社にもまた社員にも、他社では経験することができないような柔軟性を持たせるものである。

動態的な不均衡状態をつくり出す

トップ・マネジメントの中には、変革の必要性をスローガンのように唱えながらも、本心では組織の中で最も保守的な部類に属する人が数多く存在する。だが、間違いなく社員はスローガンや演説の皮相性をすぐ見抜き、経営者の行動から真実をつかむ。たとえば、積極的な技術開発を呼びかけながら、研究開発の予算を削減する。新規事業の提案を次々に却下することで、戦略的な変革に対する取り組みを否定する。そして社員の重要性を語ったあとに社員整理を発表する。そうするうちに動揺と不満が社員の間に広がり、リーダーの誠意に対する懐疑心や不信感が急速に膨らんでいくのである。

経営者が保守的であることは特に驚くべき事実ではなく、ある意味では当然である。なぜなら、彼らが企業を成功に導いたり、少なくともそれに貢献したことで、現在の地位を得ることができたからだ。ゲームにたとえるなら、彼らがルールを決め、そのルールのとおりにやって成功したのである。もちろん頭では変革の必要性を認めてはいても、感情的に、また多くの場合無意識のうちに、築き上げた過去から得られる安定や保護を求めてしまう。

この保守的な傾向は、企業モデルによってさらに強められる。企業モデルは、トップ・マネジメントが既存の戦略や方針、手法を制度化するための強力な武器となるのである。戦略立案では、三年から五年、長いときには一〇年にわたる企業戦略を規定する書類を作り上げる。新しい組織機構が作られたときには、盛大な発表を行い、詳細な内容が印刷され、長年にわたってその体制が続くものと考えられる。各人の職務は明確に定義され、責任の度合いも入念に測られる。そして職務ごとにポイントが決められ、報酬体系に結び付けられていく。すなわち、トップ・マネジメントが管理する企業の骨組みは、予測可能で管理しやすい、静態的で安定的な状態を生み出すようデザインされているのである。

このような環境にあるからこそ、ビジネススクールの学者や経営コンサルタントが説く流行の概念「トップ・マネジメントの責任は、戦略と組織、経営管理の要素同士の『フィット』(調和)あるいは『アライメント』(相互補完)を成し遂げることである」に、熱心に耳を傾けてもらえたのだろう。安定的な企業環境を外部の不安定要素から必死に守ろうとしながら、明快さとコントロールを求めている経営者にとって、この概念は安心できるものだった。

しかし、なかにはこのような安定的でコントロール可能な環境に対して、はっきりと不安感を抱いている人たちもいた。グローブや丸田のような企業のリーダー（ウェルチ、バーネビクなどほかの多数のリーダーも含まれる）は、過去を大切にし、それを基盤にすべきことを理解していたが、一方で、時代遅れとなった過去から離れ、社員の一人ひとりが未知の将来に向けて飛び出すのに必要な刺激と支援を与えることが、彼らの中心的な役割だと考えていた。このマネジャーたちは、自らの職務を「戦略的アライメント」から「戦略的挑戦」へと飛躍させるために、組織の「フィット」を維持するだけでなく、組織の不均衡を自らつくり出していったのである。ここで最も大切なことは、彼らがこの混乱の中から生まれ来る新しい機会を選択し、それに関わる準備ができていたことである。

◉戦略的アライメントと挑戦

組織の戦略が明確で、それに対して組織が本気で取り組む必要があることはいうまでもない。また、あらゆる階層の社員が、会社の事業内容だけではなく、自分たちがどのようにして競争力を維持するのか、なぜ戦略にコミットすることが期待されているのかについて、共通の理解を持っていなければならない。戦略はさまざまな方法、たとえば計画システムの制度化や、成功体験の積み重ねなどによって明確になる。しかしより重要な問題は、堅固な戦略的アライメントが退化して惰性に陥るのを防ぐことである。

アンディ・グローブは、この問題をわかりやすく説明してくれた。インテルはマイクロプロセッサ分野で大成功を収め、自社の製品を業界標準とするまでの地位を築くことができた。しかしグローブには心配があった。それは、「マイクロプロセッサ・メーカーとして成功すればするほど、それ以外のものになることが難しくなる」ということであった。「自分自身を変えていかなければならない。そしてそれは、中核となる事業が現在のように強いときがチャンスなのである」。これはグローブのパラノイアの現れでもあった。彼は伝統的な「戦略的アライメント」としての役割に満足することができなかった。彼は自分にとってより重要な役割は、組織が現状に満足しないよう監視する挑戦者になることであると考えていた。

グローブがインテルの活動の中に不断の挑戦を組み込んだ方法の一つとして、「オプション買い」(buying option)を挙げることができる。市場動向や業界標準の変化が常である業界においては、製品や技術、場合によっては基本戦略を、常に変化に適応させる能力が不可欠である。しかし、業界の新しい動向を見極めることは難しく、ましてやそれによる影響を予測することは不可能であった。そこでインテルのトップ・マネジメントは、このような状況においては「知識力」を持つ人たちの判断を信頼することにしていた。「知識力」を持つ人とは、市場に最も近い人、あるいは最新の技術動向に精通している人のことだ。多くの場合これは、インテルの既存の手法を脅かし、否定するようなアイデアを支持することを意味していた。それでもそのアイデアに対して専門家たちの強い支持があれば、グローブはバックアップすることに同意したのである。「オプション買い」という制度はインテルの初期に誕生したものだ。それは、情熱的で有能な人たちが、資金状況が非常に厳しかったにもかかわらず、インテル創立の基盤ともなったバイポーラに競合するMOS技術を支持するように訴えたときのことだ。そして数年後、競合するマイクロプロセッサ技術の双方に資金がついたのである。一九九〇年代にもこのような伝統は引き継がれた。従来のCISCチップ設計とこれに競合するRISC設計に関して、活発な議論を戦わすことをマネジメントは容認したのだ。インテルは競合するRISC設計の開発を進めているグループに多額の資金を提供し、ことあるごとに再評価を行った。マネジメントは意思決定の際は常に、「選択されなかった道」を通じて蓄積された知識を確認し、既存の方法に対する挑戦や、新たな戦略オプションを開発する組織能力を維持することに注意を払った。

丸田もグローブと同様に、花王における自分の役割を挑戦者と考えていた。それは組織に対して大胆な発想を投げかけることから始まった。彼は、「家庭用洗剤メーカーや販売会社としてではなく、人々の生活を改善し、社会に貢献できる技術を開発し、応用していく教育機関になれ」と挑戦した。そして彼は、この定義し直したミッションを絵に画いた餅として飾っておくことなく、現実のものとするように絶えず組織に刺激を与えたのである。

まず現場では、花王が持つ油性化学や界面活性技術、液晶乳化工程の知識を応用し、これを化粧品開発に利用するプロジェクトの応援団役を務めた。その際、一部の人が化粧品市場の常識に影響され、新製品に関してマーケティング主導の戦略を提案したときには強く反発した。丸田は、もう一度原点に戻り、技術をもとにして付加価値を高めるという原則を追求するように主張したのである。その結果、花王の化粧品ラインは業界では初めて、イメージではなく機能を重視して開発され、売り出された。皮膚科学から見て正しいスキンケアを強調し、赤外線に対する保護やその他の機能的な利点を売り物としたため、製品は大成功を収めた。そして発売後六年にして、日本における売上高第二位の化粧品ラインにまで成長させることができたのである。

◉組織のフィットと不均衡

個人の行動と、戦略的プライオリティについての共通認識をすり合わせるためには、組織構造や管理制度、インセンティブといった組織のすべての要素が、お互いに補完し合いながらフィット（調和）し、戦略をサポートしなければならないと考えられてきた。これはいささか単純ではあるが強力な考え方であり、ある意味では正しいといえよう。しかし、組織のフィットもときには不均衡によって相殺されなければならないと、企業は認識し始めた。これは、戦略的アライメントによって変化への抵抗が生じることを防ぐために、絶えず現状にチャレンジする必要性を企業が自覚し始めたのと同様である。

インテルでは組織の再編成が日常的に行われ、組織再編に伴って上下左右に人事異動が行われている。このように資産や資源、あるいは役割や責任が常に流動的な環境の中では、個人やグループが安心感を味わったり自己満足に陥ることはできない。また、インテルでさらに大きな効果を持っているのが、「建設的な対立」(constructive confrontation＝徹底的に建設的な議論を尽くす)と呼ばれるマネジメント・スタイルである。「建設的な対立」とは、組織の壁を越えたチームやプロジェクト活動から始まったもので、知識を持つ者は職権を持つ者と知識を共有する義務がある、という組織の強い信念がその根底にある。また、問題を真っ向から討論し合うというグローブ自身のスタイルに基づいて、会議は参加者全員による質疑や討論を奨励する形で行われた。そして革新的な提案はすべてこのような厳しい討論を生き残り、トップ・マネジメントにまで上げられていくのである。

インテルのものに比べるとソフトで対立を避けた方法ではあったが、丸田も花王の企業哲学を反映し、同様な内部討論を奨励していた。花王ではアイデアが八〇パーセント完成した段階で、同僚に対してそれを公開し、たたき台として討論する原則があった。これにより、決裁される前の段階で批評や助言が与えられ、アイデアに改良を加えることができた。また、丸田は意識的に組織の均衡を破るために、全社的なキャンペーンをよく行った。たとえば、化粧品と紙オムツ、フロッピーディスクがどれも成長期に入り、それぞれ新製品発表が同時に必要だったときに、丸田は全社的な「トータル・コスト・リダクション」(TCR：Total Cost Reduction)を開始したのである。これはマネジャーたちを拡大基調から保守的な基調へと一変させるためのプログラムだった。その四年後、生産性を大きく向上させたのを機に、丸田は同じTCRの頭文字を使い「トータル・クリエイティビティ・レボルーション」(Total Creativity Revolution)を打ち出した。丸田は急速な変化の過程で再度均衡バランスを崩し、当初のコスト削減プログラムによって蓄積した資金を利用して、再び創造的な投資を始めたのである。花王の組織はこのようなダイナミックな不均衡のサイクルを習慣としてきた。

◉コミットする意志

ここまで述べてきたストレッチ、柔軟性の育成、そして組織的不均衡などを総合すると、自己変革を続けていくためのトップ・マネジメントの役割は、常に混乱や問いかけに満ちた組織環境を築くことだと感じられるかもしれない。しかし、実際はそうではない。常に過去の実績や既存の境界を乗り越えさせるという目標は、トップ・マネジメントの主たる役割が、戦略の中身をコントロールすることから、戦略の文脈を整えることへと変化することを意味している。だがこれは、トップ・マネジメントが戦略の意思決定についての責任を放棄することを意味してはいない。混乱の中でさえも、企業の中のだれかが最終的な選択を行う心積もりを持って意思決定を下し、さらに企業に対する責任を果たさなければならない。重要な意思決定を迫られているときには、最終的な戦略決定のコマはCEOの手中にある。

自己変革型の組織の構築に成功した多くのCEOは、次なる成長が期待できる新しい製品市場や技術分野に自分ひとりで会社を導いていくことを、はるか昔にあきらめている。しかし自分の責任を、組織内部のアイデアやイニシアチブにすべて委譲しているわけではない。これらのリーダーが持つ最も強力な手段の一つは、チャンスが明白になる以前に資源を投入することだ。このようにある種の「サプライサイド・エコノミクス」を実行することにより、組織に緊張感を生み出すのである。この緊張感が緩和されるのは、投資に見合うだけの機会が創出された場合だけだ。

丸田はまさにこの方法を取り入れて、暗礁に乗り上げていた家庭用洗剤部門の国際化を強化しようとした。一〇年続いたコルゲートとの合弁が解消されたとき、丸田は何か強力な方策が必要だと感じた。そこで彼は大胆にも、シンシナティに本社を置く、石鹸、シャンプー、ボディローションのメーカー、アンドリュー・ジャーゲンスの買収を決め、七〇社以上との入札競争に勝ち抜いた。この買収の目的は、国際化のうえできわめて重要なアメリカ市場にマネジャーの注意を向け、また花王の優秀な製品の国際化に対する彼らの取り組みを強化することだった。丸田は、コンピュータ用のフロッピーディスクの開発においても、同様のリスクを背負った。それは、化粧品と濃縮洗剤を開発するための新しい化学薬剤や表面処理技術、超微細粉末技術が、フロッピーディスクの開発においても競争優位性を発揮できることを工程技術者が見出したときだ。事業をすぐにスタートさせ、革新的な提案に弾みをつけるために、カナダのフロッピーディスク・メーカー、ダイダックの買収を決めた。花王は優秀な技術をベースにして、アメリカのフロッピー市場に攻勢をかけ、初年度に一〇〇〇万ドルの売上げを達成することができたのである。

インテルでも、組織を頻繁にかき回した結果生じた混乱を鎮めるために、トップ・マネジメントによる介入が必要だった。インテルの建設的な対立の過程では、社内の支持を最も強く得た優れたアイデアがトップ・マネジメントに上げられるのが一般的であったが、それと競合するアイデアもトップに上げることができた。その場合、「オプション買い」の制度によって両案が支持されることもあったが、通常トップ・マネジメントはどちらか一つを選択しなければならなかった。たとえば、グローブは五年以上CISCとRISCの選択に苦しんだが、最終的には従来のCISC技術を支援する意思決定を下した。この選択は、彼の「カオス（混沌）を勢いづけよ。そしてカオスの中で制御せよ」との哲学に基づいてなされた。多くの場合、このような決断に社運を賭けることになるわけだが、この賭けを行うのは明らかにグローブの役割だった。彼は次のように語った。「分岐点に来たときには、どちらかの方向を選ばなければならない。さもなければ分離帯に衝突してしまう」

「酸い」と「甘い」を調合するマネジメント

マネジャーたちが成功の復讐を避けるためには、組織環境を単純で安定した状態に保ち、管理をしやすくしようとする考え方を改めなければならない。なぜならば、単純化と安定は自己満足と惰性を生み、企業を「不満にならない程度の月並みな業績」の罠に導くからである。

事業の継続的な自己変革は、合理化を続けて業績を向上させる必要性と、活性化を続けて成長と拡大を図る必要性との、二つの力の間に生じる緊張関係の上に築かれている。インテルと花王は、この二つの力を相反するものとは考えず、むしろ相互補完的なものと考え、互いをテコにして両方を相乗的に活性化させていった。合理化の過程では資源の生産性に注目し、事業を絶えず改善することにより既存の資産と資源の有効活用を図った。このようなプロセスが必要なことはほとんどの企業が理解しており、実際に組織構造やシステムの多くは資源の有効利用を図るために設計されている。純資産収益率、一人当たりの付加価値額、在庫回転率、また新製品開発期間といった一般的に用いられている指標はすべて生産性を測るものであり、指標を目標に近づけるために組織のエネルギーを結集させる道具とされている。

自己変革を達成している企業が他社と違う点の一つは、絶えず改善に取り組むだけではなく、大幅なコストの削減や生産性の向上を追求していることである。3Mが新製品導入の比率を五〇パーセント引き上げたのは、典型的な例といえよう。また、インテルが一八カ月ごとに単位コスト当たりのマイクロプロセッサの処理能力を倍増させる目標を打ち出したことも、その一例である。その他の例としては、GEが全社的に掲げた、営業利益率を一〇パーセントから一五パーセントに改善するという目標が挙げられる。逆説的ではあるが、自己変革型の企業は、従来の漸進的な目標よりもストレッチした目標のほうが達成しやすいことを学んだ。なぜならば、ストレッチした目標は、既存の事業に対する抜本的な見直しを求めるからである。

自己変革型企業の第二の特徴として、合理化が継続的な活動として考えられ、単なる一時的な作業ではないことが挙げられる。大掛かりなリストラに取り組んだ企業によく見られることだが、大規模な人員整理、工場閉鎖などのあとに組織は疲れ果て、精神的なショックを受け、そして終わったことに対する安堵感を表すかのごとくため息をつき、いままでどおりの業務に戻るのである。これに対して自己変革型の企業では、年度ごとに生産性を向上させ、コスト削減を継続する必要があり、けっして休むことはない。これは花王の生産現場を見学したり、インテルの設計チームを観察すれば一目瞭然だ。継続的な改善は一時的なキャンペーンではなく、すべての社員が共有する取り組みであり、また個人の継続的な責任でもあるのだ。

自己変革プロセスを補完するのは、再活性化である。再活性化とは、既存のルールに挑戦し、変革を起こすことである。これは通常、古い能力や事業の改善ではなく、まったく新しい能力や事業の創出を導くものである。またこれは、利益率や人員の減少などによって企業の変革プログラムの成功を測定する、合理化偏重のメンタリティへの対抗手段でもある。しかし、短期的に合理化の成果が得られるのは、多くの場合、成熟期を迎えた事業からの利益が最も高いからだ。投資を打ち切り、事業が自然消滅するまでが、最も高収益となるのである。組織の持続性を確実にするには、コストと生産性改善に集中するとともに、成長と機会の創出に対しても同じように取り組まなければならないのである。

新しい機会を創出することは、既存の機会の改善よりもはるかに大きなリスクを伴う。積極的な成長戦略をとることは、トラを乗りこなそうとするようなものである。もし落ちたら、おそらく生きては帰れない。合理化には忍耐と気概が必要であるが、再活性化には勇気とコミットメントが必要だ。インテルが新世代の半導体に対して七桁の投資、アンディ・グローブによると「SF（空想科学）に対する投資」を行ったときも、大胆さが必要だった。大きく新しい機会ではあったが、過去にまったく経験がなかった化粧品分野へのリスクを伴う参入を支援したときは、花王の丸田にとってもグローブと同様の勇気とコミットメントが必要だったはずだ。

多くの企業において再活性化と合理化の過程は対立し、互いに独立したものだと理解されている。合理化はマネジャーたちにとって、あまり好んで飲みたくない「酸っぱい」薬ではあるが、多くの企業は何年もの間、次のパターンを繰り返している。他社との業績格差を発見し、痛みを伴う削減を行い、そしてまた競争相手に追いつかれて追い抜かれ、さらなる削減が必要となり、（そしてまたその後にも繰り返し）縮小サイクルに陥っていくのである。しかし、なかには合理化を無視し、マネジメント・チームが会社から離れたところでビジョンを作り、次世紀に向けての成長策を計画するなど、より「甘み」のある再活性化のための課題に取り組んでいる企業もある。

自己変革型の企業では、この二つの過程を共存するプロセスと見なしている。合理化を継続することによって再活性化のための資源と正当性を創り出し、そして再活性化によって、次の合理化を成し遂げるためのエネルギーと希望を創り出している。すなわち成功している企業には、酸いと甘いを調合する料理のレシピ――コスト削減策の苦みを減らし、企業の成長活動に少しうまみを加える公式――を見出すことができる。この甘酸っぱい料理の典型的な例としては、一九八〇年代半ばの半導体産業における凄惨な競争でインテルが生き残ったことが挙げられる。熾烈な価格競争の中でインテルの競争相手たちは、即座に人員削減と工場閉鎖を実施した。ところがインテルは、別の道を歩んだのである。

まず初期の段階では「一二五パーセントの原則」を導入し、工場の工員からCEOに至るまで、すべての社員は以前と同じ給与で、いままでより週一〇時間多く働くことを義務づけた。そして問題が山積みであったメモリー事業から、より将来性のあるマイクロプロセッサ事業に資源を集中させ、嵐を乗り切ろうと努力したのである。しかし価格の急落は続き、インテルも工場閉鎖と人員削減を迫られた。だが「九〇パーセント計画」、すなわち一〇時間多く働きながら一〇パーセントの給与削減を行うことで、影響を最小限にとどめることに成功した。また、マイクロプロセッサ分野への投資に必要な資本を得るために、マネジメントはインテルの株式の二〇パーセントをIBMに売却した。

インテルは一九八〇年代後半には、貴重な人的資源のほとんどを維持しながら、より将来性のある事業にそれを配置した状態で、惨事から脱出することができた。インテルがこの困難な時期にマイクロプロセッサ分野で主導的な地位を築き上げることができたのは、「酸いと甘い」を調合したマネジメント、すなわち、絶えず合理化と再活性化のバランスをとることができたためだ。

このプロセスでは、全社員が継続的な改善に励み、また同時に過去の成功の源に対して常に疑問を投げかけ、挑戦することが必要だ。それはアンディ・グローブにとって、インテルのそもそもの事業であり、また彼自身が深い関わりを持っていた、メモリー事業に背を向けることを意味していた。

第III部

Drawing How Companies Really Works

個を活かす企業の構築とそのマネジメント

第5章 社内の行動環境を変える

――変革に必要な四つの特性

本章のテーマを理解してもらうには、読者の方々が思い当たるような経験に照らし合わせるのが一番だろう。真夏にニューヨークやメキシコシティ、カルカッタなどの大都市に行ったときのことを思い起こしてほしい。耐え難い暑さにむっとするほどの湿気。渋滞する車の波から吐き出される排気ガスが、体にねっとりとまとわりつく。あなたは人混みにもまれ、周囲の人もあなたと同じように重苦しい空気にうんざりし、心身ともにぼろぼろだ。

さて今度は、アスペンの丘陵地帯、秋のニューイングランドの村、あるいは早春にフランスはフォンテンブローの森にいたときのことを思い出してみてほしい。日差しは明るく、空気は澄み渡っていて新鮮で、さっぱりとした香りがあなたを包む。空気がさわやかですがすがしい。

こうしたイメージを頭に思い浮かべてみることで、大企業の多くが直面している問題の核心が見えてこないだろうか。社内の雰囲気が、真夏のカルカッタのように重苦しくて、まるでエネルギーを吸い取られてしまいそうな大企業がたくさんある。こうした雰囲気は、社員からイニシアチブ、創造性、意欲をすべて吸い取ってしまう。多くの大企業が自己変革できないのは、そのせいである。

見過ごされてしまいがちだが、企業変革の核心となる真実がある。それは、事業の変革を図るには、まず社員を活性化しなくてはならないということだ。だがこの目標に向けて力を注いでいる企業でさえ、社員を変革する、つまり、社員の態度を変え行動を変える、というところで難しさに直面するようだ。実際、業績が芳しくない企業の中で、社員の意識の変革を狙ったプログラムを実施していないところはほとんどないのである。

しかし、こうしたプログラムは見当違いのものが多い。会社への忠誠を説いたり、多額の報酬を与えたり、研修に参加させることで、起業家精神が生まれることなどほとんどない。これまで述べてきたように、企業が必要としている起業家精神や創造性はすべて組織の中に存在しているのだが、重苦しい社内の雰囲気にくすぶってはしぼんでいく、というのが私たちの信じるところである。どんなに社員を鼓舞するようなスピーチを聞かせ、個々の社員に指導を行ったところで、真夏のカルカッタで志気を高揚させ、エネルギッシュな気分になることなどできるものではない。社内の雰囲気がまさしくカルカッタの街のような会社で社員の意識の変革を行ったからといって、起業家精神に火がつくことはないのだ。

個々の社員の行動を変えるより、社内の雰囲気（behavioral context：行動環境）を変えることのほうが先決である。社内の雰囲気が変われば、それが社員の行動に影響を及ぼすのだ。社員の行動を変えようと思うなら、マネジャーはまず行動環境を変えなくてはならない。自分たちの会社を、カルカッタのダウンタウンではなく、春のフォンテンブローの森に変えなくてはならないのである。

重要な「職場のにおい」

行動環境のことを、あるマネジャーは「職場のにおい」と称した。「どんなオフィスや工場に行っても、一〇分としないうちにそこの『におい』がわかる。活気や職場のざわめき、社員のまなざし、社員の歩き方や話し方から感じられる。多くの些細なことから感じ取ることができるのだ」。企業文化、企業風土、環境など呼び方は何であれ、第Ⅱ部で述べた起業家精神や学習、自己変革を阻むものは、まさにこの「職場のにおい」なのである。

多くの企業にありがちな行動環境や、それが社員の行動に致命的な影響を及ぼす例として、ウェスチングハウスを再び取り上げよう。同社の例が特にふさわしいのは、過去一五年にわたり変革に挑み、一度ならず三度も勝利宣言をしてきたからだ。そしてそのつどつまずいては、変革のプロセスを最初からやり直したからである。

初勝利を宣言したのは、ロバート・カービーである（第1章参照）。一九七〇年代後半から八〇年にかけて大規模なリストラを実施したあと、カービーはそれまで恒例だった「一一、一二月の不快な驚き（年度末に予期せぬ事態が発覚すること）」とは決別したと宣言した。ウェスチングハウスに「事故多発企業」の汚名がきせられる一因となったずさんな社内管理に対する不満にふれて、「けだものは退治した」とカービーは語った。そして「いまこそ不断の成長時代の幕開けだ」と宣言した。八一年のことであった。

しかし、八三年までに同社の業績は急速に悪化し、そのため新たに戦略、組織構造、システムの変革が叫ばれるようになった。八七年にROEが二〇パーセントを超え、宿敵GEを抜いたときには、ダンフォースが再び勝利を宣言した。そして、ウェスチングハウスは「勝者の殿堂」入りを果たした、つまり優れた財務成績と卓越した管理手法を常に誇る、一握りのエリート企業集団の仲間入りを果たしたと発表したのである。

だが勝利は長く続かなかった。八八年に再び業績が悪化し、ジョン・マロースが新CEOに就任した。マロースは同社を「現在の『良い会社』から『偉大な会社』へ高める」とのビジョンを発表し、同社の事業ポートフォリオと組織はまたしても変革の波にさらされた。八九年には売上成長率二桁、一〇億ドル近い純利益を達成、マロースのビジョンに手が届くかに見えた。今回勝利宣言を行ったのは経営陣ではなく、『フォーチュン』誌であった。同誌は、ウェスチングハウスの最近の業績とGEの業績とを比較し、ウェスチングハウスの優勢を報じる特集記事を掲載した。記事のタイトルは「ついに勝ち取った尊敬」(Respect, At Last)であった。

ところが二年後、マロースの後任としてポール・レゴがCEOに就任してまもなく、ウェスチングハウス・クレジットで大規模な問題(同社にとって過去最大の「驚き」)が発覚した。ウェスチングハウスは九二年に一七億ドルの損失を記録し、株価は九〇年の水準の半値に落ち込んだ。批判の嵐をしのぎ切れず、九三年初め、マイケル・ジョーダンがレゴに代わってCEOに就任し、「新たなスタート」を宣言した。

この事例の意味するところはあまりにも明白だ。初めは、ウェスチングハウスとGEは互いにひけをとらない、ライバル企業と見なされていた。当初ウェスチングハウスは、売上げで見るとGEの半分程度の規模であった。ところが九五年末時点では、GEの規模は同社の九倍(図5-1)に達している。企業変革を追求して二〇年、トップ・マネジメント連続三代にわたって、このアメリカの大企業は衰退の一途をたどったのであった。

◉社員の行動をむしばむ環境

ウェスチングハウスが持続性のある変革を遂げられなかったのには、数多くの理由がある。だが、企業が硬直化する原因は、その行動環境にある。ウェスチングハウスも例外ではない。同社のように、長年にわたって上辺は良好に見えても、社員の行動をむしばむような行動環境をつく

図5-1 ▶ GEとウェスチングハウスの比較（1976—1996年の売上げ）

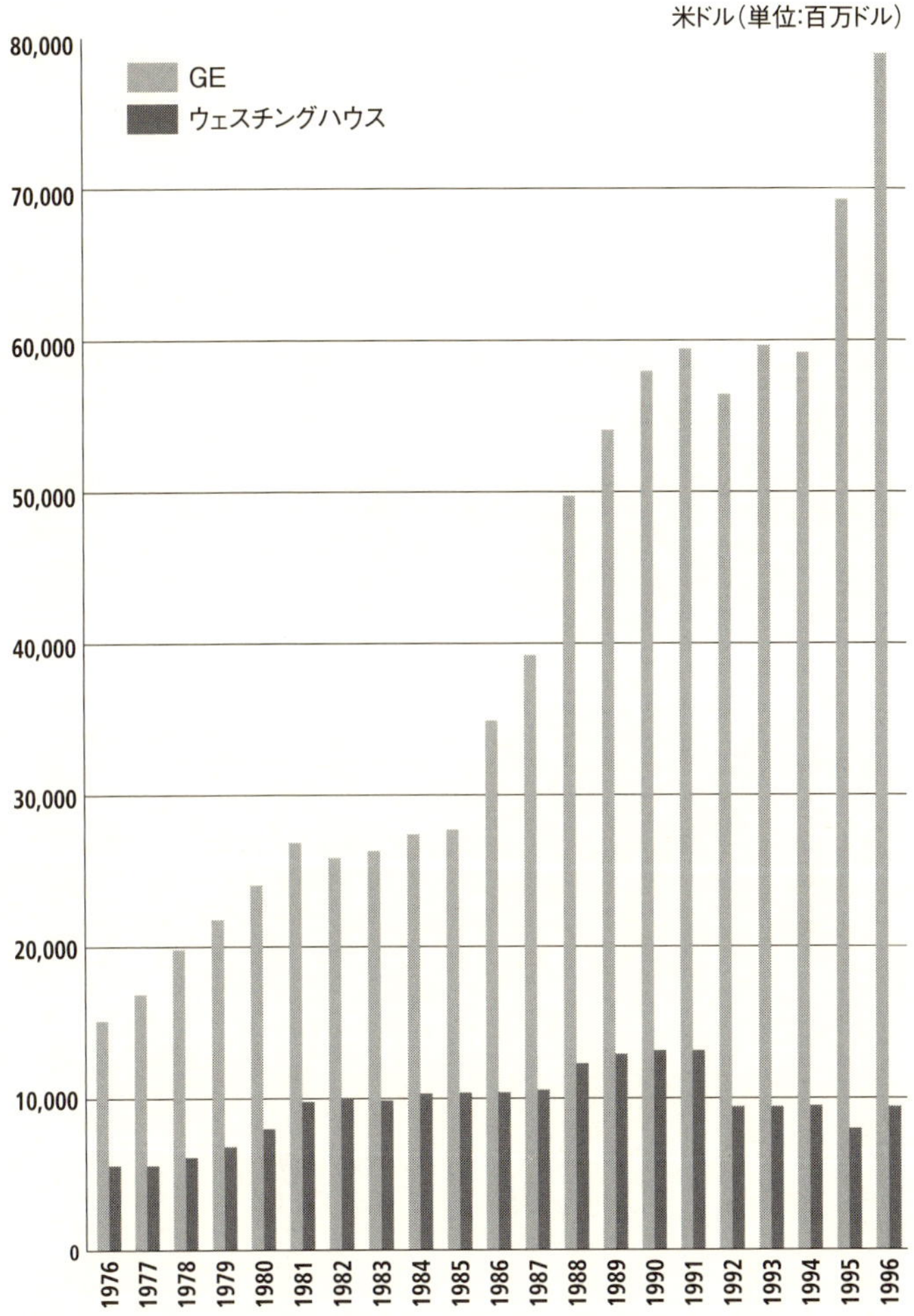

図5-2►行動環境の病は継承される

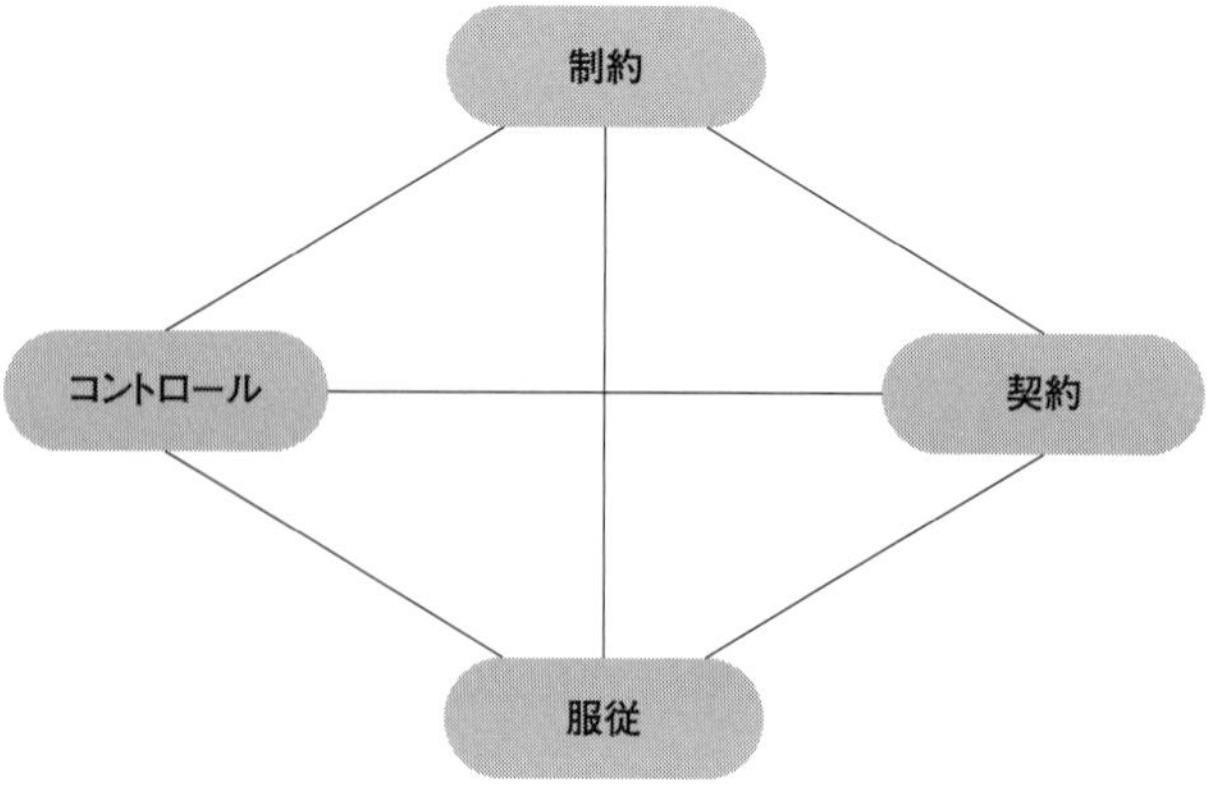

り出している大企業はたくさんある。

組織の活性化を望むなら、組織に継承される行動環境の本質を認識し、それがマネジメントの認識や行動にどう影響するかを理解する必要がある。そうすることにより、行動環境の最も有害な特質を、真に持続性のある成長や再生を導く特質へと置き換えることができる（図5-2）。

伝統的な企業における行動環境の第一の特性は、私たちが「服従」と呼ぶものである。企業の多くがあらゆる機会をとらえようと事業を多角化した第二次世界大戦後には、服従は重要で死活を分ける特性であった。なぜなら、企業の急速な拡大や新事業や新市場への参入により、強力な遠心力が組織をばらばらに引き裂くのを防ぐために、社員を共通の方針や同じやり方に従わせる必要があったからだ。指揮系統に重点を置く古典的な軍隊モデルがマネジャーと社員の関係においても主流を占め、組織の下層に属する者をリーダーの命令に確実に従わせることが重視された。マネジメントが競争機会を選択する一方で、組織に広く浸透した規範によって行動の統一が図られてきた。しかし、その規範は病的なものへと退化してしまう危険性をも秘めていた。業務の手順が柔軟性を欠き、意見の相違を好まない権威主義がはびこっていたため、時代遅れのやり方を疑問視したり、上からの命令について意味のある議論を行うことができなかったからである。

結局、早い段階で予兆に気づき、取り返しがつかなくなる前に問題に対処することを難しくさせるのは、企業方針そのものではなく、企業方針が社員の日々の行動にもたらす影響なのである。

ウェスチングハウスのCEOポール・レゴが犯した最大の罪は、「だれひとりとして彼に立ち向かう者がいなかった」ということだ。社内では長年にわたり、ウェスチングハウス・クレジットの崩壊が差し迫っているのが知られていたにもかかわらず（「メール室で働く者でさえ『会社清算はいつなのですか』と聞いてきたくらいだからね」と元幹部は語った）、レゴは山積みになった問題に気づかなかったのだ。権威と命令をもって意見の相違を押さえつけてきた企業文化の中で、トップ・マネジメントは日々の業務から疎遠になっていった。一九七〇年代に同社の行動環境として浸透したこの伝統は、九〇年代まで引き継がれた。そして金融サービス事業で予想外の多額の損失が発生したのに引き続き、環境サービス事業でも予測していなかった大問題が起こったのである。

現代の大企業の行動環境に共通する第二の特性は、「コントロール」である。これもまた、事業を急速かつ効果的に拡大してきた組織特性だ。古典的な階層組織に深く根づいたこの規範は、事業部制の導入により大幅に強化された。本社の幹部は、自分に結果責任を残す仕組みがなければ、事業部のゼネラル・マネジャーに実質的権限を進んで委譲することはなかった。大半の企業では、本社スタッフの強大な支配の下に、洗練された資本計画、業務予算計画のシステムを開発し、全社に及ぶトップダウン型管理体制を築いた。

こうした体制は資本の割り当てや、業績を維持していくうえでは非常に効果的だったが、最終的には人間関係の悪化をもたらした。目標設定と予測プロセスは、利害が対立する者の間のゲームに堕してしまうことが多く、日々権力を増す本社スタッフが、モニタリングの名の下に、現場マネジャーの業務に口出しすることも多かった。ここでもまた、現場マネジャーは守りの態勢に入り、リスクを回避するようになったのである。

マネジメント・グループがエンジニア中心だったウェスチングハウスでは、厳格なコントロールがマネジメント・スタイルの核となっていた。かつて一〇年間、自由型マネジメントを試みたが、七〇年代半ばに業績が相当に悪化してからは、厳格なコントロールが高く再評価された。だが、社員を短くきつい革ひもで縛れば、業務計画や予算策定のプロセスで不満が噴出する。この高度に洗練されたコントロールは、会社側の出した資本コストとキャッシュフロー予測に基づいており、終わりのない論争の火種となった。しかも、社員を短期的な業績達成に駆り立て、長期的な事業の発展をないがしろにしていると感じていた者も多かった。唯一全員の意見が一致しているのは、マネジャーの多大な時間とエネルギーが、厳しく管理されたプロセスで費やされているということだけだった。

伝統的な大企業のモデルの中で、社員の態度や行動に強い影響を及ぼす三つ目の要因は、「企業と従業員の関係が契約に基づいている」という点である。もともとは法的な先入観から生まれたこの特質は、最近の組織における二つのトレンドによっていっそう強化された。一つは、報奨金の割合を高めた給与制度である。これは会社と社員の関係は金銭関係であるという考えを強めた。そしてもう一つは、大掛かりなリストラ、合理化、退職プログラムなどの実施だ。これは契約関係をいつでも打ち切ることができるという事実を強調することになった。

雇用者と被雇用者との間の暗黙あるいは明確な契約は、初めのうちは両者の期待を定義し、両者の関係を明確で安定的なものとする。だがやがて、個々の社員は、会社との関係が形式的で画一的と感じるようになる。給与に差がついてくると社員の怒りが増し、解雇が増えれば恐れも増長する。社員たちは会社に裏切られたと感じ、会社と距離を置くようになる。そのうち、自分たちは経済体としての組織の被雇用者で、社会的組織の一員ではない、と考えるようになる。

かつては家族的だったウェスチングハウスの企業文化も、大掛かりな人員整理と事業の整理計画をきっかけに失われていった。これは、七〇年代にCEOロバート・カービーが、同社の低迷する業績をよみがえらせるとの決意の下、三年で労働力の三〇パーセントを削減したものだった。

しかし、ウェスチングハウスの家族的つながりを破壊したのは、人員整理そのものよりも、そのやり方であった。会社と社員の間には感情的な絆があるという幻想も、カービーの「期待される業績を達成しなければ、自分の母親でさえ解雇する」という発言に、すぐにズタズタにされた。永遠に続くかに見えるレイオフと事業整理計画の結果、二〇年後には、社員数は七四年の二〇万人から五万四〇〇〇人にまで減少した。かつては強かった社員としての誇りや会社への忠誠心も、ほとんど姿を消していった。

多くの現代企業の行動環境に共通して見られる四つ目の特性は、「制約」である。企業が拡大し多角化するにつれ、トップ・マネジメントは、明確で、重点的な企業戦略を定義することが重要であると感じるようになった。戦略という形で境界線を引き、その範囲内で責任を委譲された者が業務を運営するのである。特に、企業拡大の機会に資金調達が追いつかないような環境では、多角化が進みすぎて管理しきれない状態になったり、貴重な資源が勝手に浪費されるのを防ぐという点で、「制約」が役立った。

だが、広範な戦略目的がより詳細な戦略計画の中で具体化され、各事業部のポートフォリオとして落とし込まれていくにつれ、戦略上の制約は制限となり、業務上の境界は障壁となる。成熟事業に類別されるビジネスのマネジャーは、自分たち自身が成熟していると考えるようになり、リスクを回避し、革新的なことに対して抵抗するようになる。戦略プロセス上での制約は、最終的には、マネジャーの行動だけでなく考え方をも変えてしまう。現場のマネジャーは、戦略ビジョン、役割、ゴール、課題、優先順位に絶えず悩まされ、受け身にまわってしまう。そしてかつて組織の成長の原動力であった精神とは、大きく懸け離れていく。

かつては理にかなっていた行動環境の特性が力を失っていくという現象を、ウェスチングハウスの例が物語っている。「収拾のつかなくなった」オペレーションをコントロールするために、ロバート・カービーは戦略事業単位を導入し、さらにはプランニング・システム、価値基準戦略経営システムを通じて、厳格な規律を課した。もともと価値基準戦略経営システムは、技術志向のマネジメント・チームをより財務的な観点から経営を行うよう啓蒙し、ウェスチングハウスの投資プロセスを改善するためのものであった。しかし、トップ・マネジメントは価値基準戦略経営システムをいたずらに信じるあまり、組織から柔軟性や創造性を奪ってしまったのである。

価値基準戦略経営システムの下に三七の戦略事業単位がそれぞれ担当事業に専念し、配分された株主資本の最大化に努めるうちに、事業部内、あるいは事業部間の行動が変わっていった。また、価値基準戦略経営システムは現場のマネジャーとトップ・マネジメントとの関係をも変えていったのである。価値基準戦略経営システムは、事業に引き続き投資するか売却するかを決定する際に必要なデータを、トップ・マネジメントに提供した。一九八五年から八七年の間だけでも七〇の事業が整理されたことから、組織に対するメッセージは明確なものだった「いますぐ業績を上げろ、さもないとあなたの事業は売却される」

九三年初めに、ポール・レゴに代わりウェスチングハウスのＣＥＯに就任したマイケル・ジョーダンは、低迷する営業成績の回復と、ダメージを受けた戦略ポートフォリオの再建という難題に加えて、もう一つ大きな課題に取り組むことになった。彼が「一九五〇年代への逆戻り」と言うところの、旧式の経営文化を変革しなければならなかったのだ。一九五〇年代型の企業文化は、機会が資金調達能力を上回っていた戦後の時代には理想的なあり方だった。しかし、イノベーション、迅速な対応、柔軟性、学習が企業の競争優位を確立するうえで不可欠な資源となった今日では、服従、コントロール、契約、制約から成る行動環境は資産ではなく、負債となってしまったのである。

変革のための環境

私たちが描いた大企業の行動環境は、あまり喜ばしいものではなく、いささか風刺画的でもある。四つの特性がすべて、描写したレベルにまで悪化している企業はそれほど多くないだろうが、同時に、このような病にまったくむしばまれずにいる企業もほとんどないのだ。

歴史的に育まれてきた行動環境は、なぜこれほどにも企業を衰退させてしまうのか。四つの特性により、マネジメントは受け身で迎合的になり、社内ばかりに目を向けるようになる。果敢に明るい未来を開拓しようとせずに、過去の栄光にとらわれてしまうのである。企業の硬直化という蔓延する病に対抗できる唯一の解毒剤とは、これまでとは異なる行動環境をつくること、すなわち、既存の能力を改善して現在の地位を守ろうとするのではなく、絶えず自己変革に向けて企業が邁進するような行動環境を構築することである。

第4章で説明したように、自己変革を行うために必要なのは、現在と未来の相互依存関係を調整し、「酸いと甘い」のサイクルのバランスをとる能力である。継続的な自己変革の能力を育んできた企業のマネジメントは、短期的な業績なくしては長期的な成功を収めることはできないし、長期的な目標を達成することへの貢献なしに短期的な業績を達成しても意味がないことを、はっきりと、そしてときに痛みを持って認識している。合理化を実施する際には、リスクを取って、組織を再活性化するのに必要な投資を行うための資源や信頼を提供するように配慮する。そして、志気が下がり、疲弊しがちな合理化プロセスを乗り切るために必要なエネルギーと希望を、企業の再活性化により生み出すのである。

この二つの力、継続的な自己変革の陰と陽を効果的に管理するにはどうしたらよいのかを理解するには、ウェスチングハウスとアンダーセンコンサルティングのアプローチを比較してみるとよい。ウェスチングハウスで重要とされたのは資源の生産性であり、新しいCEOが任命されるたびに実施された人員整理や事業売却の波に、その見解は反映されていた。一九八〇年代には、三人のCEOの下でキャンペーンが次々と実施され、その結果、一〇〇を優に超える事業が売却され、社員数は六〇パーセント以上削減された。一方で、同時期に同社は五〇を超える事業を買収している。これは、自社の内部成長や利益が伸び悩んでいるのは、事業ポートフォリオが成熟しているからだとリーダーが考え、企業再活性化を試みた結果であった。

同じ頃、アンダーセンコンサルティングのトップ・マネジメントも、業務再編の必要性を感じて苦闘していた。コンサルティング業界は世界で最も競争が熾烈で変化が早く、混沌とした状況にあった。だが、同社のアプローチと結果は、ウェスチングハウスのそれとは大きく違っていた。「標準化の波」の先陣を切るべく奮闘し続けた結果、アンダーセンコンサルティングは世界最大のコンサルティング・ファームに成長したのである。

ウェスチングハウスの経営陣は合理化と組織の再活性化の必要性を痛感していたのだが、低い生産性や低成長に対処するのに、もっぱらトップダウン型のプロジェクト志向のアプローチをとった。さらに、新任のCEOがそれぞれ長期的に影響力を持とうとしていたことが、それを助長した。結果として、次々と実施されるイニシアチブや行動が互いに相反するものとなり、新しい資源や活動への投資を伴う再活性化計画は、次のCEOが実施する合理化の波に押され、わきに追いやられてしまうのだった（その典型的な例が、八〇年代初めのテレプロンプターとユニメーションの買収だ。将来の成長源として、ケーブルテレビとロボット工学に力を入れるかに見えたが、五年と経たないうちに、その次の合理化政策の一環で、両社とも売却されてしまったのである）。

それとは対照的に、アンダーセンコンサルティングのシニア・パートナーたちは、あらゆるレベルの社員の行動や選択の結果が企業変革へとつながるようにした。トップ・マネジメントの役割は、全社横断的なプロセスを展開し、それを育み、守ることであった。

実際、伝統的な会計監査法人でコンサルティング事業が行われるようになったのは、アンダーセンのトップ・マネジメントの壮大なるビジョンの産物などではなく、ジョー・グリッカンフというパートナーがイニシアチブをとって実現に努力した結果だった。一九五一年にグリッカンフは、ペンシルバニア大学で開発された、当時としては最先端のコンピュータと同じものを作った。シニア・パートナーへのプレゼンテーションで、それが将来のビジネスシステムにどのような役割を果たすか説明したところ、シニア・パートナーたちは、この事業の開発を全面的に支援することを決めた。五二年、同社はGEと自動給与システム導入の契約を締結した。この事例が、コンピュータを商業的に応用した初めてのケースとされている。それが新しいビジネスの誕生へとつながり、アンダーセンの年商五〇億ドルのコンサルティング事業部へと発展したのである。

このようにマネジメントの理解や信念、コミットメントを引き出し、内部からの自己変革プロセスを推進したいのなら、ウェスチングハウスをはじめとする多くの大企業をつまずかせてきた、服従、コントロール、契約、制約の規範を捨て、まったく異なる行動環境を構築しなくてはならない。

成功し、自己変革を遂げた企業のマネジメント・プロセスを調査するうちに、私たちはそうした企業の行動環境に四つの共通する特徴があるのを発見した。それを、規律、サポート、信頼、ストレッチ、と呼ぶことにした（図5-3）。

図5-3▶自己変革のための行動環境

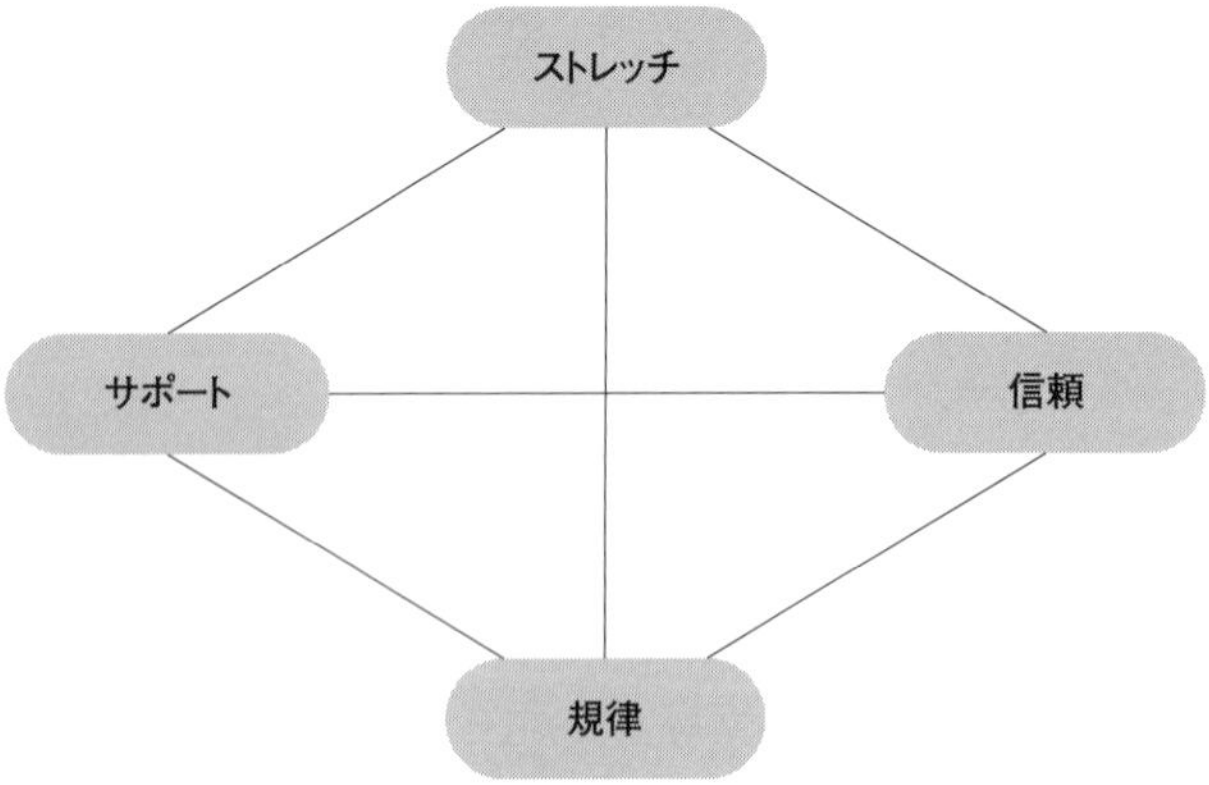

この四つの特性は、これまでの章にも登場した。第2章では、個人の自発性を喚起するのに、規律やサポートが必要であると述べた。第3章では、信頼が組織の横のつながりを確立し、組織学習を促すと解説した。第4章では、継続的な自己変革を推進するエネルギーとして、ストレッチについて詳述した。服従やコントロール、契約、制約とは異なり、この四つの特性は、社員の行動に影響を与えるうえで、権威や経営方針の力を必要としない。むしろ、各特性は企業活動の流れに織り込まれており、企業における毎日のあらゆる側面に反映されている。

規律とは、命令や方針にやみくもに従うことではない。社員が見通しやコミットメントに基づいて行動するために、深く身についた規範である。ライバル企業はときにアンダーセンのコンサルタントを指して「アンダーセン・アンドロイド」とあざ笑うが、それにはアンダーセンのアソシエイトの、一律に高水準な品質、正確さ、徹底した取り組みに対するやっかみも多少含まれているのだ。

アンダーセンコンサルティングは長年にわたって規律的なアプローチを追求しており、新入社員を全員、注意深く組織に馴染ませることにより、このアプローチを守ってきた。前に述べたとおり、その主な手段として同社は、集中教育と能力開発プロセスを採用している。最初のセッションは六週間のプログラムで、入社後五年間かけて行われる一〇〇〇時間に及ぶトレーニングの一環として実施される。新入社員はこのプログラムを、幹部社員向けの教育コースというよりは、むしろ新兵訓練にたとえる。週八〇時間に及ぶトレーニングでは、大量の課題が出され、厳しい服装規定が課せられる。このプログラムの目的は、新しい分析テクニックを習得させると同時に、規律を身につけさせることである。

自己変革する個を活かす企業においては、規律が服従の代わりになり、またサポートがコントロールの代わりになる。こうした企業では、上司と部下の関係は、指導、支援、ガイドといった特性で定義される。実際、アンダーセンではパートナーの演じる役割に、この特徴をすぐに見出すことができる。パートナーは全員、アソシエイトの能力開発とサポートに関わるよう求められる。パートナーはこの責務を「後見人」（trusteeship）と呼んでいる。入社時に、新入社員のアソシエイトの一人ひとりに、カウンセリングの相手となるパートナーがつく。パートナーは六カ月ごとにアソシエイトと面談し、業績やキャリア上の関心、能力開発のニーズについて討議する。さらに、プロジェクト・マネジャーがアソシエイトに対してフィードバックを与えてサポートし、三カ月ごとに業績を評価し、プロジェクトの進行に合わせて指導を行う。

サポートの環境は、かつては「コントロール」が支配していた上下の関係だけでなく、同僚同士の横のつながりにも同様に当てはまる。マッキンゼーの事例でも見たように、こうした横のつながりは、パートナー制の中ではごく自然に育まれる部分がある。しかし、マッキンゼーと同様、アンダーセンでも、産業別や機能別スペシャリストのネットワークなどさまざまな仕組みや、社員が自発的に同僚に支援を求めたり提供したりするような習慣を通じて、こうした横のつながりが強化される。

自己変革を行うために必要な行動環境の第三の特性は、信頼である。信頼し合う社員は、互いの判断に依存し、互いのコミットメントを信じる。一方、会社と社員との関係は、有機的、家族的な感情のつながりも存在するが、契約かそれに近い合意事項によって定義される。歴史を振り返ると、たいていの企業では契約に基づく関係のほうが強まった。その過程で、個人と組織はそれぞれの利益を守り、自分のほうに最も有利な契約関係を結ぼうとする。その結果、両者は敵対関係に陥り、双方向のコミットメントは侵食されていくのである。

信頼は、組織のプロセスが透明でオープンな企業に生まれ、公正な経営慣行によって強化される。アンダーセンコンサルティングは、長年にわたって首尾一貫した行動をとることで、こうした特性を育んできた。信頼の具体的な表れとして、パートナーへの報酬制度が挙げられる。サービスを提供するプロフェッショナル企業にとって、報酬制度は扱いにくい問題である。アンダーセンでは、パートナーの利益の持ち分は、他のパートナーによる評価に基づいて与えられる「ユニット」数で決まる。評価に際しては、プロジェクトや調査の件数など定量的な側面だけではなく、リーダーシップやアソシエイトの能力開発、チームワークへの貢献などの主観的な要素も考慮される。パートナーは全員、他のパートナーのユニット配分リストを受け取る。配分に納得のいかない場合、公的に上訴することもできるが、かつてそのプロセスが利用されたと記憶する者は社内にはいない。

最後に、自己変革する企業における行動環境の第四の特性であるストレッチは、第4章で見たとおり、開放性と活力をもたらす要素だ。ストレッチは個人の向上心を高め、自分や他人に対する期待値を高めるよう奨励する。視野を狭め活動を制限する「制約」とは対照的に、ストレッチはもっと野心的な目的に向かって邁進する気持ちを引き起こすのである。

アンダーセンでは、創立者であるアンダーセンが明言した一つの原則に厳格に従おうとする姿勢が、ストレッチの基礎となっている。「最善をもって顧客に尽くす」。アンダーセンのこの言葉は、同社の格言ともなっている。アンダーセンは顧客のニーズを満たそうと絶えずより良い方法を追求し、常に、急速に進化するビジネスの先頭に立っている。顧客サービスの追求に全社的に取り組んでいるからこそ、個人は夜となく週末となく働き、需要に先がけて大規模な投資を行って、新しい市場の機会をとらえるための能力を構築しているのだ。国際化の一歩として新しいコンピュータに初めて投資したときから、同社の成長の歩みは常に「顧客第一」のコンセプトに基づいている。そのためには努力も、個人的な犠牲もいとわないのだ。

これらの四つの特性を組み入れた環境には、社員に多大なものを要求するという本質がある。それを伝えるのは難しい。社員を常により壮大な目標へと邁進させる「ストレッチ」と、約束はすべて守られなければならないという規範を根本に据える「規律」というハードな特質の組み合わせは、活力をもたらすと同時に、非常に負担の多い環境をも意味している。サポートや信頼というソフトな環境規範でさえ、社員相互の義務が個人に多くを要求する組織文化を生み出す。また、私たちはこうした特性を個別に論じてきたが、これらは互いに独立してもいなければ静的なものでもない。四つが相互に作用し、共に進化することで、自己変革のダイナミクスが生み出されるのである。

ここまで、企業が個を活かす企業となるために開発しなくてはならない「職場のにおい」について述べ、それを「組織の中の人間」の行動を形成したカルカッタのような環境と対比させてきた。だが、アンダーセンコンサルティングのように長年にわたって安定したリーダーシップの下に、規律、サポート、信頼、ストレッチの特性を育んできた企業（3M、インテル、花王もこの例に当てはまる）は、多くの意味で例外といえよう。

ウェスチングハウスのように、すべての特性で行動環境の病に苦しむ企業はまれだが、少なくともその病状のいくつかに悩んでいる会社はもっと存在するに違いない。こうした企業の経営者たちにとっての大きな疑問は、「組織の行動環境の特性を変えるには、どうしたらいいのか」ということだ。どうすれば服従を規律に置き換えられるのか。コントロールをサポートに移行できるのか。制約でなくストレッチを生み出せるのか。そして契約関係しかないところに信頼を築けるのか。

フィリップス半導体事業部の変革

何社かの企業を見てきた経験から、経営陣が決意すれば、自社の行動環境を変えることができ、しかもそれを適当な期間内に達成することも可能であると私たちは確信する。AT&T、ABB、コーニングのような企業では、行動環境の変革こそが企業変革の中核であった。だが、このような環境変革の最も極端な例が見られたのは、フィリップスの半導体事業部だ。同社の事例は、新しい行動環境の中核となる特性を説明するにも、新たな行動環境の創造のためにマネジメントがとるべき行動を示唆するうえでも、最適といえよう。

一九九〇年、フィリップス・グループの業績は危機的な状況にあった。その最大の元凶であるとの不名誉を受けたのは、半導体事業部だった。半導体事業部は三年間連続で損失を計上しており、市場シェアも低下を続けていた。同年、一八億ドルの売上げに対して、損失はなんと三億ドルにも達したのであった。当時、グループ・レベルで詳細な調査を実施したところ、半導体事業の戦略的位置づけは「望みなし」と出た。規模集約型のグローバルな業界において同事業部は一〇位で、製品は低成長、かつ価格競争が非常に激しいものと位置づけられていた。さらに、半導体事業はきわめて投資集約的で、研究開発費は売上げの平均一五パーセント、設備投資は減価償却費の一三〇パーセントであった。こうした投資ニーズを満たすには、世界市場におけるシェアが最低六パーセントは必要だと調査報告は結論づけた。ところが、フィリップスの半導体事業部のシェアは一パーセントにも満たなかった。

社内では、半導体事業部に責任を持つグループ・レベルのマネジャーが、事業部内の状況を評して「破滅的だ」と語った。マネジメントの対立は日常茶飯事だった。唯一黒字を出している事業ユニットのトップは、新技術に巨額の投資を行うというCEOの戦略に、強硬に、あからさまに異を唱えていた。四つの事業ユニットのマネジャーのうち二人は、互いに口をきこうともしない。ライン・マネジメントと独立した位置にある研究開発グループの関係は、かなり緊迫している。業務レベルでは、きわめて社内政治的な環境のせいで、あるマネジャーが「完全に麻痺している」と語るまでの状況になっていた。

業績が突然に落ち込む前の八九年三月、同事業部の悪化するばかりの財務状況と激化する競争への対応策として、トップ・マネジメントがハインツ・ハグマイスターに交代した。ハグマイスターは四つの事業ユニットのマネジャーの一人で、フィリップスや半導体産業での経験が限られていた前任者とは違って、三〇年に及ぶキャリアのすべてをフィリップスの半導体事業部で積み、技術・マーケティングの分野を経て昇進を重ねてきた。彼はフィリップス・グループの経営陣と、九二年までに事業を損益分岐点にまで戻すことに合意し、最初の一年三カ月は研究開発費やコストの削減に全力を注いだ。

九〇年五月、八九年の決算が発表されたときにすべてが変わった。予想をはるかに上回る損失に対して金融市場が反応したのに刺激され、フィリップス・グループは社長にヤン・ティマーを指名した。新しいトップは最初のアクションとして、コスト削減をさらに迅速に徹底するよう求めた。三カ月の間に、事業部の経営陣は二〇パーセントの人員整理、五〇パーセントを超える研究開発費の削減、施設数カ所の閉鎖、関連製品からの撤退などの計画を作成した。

その後三年間、こうした計画が次々と実施されるうちに、半導体事業部は著しい変身を遂げた。製品の需要と価格の両方が落ち込むという半導体産業を襲う不況下にあって、フィリップス半導体事業部の業績は着実に向上したのだ。八九年に三億ドルだった損失は九〇年には一・五億ドルまで縮小し、九一年には採算ラインに乗った。次の三年での利益はそれぞれ一億ドル、二・五億ドル、約三・五億ドルと増えていった。いったんは死を宣告されたビジネスがここまで急速で劇的な急転換を遂げたのだから、詳細を調べるだけの価値があることは明らかだった。

この急激な改善の原因を突き止めようとするに従って、さまざまな要因がすべて変革に貢献しているのだということが明らかになってきた。大規模な財務のリストラ、ニッチ製品にフォーカスするという戦略決定、事業部のマネジメント・チームの総入れ替え、グローバル・マーケティング組織の大変革などである。だが、事業部内のあらゆるレベルの社員と話をすると、劇的に業績が回復した主な理由として、どの社員も社内の環境が大きく変わったことを挙げた。実際、その中の一人、同社のスコットランドにあるパワー半導体工場の若きエンジニアの口から、私たちは初めて、「職場のにおい」という言葉を聞いたのだった。

いちばん大きかったのは、職場のにおいが変わったことだ。いまは仕事に来るのが楽しい。何か一つのことではなくて、全体的に、まったく違う会社になった。

「職場のにおい」を変えたのは何だったのか。規律、ストレッチ、信頼、サポートが、どうやってフィリップス半導体事業部の日常の業務環境へと融合していったのか。マネジメントは何を手段としたのか。

同社のあらゆるレベル、あらゆる事業部の社員の協力を得てこうした問題を調査してみるうちに、変革を促進するカギとなった出来事や行動を確認した。これらの行動の中には、(たとえば競合他社との比較研究など)行動環境の複数の特性(ストレッチと規律の両者)に影響を与えたものがある。また、ある特定の行動(新しい会計制度の導入など)が特性の一つ(規律など)の発展に貢献したとある社員が語る一方、別の社員は、同じ行動が別の特性（信頼など）の醸成に貢献したと述べた。こうした意見を総合すると、「首尾一貫した経営行動がいかに行動環境をつくり出すことができるのか、そしてその行動環境がいかに行動に影響するか」といったことが浮き彫りになってきたのである。

◉規律を浸透させる

私たちが話をした社員の大多数が、変革のカギとして、規律が増したことを挙げた。タイムリーな報告や財務目標の達成など通常期待されるもの以上に、従業員たちはもっと広範な変化を挙げた。その変化は「コミットメントによるマネジメント」という強い規範へと発展していった。あるマネジャーは次のように語った。

> いまでは顧客にサンプルを時間どおりに送るか、たとえそれが無理でも最善を尽くす。約束したとおりに電話を折り返すし、会議には時間どおりに出席する。これまでの会議ですでに決定されている事項を蒸し返すようなことはしない。コミットメントを果たすということが一種の誇りとなった。それは単に在庫やコスト、売上目標についてだけではなく、もっと一般的な、約束を守ることに対するコミットメントだ。

なぜ、どのようにして、規律が同事業部の環境の主な要素となったのか、いろいろな社員の説明をつなぎ合わせてみると、三つの要因が浮かび上がってきた。それは、明確な基準と期待値を設定すること、オープンかつ頻繁にフィードバックを行うこと、制裁の適用に一貫性を持たせることの三点である（図5-4）。

明確な基準――明確な基準を確立するには、期待される業績基準を設定するだけでなく、それに対する同意とコミットメントを得る必要がある。ほとんどのマネジャーによれば、主要競合企業についてのベンチマーキングは重要なツールで、全組織を通じて明確な業績基準を確立するのに役立った。これまでの外部のコンサルタントのデータや公開データを使用したベンチマーキングでも、事業部のマネジャーたちは何らかの基準を設定することはできたが、一九九〇年のベンチマーキングで収集されたデータは、質が高く詳細で、信頼性もはるかに高かった（今回は、マネジャーが直接主要ライバル企業から入手したデータに基づいていた）。情報は広範にわたっており詳細だったため、その信憑性があるかどうか、それと比較するのが妥当かどうかといった議論がなされることはなかった。

また、事業が売却されてしまうかもしれないという認識から、マネジャーは業績と基準との間の目に見えるギャップを埋めようと、心から身を入れて臨んだのである。業績とのギャップがあるという現実は、新しい会計システムから出力されるデータで、さらに一目瞭然となった。この

図5-4▶ フィリップス半導体事業部の行動環境にどのようにして規律が生まれたのか

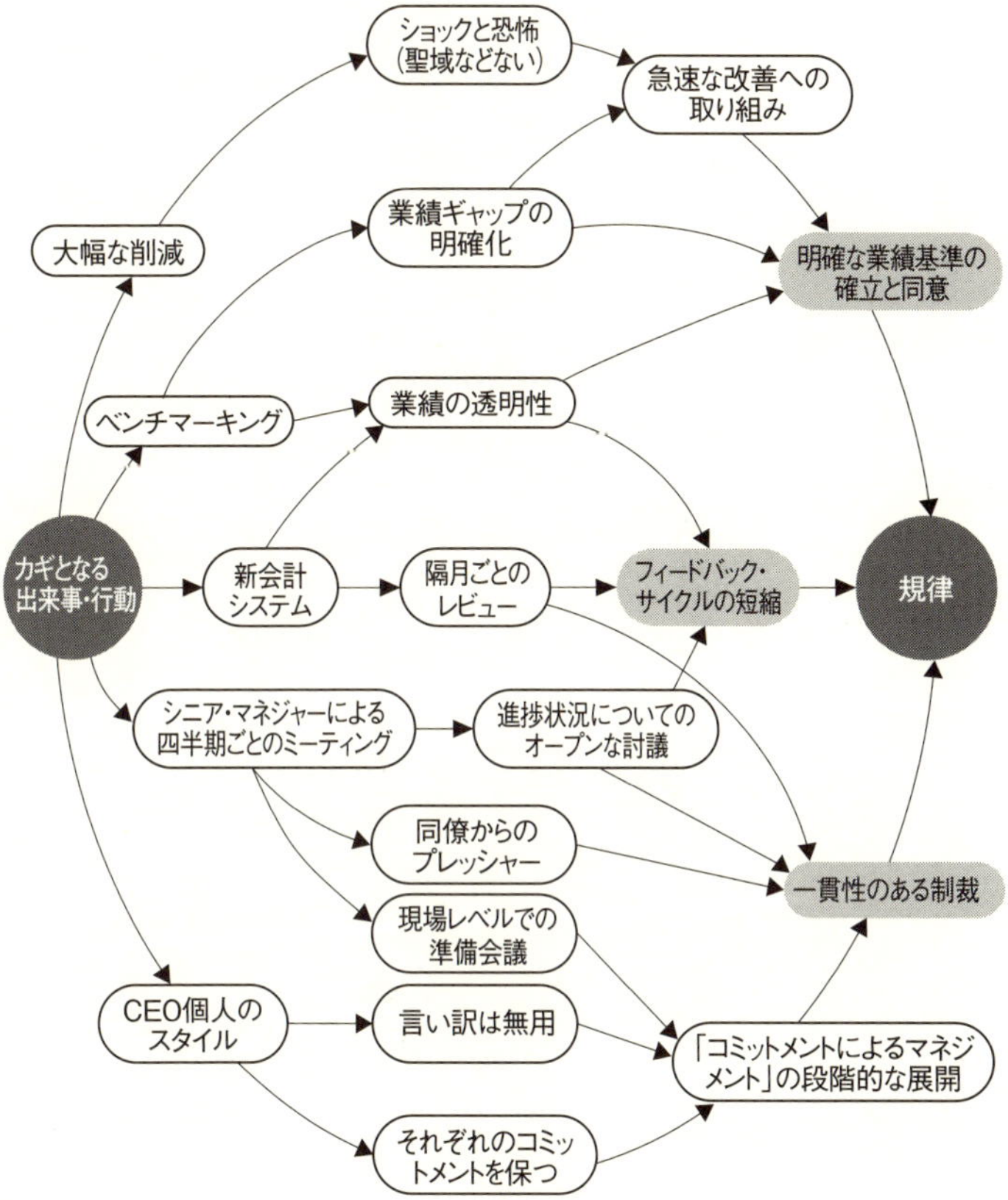

システムは非常に精緻で、細かく分かれた組織を担当する個人レベルの責務や期待値、基準を設定することが可能になった。

これにより、結果責任に対するフィリップスの考え方に大きな変化が生まれた。これまで同社では、ある特定の活動が長期戦略上非常に重要だとトップ・マネジメントを納得させることができれば、その事業は、生産性向上の名の下に削減を強いられることはなかった。これに対してハグマイスターは、九〇年の大幅な削減目標を確認するなかで、「戦略的重要性」のコンセプトは信用できないと明言し、これまでは聖域とされた研究開発費などの活動も削減対象とした。削減に対する脅威から生じる恐怖感と、ベンチマーキングにより現実を目の当たりにする気まずさとが、新たな業績基準の達成に向けて社員を徹底して専念させる大きな役割を果たしたのだった。

フィードバック・サイクルの短縮——組織の規律は、社内のフィードバックの頻度を増やし、その質を高めることによって強化された。新しい会計システムを導入することで、マネジメントにはフィードバックを実行する手段ができた。第一に新システムでは、情報ニーズをある程度削減することにより、週単位の大まかな数字を翌週の火曜日までにまとめることができるようになった。また、それまでよりも短期間で、詳細な結果が入手可能になった。CEOとCFO（最高財務責任者）はこの結果を細かくモニターし、予期しない結果が出た場合には自ら調査した。

新会計システムによりフィードバックの頻度とタイミングが改善され、補足説明の必要も少なくなった。その一方で、主要な事業ユニットのシニア・マネジャーによる四半期ごとの業績見直し会議を導入し、オープンで正直かつ忌憚のない意見交換を奨励した。ハグマイスター個人のスタイル（「チクショウ、と毒づく」と本人は言う）のおかげで、こうしたミーティングは、業績のあらゆる側面をオープンに見直す場となった。同僚による集中的な意見交換が軌道に乗るにつれて規範が確立していき、表立った社内政治や非生産的な振る舞いは自らの評判を落とすようになっていった。マネジャーは自分たちの組織でも同様の会議を開いた。そこでシニア・マネジャー会議の準備をしたり、またその会議の結果について討議するなどして、忌憚のない正直なフィードバックという新しい規範を組織全体で制度化していった。

一貫性のある制裁――規律の浸透に貢献する第三の要素として、一貫性のある制裁が挙げられる。ハグマイスターは業績基準を下回る組織とそのマネジャーを迅速かつ厳格に制裁する規範を確立した。ＣＦＯと二つの大きな事業ユニットのトップ、数人のマネジャーを入れ替えたことで、「言い訳無用」のスローガンの信憑性が増し、マネジャーが人員削減という困難な意思決定に正面から取り組むようになった。それと同時に本社人事部が念入りな評価を行い、人員削減のプロセスで独断的な決定が下されぬように配慮した。また、明らかに社内政治に絡んだと考えられる解雇二件を無効にしたことを発表するなどして、公正性と一貫性の規範を確立していった。

◉ストレッチを創り出す

オランダにある半導体事業部最大の製造施設のマネジャーは、次のように語った。

もう一つ大きく変わったのは、目標に対する考え方だ。以前は、何でも五パーセントだった。五パーセント以上の改善策を提案したなら、奴は未熟だ、ビジネスをわかっちゃいないと思われるのがおちだった。いまだったら、在庫の二〇パーセント削減を提案しても、だれかが二五パーセントと言い出して、決まりが悪い思いをするくらいだ。それがごく当たり前になってきた。どこまでできるのか、いまではゲーム感覚でチャレンジしている。

このマネジャーの発言は、行動環境のもう一つの大きな変化、「ストレッチの創出」を示している。繰り返しになるが、フィリップス半導体事業部においてこうした環境がどうしてかくも強力になったのか、いろいろな説明を聞いたなかでほとんど全員が挙げたのが、三つの主要な特性だった。それは志を共有すること、集団としてのアイデンティティを確立すること、変革の実行に個人が意義を見出すこと（**図5-5**）の三点である。

志の共有――明確な基準を確立するために用いたプロセスは、組織内で志を共有するのにも役立つ。マネジャーたちは、ストレッチした業績目標とのギャップを埋め、目標を達成するという

図5-5▶フィリップス半導体事業部の行動環境にどのようにしてストレッチが生まれたのか

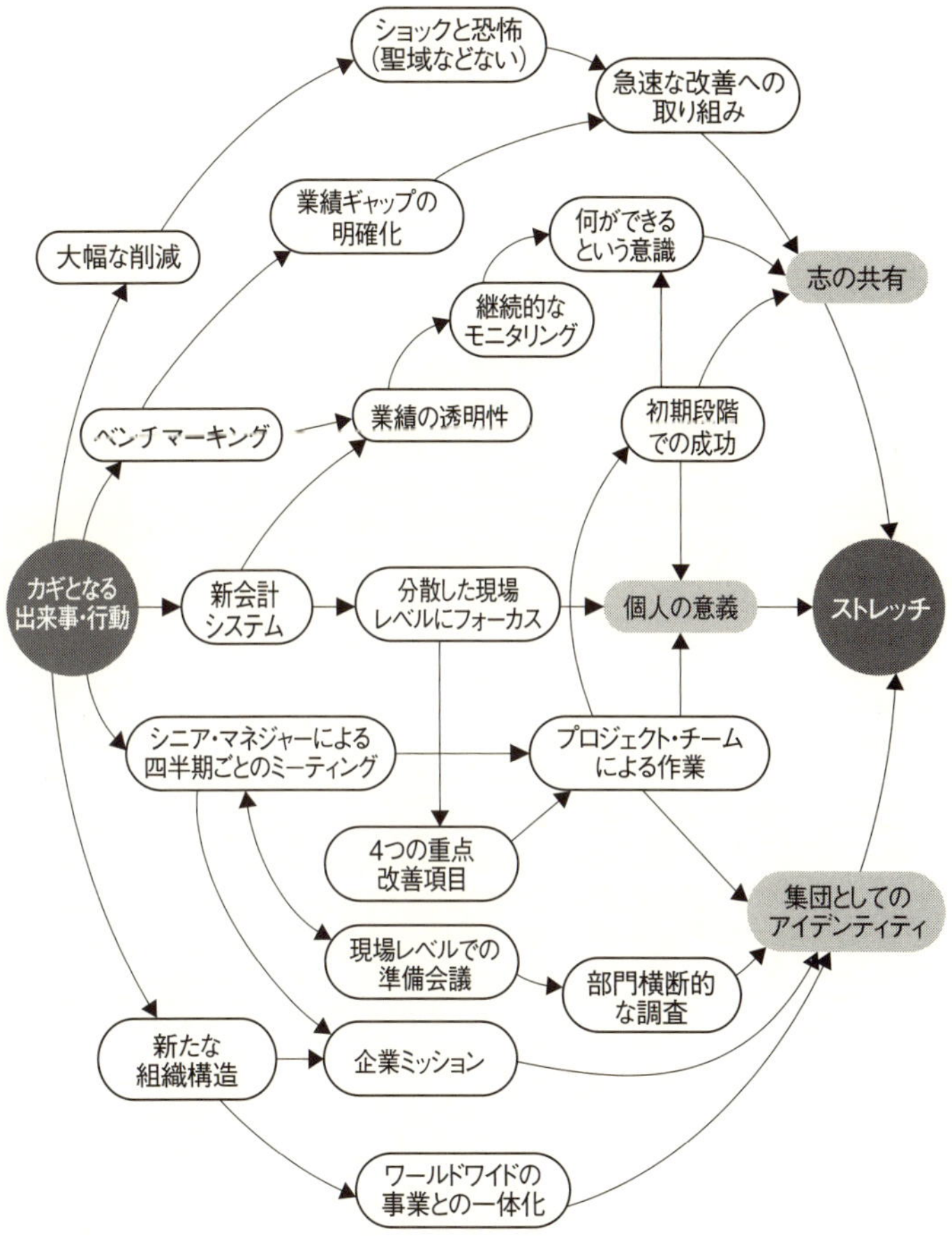

取り組みの先に、将来的な収益の成長、ニッチ市場における卓越した評判の獲得を九二年までに確信するようになった。その際、初期の成功体験により、「生存競争に勝ち残りたい」という思いを、将来に向けて志を共有する意識に転換することができた。

もう一つ重要なことは、早期の段階でシニア・マネジャーによる四半期ごとのミーティングを行うと決定した点だ。ミーティングの目的は、組織全体を主な業績目標に専念させることだった。その目標とは、新製品の開発時間の短縮（タイム・トゥ・マーケット・プロジェクト）、受注から製品の配達までのサイクルタイム短縮（メイク・トゥ・マーケット・プロジェクト）、顧客へのレスポンスの短縮（顧客満足プロジェクト）、一万五〇〇〇品目にも及ぶ製品リストの簡略化（ポートフォリオ・チョイス・プロジェクト）の四つである。

幅広いメンバーで構成された四つのプロジェクト・チームが、業績基準を確立し、改善状況をモニターし、数多くのユニットごとのチームが具体的な任務を実行した。六カ月と経たないうちに業績が改善し始め、「フィリップスは『業界最高』レベルの業績を達成することができるし、分野によってはそれを凌ぐことも可能である」という自信が社内に育っていった。プロジェクト・チームによってベスト・プラクティスを移転したり、一緒に仕事をしたりすることで、成功は組織中に広がり、財務状況が向上するに従って、これまでになく楽観的になっていった。九二年末には「最上級（エクセレンス）を追求する」との志が社員に広く共有されていた。

集団としてのアイデンティティ――ヤン・ティマーがフィリップス社長に就任した直後、ハグマイスターはティマーに対して、電子部品事業部から半導体事業を分離し、独立した事業部にする必要性を説いた。組織の分離独立に伴い、半導体部門のマネジャーは集団としてのアイデンティティを強めていった。「私たちは、独自のやり方を見出す必要があった」とハグマイスターは語った。

分離によって、新事業部の機能別オペレーションも強固にまとまっていった。これまでは、営業部門は他の事業部の電子部品も取り扱わなければならなかった。また同部門は、フィリップスの各国の地域担当マネジャーに対して報告義務があったため、半導体部門の経営陣は彼らをあまりコントロールできなかった。分離後、半導体事業部は独自で専門のナショナル・セールス部門を作り、事業本部のマーケティング・マネジャーの統轄とした。製品開発組織でも同様の専門化が行われた。別の活動や複数ラインへの報告といった余計な責務から解放されて本来の業務に集中できるようになった組織は、内部の結束も強まり、その結果として横のつながりができたため、集団としてのアイデンティティが確立されていった。

また、ハグマイスターはミッションの必要性について懐疑的だったが、マネジメント・チームからの要請でその作成に同意した。ミッションは、九一年初めにシニア・マネジャー五〇人が共同で作成し、採用した。ミッションは、半導体事業部の戦略優先事項、組織の価値観を記載したもので、組織に対して何ら効果があるようには見えなかったが、一年ほどして同社の業績は向上し始めた。業績がビジョンに近づいてくるに従って、それは誇りの源となり、資源配分から新製品開発に至るまで、このミッションに立ち戻ることによって問題を解決するケースが増えた。九二年末までには、ミッションは、共通の行動と、組織の集団アイデンティティ確立の触媒となっていた。

個人の意義――四つの優先プロジェクトがシニア・マネジャーの四半期ごとのミーティングで決定されると、シニア・マネジャー五〇人によって設定された広範な目標が振り分けられ、具体的なアクションへと展開されていった。事業組織における会議では目標を各製品グループごとに振り分け、製品グループ会議では目標を工場、開発チーム、マーケティング・グループへと振り分ける。その結果、社員の多くがいままでよりも焦点の絞り込まれた業務目標を持つようになった。また、自分の業務が会社全体の業績にどのように貢献しているのか、より明確に理解するようになった。インタビューを受けた社員のほとんどは、自分自身の仕事と会社の優先事項が明確な「目に見える線」でつながることで、「当事者意識」を感じ、自分の仕事に意義を見出せるようになったと語っている。このように自身の業務と会社の業績の関連を認識することが、個々人がストレッチする動機づけとなったのである。

◉信頼を築く

八九年時点でのフィリップス半導体事業部と、九三年時点の最大の違いは、組織内の人間が互いを信頼しているという点だろう。その違いは実に劇的だ。八九年には、ある事業ユニットのマネジャーが、まったく異なる製品を売り込もうとしている別の事業ユニットとは付き合わないように、顧客に忠告しているのが発覚した。それとは対照的に九三年には、共通のCAD／CAMシステムを作ったり、共同で新製品の開発を行うなど、さまざまな事業ユニットが積極的に協力するようになっていた。信頼を築くことによってこの協力の精神が生まれたのである。

どのように信頼が育まれていったか調査するうちに、私たちは三つの要素を発見した。それは企業の意思決定プロセスをより公正・公平にすること、中心となる活動に幅広いレベルの社員が関わること、組織のあらゆるレベルで個人の能力を総合的に高めることの三つである（図5-6）。

公正性・公平性――組織内に公正感を生み出すうえで、最初の、そして最も重要な要素は、二〇パーセントの人員削減を管理するプロセスであった。前例のないほど大規模な削減だったため、社員の多くは、各組織のマネジャーの相対的な政治力に基づいて、政治的に意思決定が行われるものと考えていた。ところが実際には、意思決定はグループ・ミーティングで行われ、業績や事業の優先度といった客観的なデータに基づいたものだった。意思決定が後に「裏での交渉」で覆されることもなかった。

事業部内の組織構造が変わったことでも、公正感が生まれた。九〇年初めにハグマイスターは、技術ではなくエンド・ユーザーに基づいて、事業部内の事業ユニットを再編した。この変更により、特に技術、製造分野でユニット間の相互依存度が増した。より大掛かりな調整が必要になったことから、論争解決のプロセスを真に公正なものとし、社員に公平感を提供するために、社内に公開討論会が設けられた。

全社的な巻き込み――半導体事業部では、組織内や複数のユニットにまたがるチームで仕事をする機会がかなり増大した。九〇年から九二年にかけて多くのプロジェクト・グループが編成され、経営の中核的な問題に関わる社員の数が激増した。しかも、段階ごとに実施される四半期ごとのミーティング制度を導入したため、以前より多くの社員が自分の業務に直接影響する意思決定に関わるようになった。また、このミーティングにより、それまで社員の参加や情報へのアクセスを制限していた上下や横の壁が破られた。

たとえば、マネジャー五〇人が参加する定例会議の参加者は、マネジャーの等級が五等級に及び、しかも機能別組織および事業ユニットのすべてを網羅している。以前の慣行では同レベルのマネジャーのみが参加する専門家会議であったことを考えると、思い切った変更だった。意思決定が個人の利益に反するものであった場合にも、いままでより多くの意思決定の根拠を聞くことができるし、自分の立場を弁護する機会も与えられる。また、結果を公表することでプロセスの

図5-6▶フィリップス半導体事業部の行動環境に どのようにして信頼が生まれたのか

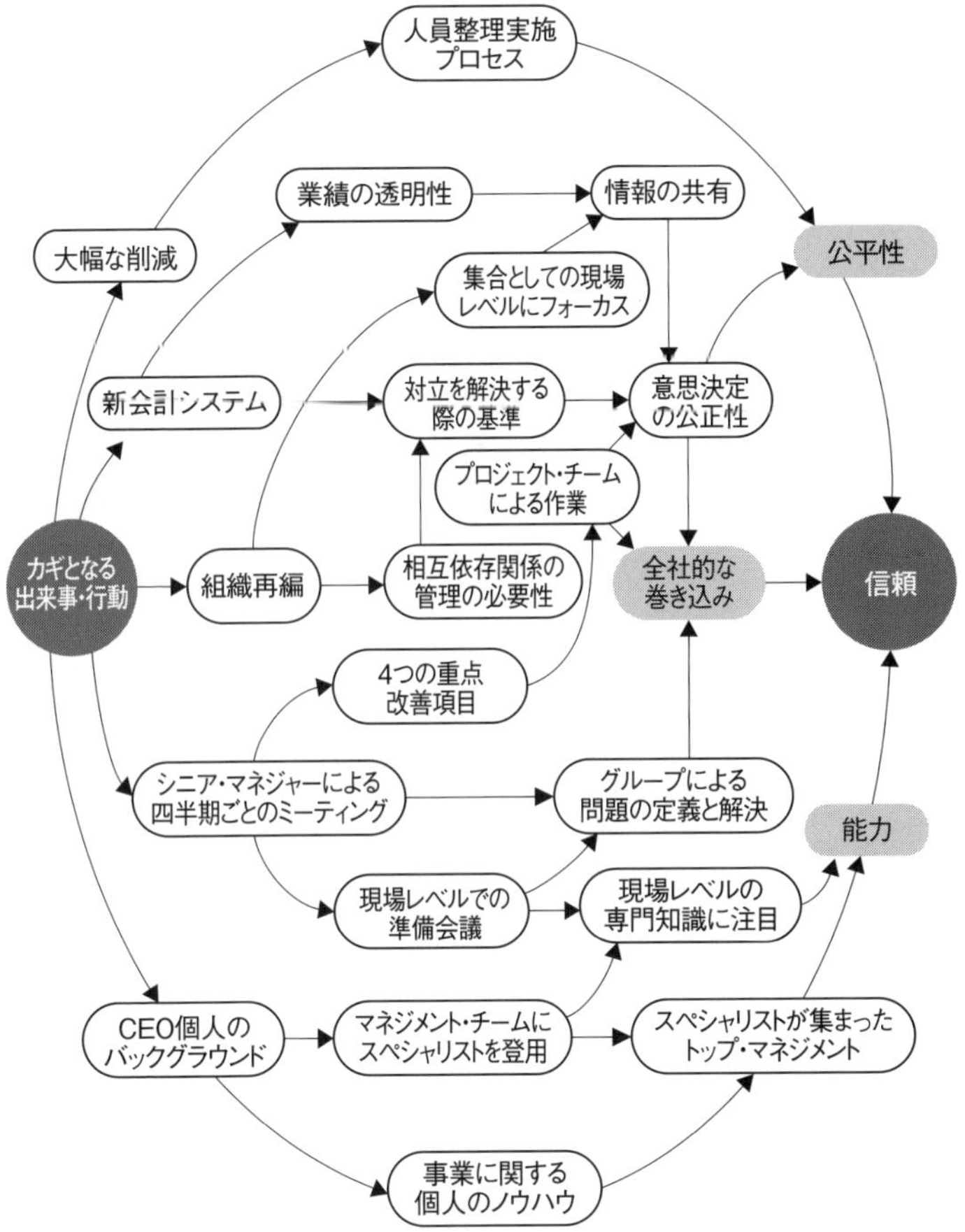

公正感が増し、信頼の度合いも高まったのである。

能力——自身がエンジニアであり業界の専門家でもあるハグマイスターは、フィリップスのようなハイテク企業は、(彼の前任者のような)ゼネラリストではなく、スペシャリストが経営に携わらなければならないと考えていた。したがって、ハグマイスターが新たに指名した二人の事業ユニットのマネジャーは、それぞれ半導体業界の技術と生産に関する専門知識を持つ者であった。その二人のマネジャーは特殊生産プロセスの経験者を登用して、営業部門の専門性を高めた。全般的に競争力のレベルを高めると同時に、スペシャリストの能力を向上させることで信頼感も増した。あるマネジャーは次のように語った。

バーで会っただれかを信頼することと、ビジネスで人を信頼することとは訳が違う。わが社はハイテク企業だ。相方に必要なのは、私の言っていることがわかる人間だ。その人が強く望むなら、CAD/CAMの専門家だって連れてくる。でも、私が望んだときに、その人が私に物流のエキスパートをよこすというのが条件だ。……ビジネスの技術的な面を理解している人間同士のほうが、協力関係を築きやすい。

◉サポートする

サポートがフィリップス半導体事業部の新しい環境特性の一つであることを確認していくなかで、マネジャーの多くが語ったのは、「自分が管理するユニット以外の経営資源を利用するケースが増えた」ことだ。また、現場のマネジャーが自発的に動けるように、シニア・マネジメントはコントロールしようとすることを控え、進んでサポートしようとしていることもわかった。総じてみると、経営資源が入手しやすくなったこと、自主性が重んじられるようになったこと、サポートが増したことが相まって、下位レベルのイニシアチブや起業家精神を制約するのではなく、支援する環境がつくり上げられたのである（**図5-7**）。

経営資源へのアクセス——半導体事業部ではこれまで経営陣の間に対立があり、各事業ユニットの独立性を強調する構造であったことから、複数のユニットにまたがる協働が行われることはあまりなかった。その結果、それぞれのユニットが異なる情報システムを採用し、異なるCAD／CAMソフトウエアを使用しており、互いに設計ライブラリーにアクセスすることができない、といったこともあった。

しかし、同事業部が市場志向の新体制を採用したことにより、組織間の相互依存度が増し、人事交流も行われた。その結果、社内の他部門の資源を利用しようと考え、またそれだけの能力もある、技術的に秀でた人材が増えてきた。CADシステムを共有するようになったことで、全員が利用できる共同のＣＡＤライブラリーが開発されたのは、その一例である。営業組織の統合により、ある国のセールスマンが別の国で書かれた文献や、他で開発されたオーダー管理システムを使えるようになった。また、新しく統合されたフォーラムにより、イギリスの製品開発チームがドイツの専門家のサービスを利用できるようになった。このように経営資源にアクセスしやすくなったため、現場マネジャーたちは、新たに分権化された環境で効率よく効果的に業務を遂行できるようになった。

自主性——ハグマイスターは、組織の分権化の徹底にかなり力を注いでおり、それが現場の全組織で自主性を高める推進力となった。ここでも、主要な人物の人事が引き金となって組織内に変革が起こった。ハグマイスターは、昔ながらの権威主義的な事業ユニットのマネジャー二人が分権化の推進を妨害しているのを知り、二人の代わりに技術のスペシャリストを任命した。新しい二人のマネジャーは、マネジメント全般の経験こそあまりなかったが、分権化を支持していたため、自らが率いる組織に自由闊達な雰囲気をつくり出した。

新しい会計システムも組織の分権化に貢献した。旧システムは事業ユニットのレベルで収益性予想を出すだけだったのに対し、新システムは製品グループごとに、より信頼性の高い情報をより早く提供した。新システムでは、現場のマネジャーは問題を素早くとらえ、何が起こっているかを的確に把握できるため、シニア・マネジャーが日常業務に介入する必要性が少なくなった。

図5-7▶フィリップス半導体事業部の行動環境に
どのようにしてサポートが生まれたのか

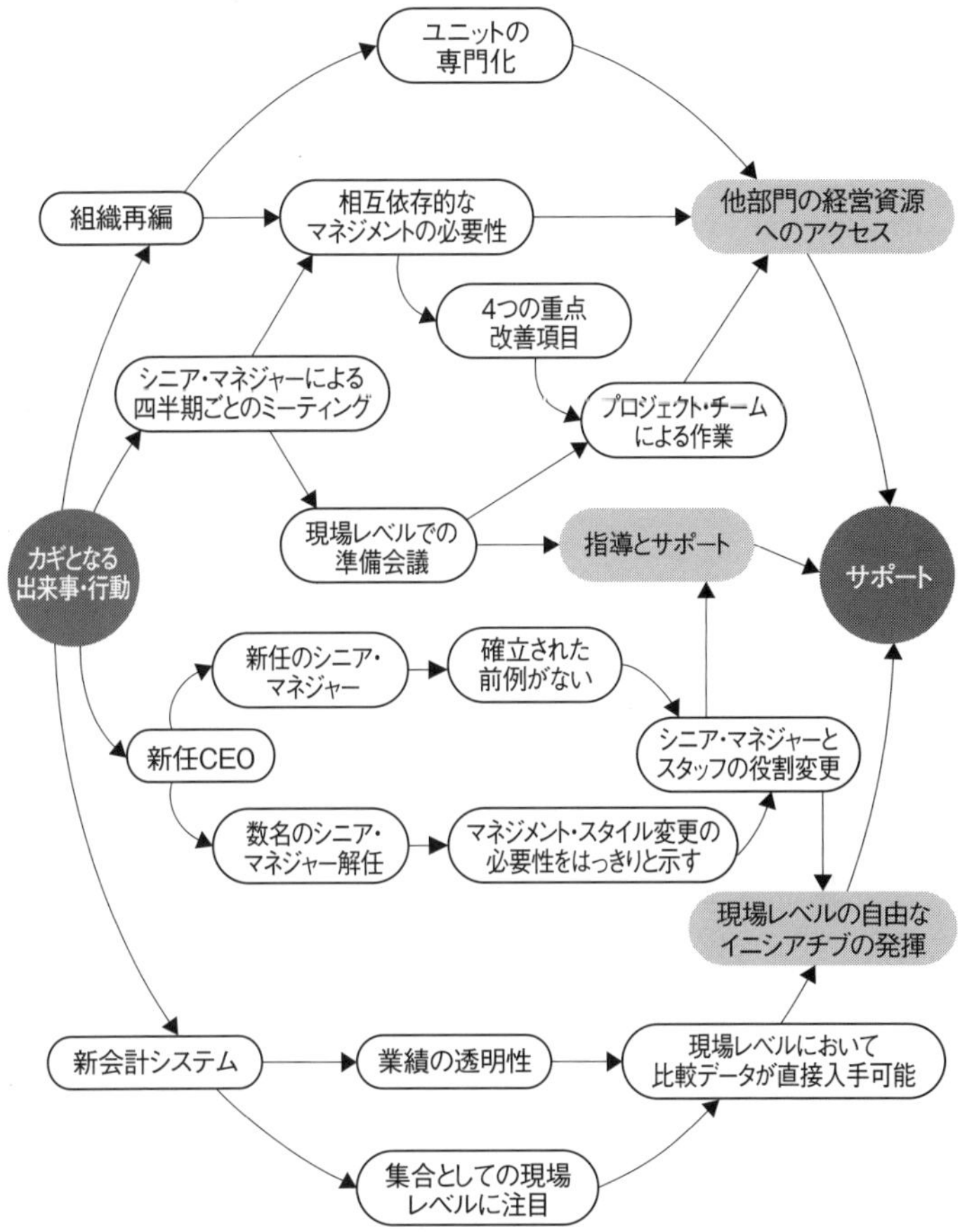

あるマネジャーは次のように述べている。「新システムが厳密なおかげで自律的に動けるようになった。だから上から口出しをされることも減った」

指導と支援——ミーティングやプロジェクト・チームが浸透して横のつながりが強まったため、他の組織の資源を利用したり、アドバイスを受けることが可能になり、事業部間における相互支援の規範が確立された。この企業文化の変化は、シニア・マネジャーの役割が変化していったことにも見て取れる。マネジメント・チームが年輩のゼネラリストから若手スペシャリストに入れ替わったことで、社員は、「会社はコントロール体制から、コーチ・モデルに移行している」というはっきりとしたメッセージを受け取ったのである。ある新任の事業ユニット・マネジャーはこう説明した。

自分の役目はコーチ、すなわちヘルパー、サポーター、教師のようなものだと思う。戦略全般を見渡すと同時に組織の専門化を進めて、資源を以前よりも効率的に利用できるようになった。私の仕事は組織間の調整だ。しかしそれ以上に、部下を助け、導き、アドバイスを与え、守るのが仕事だ。

かつては強大だった本社スタッフ部門の役割も大きく変わり、この傾向はいっそう強まった。

本社スタッフ部門は事業部の情報の流れをコントロールしていたが、大規模でオープンな形式のミーティングが行われるようになると、その管理も及ばなくなった。予算削減によってその権力も弱体化し、規模も四〇パーセント以上縮小した。本社スタッフ部門は、もはや以前のようにラインの運営をコントロールできなくなった。新たに任命された財務、物流、人事のトップも、ラインがスタッフのために働くというより、スタッフがラインのために働かなくてはならないという考えを支持していた。こうした全体にわたる変革によって、スタッフ部門の正当性と影響力はラインの運営をどれだけサポートしたかで決まる、という新しい関係が生まれたのである。

環境から行動へ

フィリップス半導体事業部の変革にはさまざまな要因が貢献したことを、もう一度強調しておこう。五億ドルの再建コストを費やし、資産を償却し、バランスシートを縮小しなくては、同事業部の変革はありえなかっただろう。また、コモディティ型チップの大量生産から専門的なニッチ製品への戦略転換、および製品ポートフォリオのスリム化なしには、業績の改善もなかっただろう。同様に、二〇パーセントの人員整理を断行したからこそ、コスト構造が競争的なレベルにまで改善したのだ。

それでも、私たちがフィリップスに関して述べたことは、企業の再活性化を目指すマネジャーの多くが没頭する財務、戦略、組織の再編とは一線を画すものだ。フィリップス半導体事業部が達成した劇的かつ持続的な業績向上は、他の企業ではなかなか見られない。その理由は明白だ。つまり、社員が再活性化しない限りビジネスは再生しないし、社員の行動が変わらない限りリエンジニアリングも役に立たないのだ。

本章で私たちが述べた、大きく異なる行動環境の力は、行動環境の四つの基本特性の間に存在する緊張感がもたらすものだ。社員は一方で厳格な規律があり多くを要求されるが、それでいて信頼と安心感のある環境で働くことを学ぶ。そこでは、個人に対する期待はストレッチされ、野心的なものとなるが、支援的に育んでくれる背景がある。補完的でありながら相反する力に向き合うなかで、組織はエネルギーと方向性を生み出し、自己変革プロセスを推進するのである。

したがって、最終的には行動環境の力は、行動環境が社員一人ひとりに与えるインパクトにかかっているのである（図5-8）。

●社員が進んでイニシアチブをとることができるかどうかは、ストレッチと規律との間の緊張感による。ストレッチはエネルギー源となり、規律はエネルギーを目に見える、期限のある行動に変える。規律のないストレッチはただ夢を見ているだけということになるし、ストレッチのない規律は、会社を、思い切った創造を行う勇気もなく、既存の業務の改善を繰り返すだけの状態に

図5-8▶行動環境と個人の行動

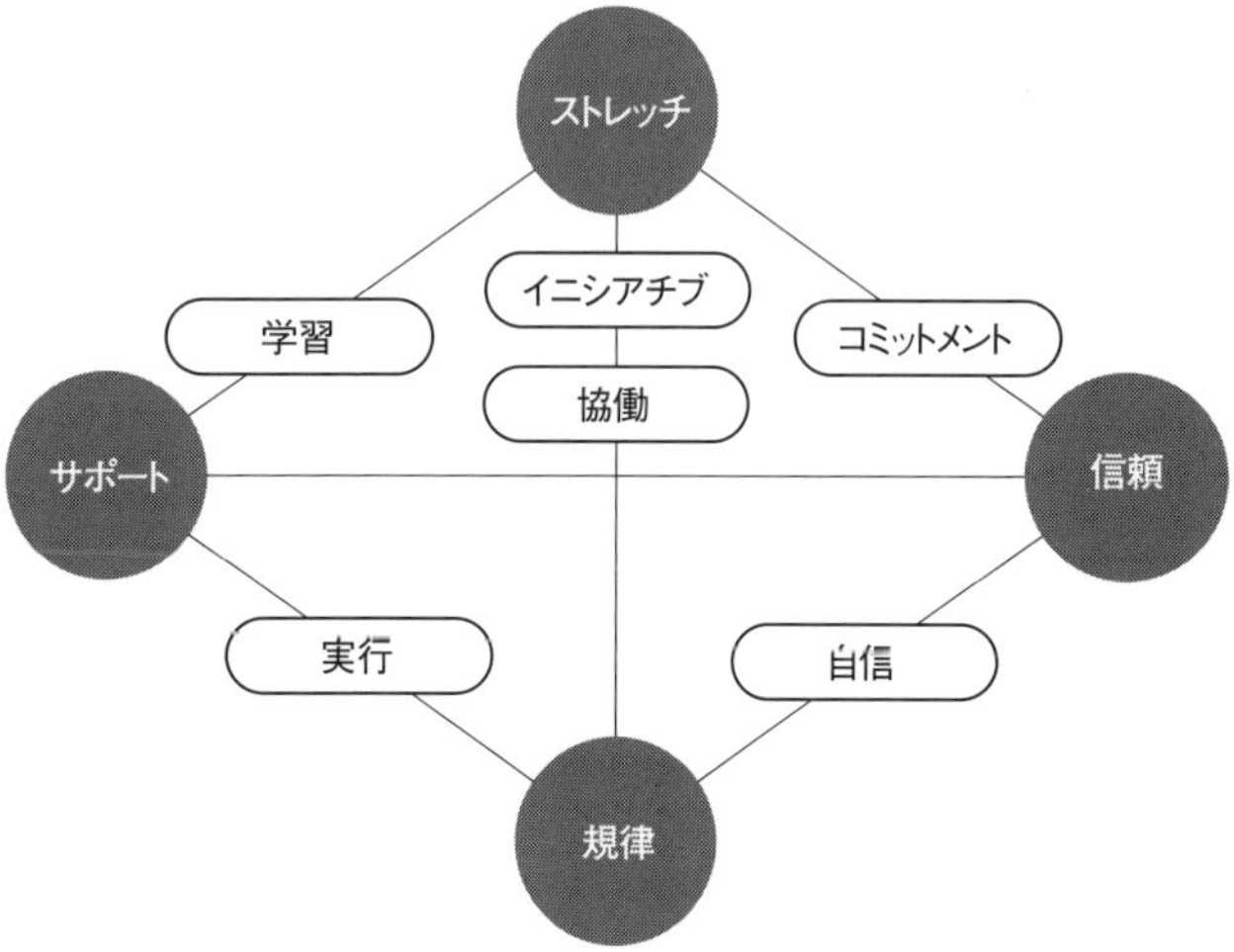

とどめてしまう。

●同様に、信頼とサポートを組み合わせることで、協力、協働する動機づけができる。信頼があれば協力しようと考え、サポートがあれば、個人はその考えを行動へと変える。いずれも組織を一つにまとめるのに必要な要素だが、それらを組み合わせることによって初めて、バラバラな社員による共通点のない行動を一つにまとめるのに十分な条件を生み出す。

●イニシアチブと協力のほかにも、社員が以下の行動を行うことが企業変革のためには必要である。それは、学習に対してオープンであること、自信と勇気を持つこと、進んでコミットすること、そして実行することである。これらの行動を可能にする条件を与えるのは、組み合わせは違っても、行動環境の四つの特性である。

上記の行動は、まさしくフィリップスの新しい行動環境により起こったものである。財務・戦略上の再建を実施すれば、束の間の安心が得られるケースは多い。だが、ここで述べたような新しい行動に取り組むことで、フィリップスは、「見込みのない」事業を、グローバル事業の中でも最も収益力の高い事業に変えたのである。

私たちの調査では、新たに活性化された行動が重要な結果を生んだ事例が数多く見つかった。たとえば、スコットランドの小さな工場では、設備レイアウトの再設計、中間生産物の取り扱いの改善、業務の再編・再分配を作業員の自主性に基づいて変革していくことで、スループット・タイムを六二日から二四日に短縮した。こうした変革により人員削減や残業手当の支払いカットが行われるにもかかわらず、それを提案・実施したのは生産現場で働く社員たちだった。

半導体事業部の自動車電話用チップの新事業も、相当の成功を収めた。このビジネスは、それまで敵対関係にあったドイツとイギリスの事業ユニットが集中的な共同作業を行ったものだ。ドイツは電話部品設計の専門技術を持っていた。一方、イギリスには、長く自動車産業用の製品を開発してきた実績があった。以前は、両国のユニットはライバル同士で、自動車電話部品など新しいマーケット用の製品開発を横並びで行っており、それぞれの縄張りをめぐって争いかねない状況だった。しかし、九一年に両国のマネジャーは、「イギリスは自動車市場に対する理解を生かして新製品開発を主導し、ドイツは電話専門のエンジニア数名を六カ月間フルタイムでプロジェクトに投入する」ということで合意した。

◉マネジメントのクオリティ

ここに、企業変革の闘いの本質がある。それは、闘いは最終的には個人の行動をめぐるものだ、ということだ。私たちはこれまで行動環境の特性について詳しく述べ、複雑な図を用いてフィリップス半導体事業部の変革を説明してきた。しかし実際には、行動をめぐる闘いで勝利を上げるための本来の複雑さや難しさを、かえってあいまいなものにしてしまったかもしれない。何が行われたかということだけでなく、いかに行われたかということの重要性は、図や説明では十分に伝えられない。

たとえば、半導体事業部で規律の発展に寄与したのは、ベンチマーキングや四半期ごとのミーティング、新会計システムそのものではない。真に重要なのは、シニア・マネジャーがそうしたツールや行動をどのように利用したかということなのだ。ベンチマーキングは、マネジャーに業績ギャップの大きさを突き付けるツールでしかない。マネジメントによる協調のとれた行動があるからこそ、ただの数字の羅列が、「厳しい基準の達成に向けて努力する」という、事業部内で広く共有される規範へと転換されたのだ。それと同じように、ハグマイスターは事業部にこれまで課せられてきた服従を、規律に置き換えた。彼は新会計システムのデータを使って、恒例の業績評価ミーティングを、コミットメントを果たすことの大切さを説く、マネジメントの教育の場に高めた。結局、ツールやイニシアチブそのものではなく、それらを応用するマネジメントのクオリティが、規律を行動規範として確立させることに貢献したのだ。

同じことが、他の特性にも当てはまる。たとえば信頼は、ゆっくりと慎重に、そして長い時間と努力を注ぎ込んでようやく築かれる。マネジメントもしかりである。一日の終わりに、ハインツ・ハグマイスターは社員に対して、毎日の行動と人となりを通じて自分を信頼するよう語りかけた。一方で「チクショウ」と言いながら、もう一方で自分が公正でオープンであることを示し続ける。そんな彼の日々の言動は、彼が導入したシステムやプロセス、また同社の行動環境の中に信頼を構築するために彼がとった具体的なアクションとは、切っても切り離せないものなのだ。

社員こそ企業の競争優位の源泉である。この言葉はいまやすっかり常套句になっている。ただ、これは長期的にはそのまま真実とはなりえない。少なくとも、奴隷制度の廃止以降はそうであろう。社員が直接的に企業の競争優位の源泉たりえるとしたら、それは、牢獄の工場や搾取工場で働かされている場合だけだ。社員の個々の能力に応じて正当な賃金を支払っている企業であれば、真の競争優位の源はその環境にあるのだ。つまり、社員が別の企業に採用された場合より、個人として、集団として、はるかに多くの価値を生み出せるような内部環境が大切なのである。マネジメントの主たる機能とは、普通の社員が並外れた成果を出せるように支援することだ、とよくいわれる。

しかし、本章で述べたとおり、企業で働く社員の行動は、社内の行動環境を変えることにより徹底的に変えることができる。そして、その環境を育てるのはまぎれもなくマネジャーの重要な任務であり、企業のマネジメントのクオリティを測る最高の目安でもある。

第6章 組織力の構築

――プロセスのポートフォリオとしての企業

個を活かす企業のマネジメントの基本目的は、3Mが長く掲げてきたとおり、「普通の社員に刺激を与え、並外れた成果を出させる」よう、各社員の行動を方向づけることである。社員がイニシアチブを発揮し、協力し、自信を持ち、自分自身と組織の変革にコミットするような企業を構築し、管理するには、正しい行動環境を生み出すことが最も基本的な要件である。だが、企業は本当に「職場のにおい」を組織に染み付けることができるのだろうか。組織はどのような構造にすべきなのか。異なるレベルのマネジャーが、どんな役割を演じなければならないのか。このような企業では、業務はどのように行えばよいのか。

個を活かす企業についてマネジャーたちに説明する際に、いちばんよく出される質問の一つが、「それを作るにはどんな組織構造が必要なのか」というものだ。これは、組織構造を変更すれば新たな戦略能力が生まれると考える世代のマネジャーにとって、ごく自然な反応である。彼らの経験では、製品別の事業部を作ることによって多角化が可能となり、国際部門を設置することで海外進出が進み、戦略事業単位を作ったおかげで製品市場の的をもっと絞れるようになった。

私たちが取材した企業には、現場の起業家精神、ユニットの壁を越えた学習、継続的な自己変革といった点に加えて、このような能力の開発に必要な行動環境の特性においても共通点があった。だが、組織構造における共通点は、個を活かす企業への変革を遂げるきっかけとなったものにも、あるいは変革の結果生じたものにもなかったのである。現実には、組織構造に関係なく、起業家精神を持ち、自己変革を図る、学習する組織を作り上げた企業が多かったようだ。

古い組織構造でも変革はできる

科学者は、マルハナバチの体重や羽根の構造を研究したとき、既知の空気力学の原則に基づくと飛べるはずがない、という結論を出した。だが、どういうわけかマルハナバチは飛び、ここでまた自然の法則は、科学の法則に勝利を宣言することになる。

調査を進める過程で、私たちはマルハナバチのような企業にいくつも遭遇した。組織があまりに複雑で、不格好で、どんな現代組織論に当てはめてみても、官僚主義の重みにつぶされてしまうはずの企業である。ところが、それでも飛んでいる。しかも、高く舞い上がるほどの企業もあるのだ。

キヤノンを例にとってみよう。キヤノンは35ミリ型カメラ事業を行う地味なメーカーだったが、以後二〇年間かけて見事な変革を遂げた。非常に精巧でダイナミックな成長周期を作り出したのがその理由だ。それは微妙にバランスのとれた反復プロセスで、まず拡大する事業ポートフォリオを利用して新しい技術力や機能面の能力を構築し、次にその成長し続ける能力ポートフォリオを利用して新規事業に参入するというものだ。この戦略により、キヤノンはカメラ以外にも計算機、コピー機、レーザープリンタ、ファックス、バブルジェットプリンタと次々に事業を広げていった。そのつど、より規模の大きい、豊富な資源を持つライバル企業と四つに組み、彼らの鼻をあかしていった。

当然のことながら、キヤノンには個を活かす企業の組織特性が多く内在していた。ABBやISS、3Mと同様、キヤノンは現場の起業家精神を土台にして、その上に成り立っていた。事実、キヤノンが製品を増やし始めたのは、一九七〇年代末に社長に任命された賀来龍三郎が、前任者による非常に中央集権化した経営慣行を覆し、思い切った分権化プロセスへの転換に着手した直後のことだった。そのプロセスで会社は小さなユニットに分割された。賀来はそれぞれのユニットに明確な収益目標と意欲的な成長目標を与えた。資源と自由を与え、目標を達成する方法を自分で編み出せと申し渡した。

各事業ユニットに蓄積された知識やノウハウを会社全体で確実にまとめて活用するために、賀来はキヤノン式開発システム（CDS）とキヤノン式生産システム（CPS）、キヤノン式販売システム（CMS）という、全組織にまたがる強力なシステムを作り出した。これらのシステムを支えるのが、GINGA（Global Information System for Harmonious Growth Administration）という、二〇〇億円を投じて開発された高速デジタル通信網だ。CDS、CPS、CMSの主要機能は、キヤノンの効率的な縦の伝達構造を横の伝達で補うもので、業務上のあらゆる事柄について、事業、国、機能が異なるマネジャー同士が直接に情報を交換したり、知識を移転できるようにした。

キヤノンはまた、継続的に自己変革を図る企業でもあった。優れた新規事業を生み出すことにかけては、私たちが調査を行った企業の中で例を見ないほど抜きん出ている。事実、世界中を見渡しても同社に並ぶ企業はないように思われる。また、新規事業を育成する一方で、常にコストを抑え、製品に磨きをかけ、既存の活動における地位を固めている（第4章で述べた「酸いと甘い」のプロセスの典型的な例である）。

しかし、キヤノンの正式な組織構造は、旧式の機能組織の現代版といった趣だ。GMのアルフレッド・スローンが事業部制を導入してから七五年経ったいまでは、ほとんど姿を消してしまったようなタイプの組織なのだ。キヤノンの経営委員会（Management Committee）は、実質的な開発、製造、マーケティング機能のリーダーであるCDS、CPS、CMSの長と同社の社長で構成されている。それぞれのリーダーは、カメラ、事務機器、光学製品事業の開発・製造・マーケティングを担当するユニットの長を監督する委員会を率いている。言い換えると、業務が事業を主軸に編成されているGE、業務が主に地域ごとのグループ別に編成されているISSとは異なり、キヤノンは、主に機能別の統合に力を入れていた。世界中のマネジャーの大多数が「経営を多角化した大企業で機能別編成がうまくいくはずがない」と考えるなか、キヤノンはどういうわけか、マルハナバチを飛ばし、変革に成功を収めてきたのである。

組織構造の点では3Mもマルハナバチだといえるが、種類はまったく別のものである。同社では世界中のマネジャーが、組織の管理体制を簡素化してスタッフを削減し、起業家精神や、統合、変革を追求してきた。3Mにおけるこれらの能力は、個人のイニシアチブと組織学習をテコに五万種類の製品と一〇〇の技術から成るポートフォリオを生み出すに至った、傑出した能力から進化したものである。

しかし、3Mの組織構造を表面的に調査すると、現場における起業家精神などありえないという結論に達するのである。CEOの下にはセクターがあり、セクター長がそれを管轄する。セクターの下にはグループがあり、そのトップに立つのはグループ長である。その下には事業部マネジャーが率いる事業部があり、さらにその下に部門がある。最終的に部門に対して報告を行うのは、アンディ・ウォングのような社員が率いる事業ユニットやプロジェクト・チームだ。そしてこの構造全体は巨大で強力な本社スタッフの監視下に置かれている。まさに、GEのジャック・ウェルチが「一九九〇年代の墓場へ向かう切符」と評した類の組織である。それでもどういうわけか、3Mはマルハナバチを飛ばす方法を見出しているのだ。

ABBの組織も構造は変則的だ。常識から考えると、大規模な国際企業には通用しない、複雑なグローバル・マトリックスに基づいて構築されている。過去一〇年間に、DEC、オーウェンズ・コーニング、シティバンク、ゼロックス、IBMが皆この難しい組織形態を試してみたが、イライラが募って数年で投げ出してしまった。これらの企業が力説するところによると、マトリックス組織はどんな状況においても、企業を緩慢で、柔軟性に欠け、官僚主義的にしてしまう傾向にあるという。しかも、マネジャーが距離、言語、時間、文化の壁によって分断されてしまうと、マトリックス組織は完全に作用しなくなるようだ。

だがABBは、事業と地域の管理による、典型的なグローバル・マトリックスだ。このような組織構造を採用しているにもかかわらず、同社は一九八八年には一七〇億ドルだった売上げを、九五年には三四〇億ドルまで伸ばした。ヨーロッパ、北米の社員を五万四〇〇〇人削減し、アジア太平洋地域では、ほとんどゼロの状態から四万六〇〇〇人の組織を作り上げた。また、GE、日立製作所、シーメンスなどの大手競合企業から市場シェアを奪い、業界トップの地位を固めたのである。

キヤノン、3M、ABBの三社に唯一共通する組織構造は、どれも完全に時代遅れだという点である。理論的には、どの企業もマルハナバチを飛ばせないはずだ。それにもかかわらず、羽根や体の重みに他社がじれったい思いをしているなか、三社は他社の巣箱に入っているハチを全部合わせたよりも、ずっとたくさんの蜜を集めている。キヤノン、３Ｍ、ＡＢＢなどの企業の調査を通して、企業の組織構造に対する私たちの認識が間違っていたことが明らかになった。これら個を活かす企業のマネジャーたちが意識的にしろ無意識にしろ重点を置いているのは、他社とは違ったマネジャーの役割と関係に支えられる、一連の核となるプロセスなのである。

これは、組織構造が無関係だという意味ではない。明らかに関係しているのだ。だが、組織構造というよりも、「その中で企業が、競争力の核となる組織プロセスや、マネジャーの役割や関係を開発できるような枠組み」としてとらえるほうが適切だろう。私たちは組織構造を組織の骨格だと考える。しかしこれは、生命体がどのように機能するかを理解するうえでは重要だが、それだけでは不十分なモデルである。骨格と同じように重要なのが、組織生理学を完全に理解すること、すなわち、企業の生命線である財源、情報源を確かなものにするプロセスや、諸関係を理解することである。そして最後に、私たちは組織の心理、つまり組織のメンバーの態度や信念を形づくる文化や価値観を理解しなくてはならない。

これらの要素がどのように調和し、業績の優れた個を活かす企業を生み出したのかをさらに理解するために、ＡＢＢの業務を詳細に分析してみよう。だがその前に大切な注意がある。ＡＢＢの組織開発は一つの例にすぎず、あらゆる企業のモデルとなるわけではない。キヤノンや３Ｍの例が示すように、企業にはその企業に合った組織形態が存在する。企業は、戦略上の必要性や組織の歴史に基づいて、自身に適した形態を定義しなければならない。だが、すべての企業に共通

図6-1 ▶ ABBのマトリックス組織

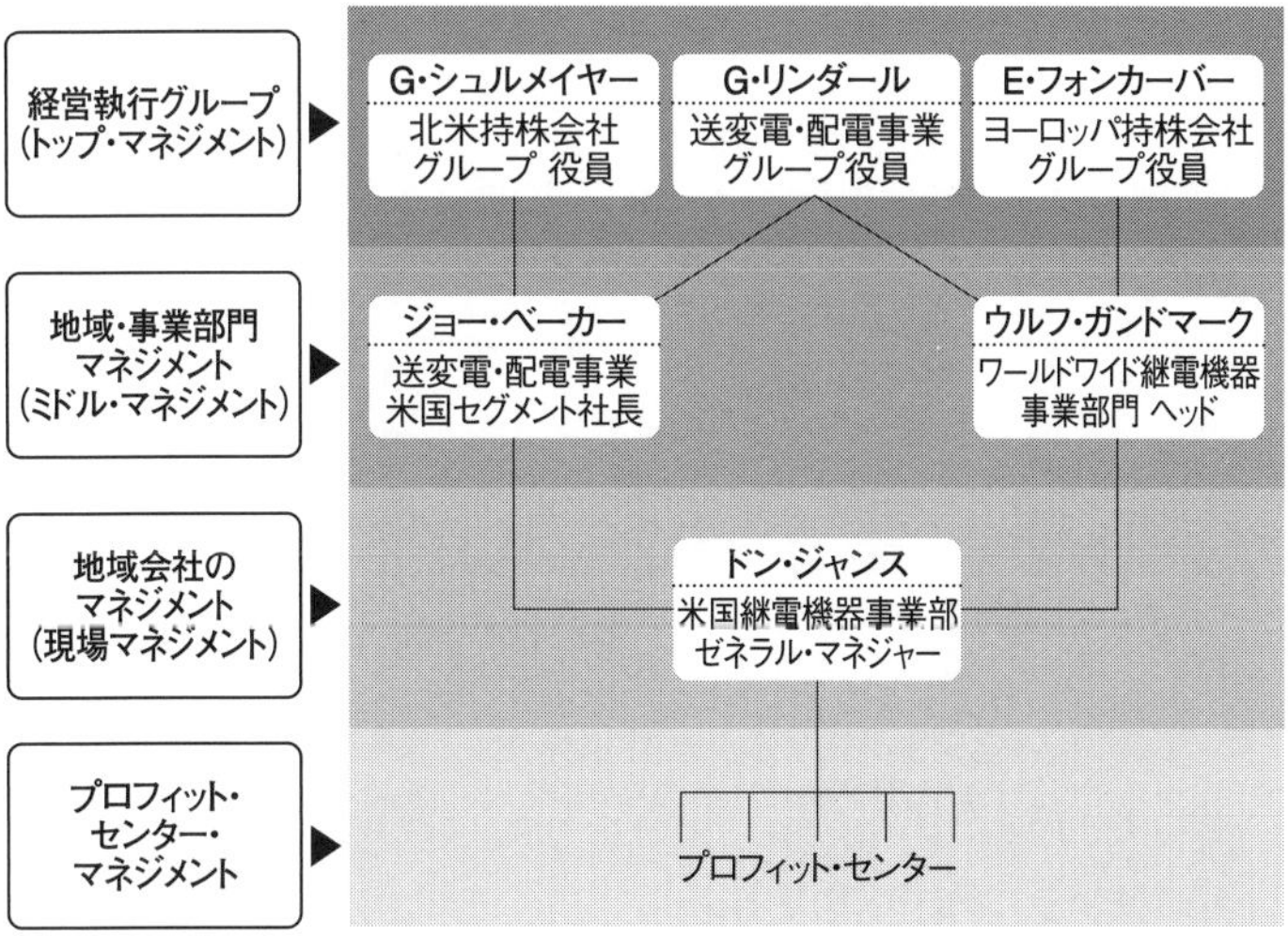

するであろう核となるプロセスもいくつか存在する。以下に、新たに生まれつつある組織モデルの要素を見ていこう。

ABBの組織

◉ABBの組織のスナップ写真

ABBは、構造的にはグローバル・マトリックスに基づいて構築されている（図6-1）。同社は、三四〇億ドルの超グローバル企業とも見なすことができる。だが前CEOのパーシー・バーネビクは、世界中に散らばる一二〇〇の小さな事業会社の同盟という考え方を好んでいる。

各国の事業会社は、かなり小規模なものである。平均従業員数は約二〇〇人、売上げは約五〇〇〇万ドルだ。各企業は四〜五のプロフィット・センターに分けられ、それぞれのプロフィット・センターの従業員数が約五〇人、売上げは約一〇〇〇〜二〇〇〇万ドルとなる。だが、バーネビクの徹底した分権化政策の下、各社は構造上、別個の事業体となっており、またそのように扱われ、可能なところでは必ず独立法人になっている。これほどまでに多数の小さな企業体を作った基本目的とは、社員が「大企業に所属しているという誤った安心感」を持たないように、そして「自分の組織の成功に直接貢献するというやる気と誇り」を持つようにすることだ。言い換えると、組織設計全体が個人のアイデンティティ、誇り、コミットメント、不安感の要素を取り混ぜて設計されており、それによって社員の仕事における行動を方向づけている。

現場の小企業一〇〇〇社とチューリヒ本社のトップ・マネジメントとの間に、地域セグメント／事業部門マネジャーのレベルがある。このレベルが、ABBのグローバル・マトリックス上の地域と事業の軸を構成する。第1章で簡単に紹介したウルフ・ガンドマークは、送変電・配電事業部の事業部門（ABBの社内用語ではビジネス・エリア：BA）の一つ、継電機器事業部門のトップであった。ジョー・ベーカーは北米セクターのトップである。米国継電機器事業部のトップとして、ドン・ジャンスは事業関連についてはガンドマークに、地域関連についてはベーカーに報告を行った。ベーカーとガンドマークは事業関連については、ABBの送変電・配電事業部門のトップであるヨーラン・リンダールに、また地域関連についてはそれぞれの地域マネジャーに報告した。

ウェスチングハウスのマネジメント階層が八～九もあったのとは対照的に、ABBでは、グループ役員と現場マネジャー一〇〇〇人との間には、一レベルの管理層しかない。そのうえ、徹底した分権化政策に従って、このマネジメント・レベルへのスタッフ・サポートは極端に手薄だ。たとえばガンドマークの場合、彼の三億ドル規模のグローバルな継電機器事業をサポートするスタッフは、わずか三人である。また、グローバルな事業部門の長としての責務に加えて、スウェーデンの継電機器会社も運営しているのだった。

ABBの頂点に立つのが経営執行グループ（Group Executive Management）で、私たちが調査を行った時点では、バーネビクのほかに七人のマネジャーがいた。七人のうち三人は、重点地域である北米、ヨーロッパ、アジア太平洋を率いていた。たとえばエバハード・フォンカーバーはヨーロッパ地域担当、ゲルハルト・シュルメイヤーは北米地域担当だ。他の四人の役員は、それぞれABBの五〇以上の事業部門を抱える四つの「セクター」を率いる。たとえば、ヨーラン・リンダールは、送変電・配電セクターのトップである。

パーシー・バーネビクがこのグループの長を務め、グループとしてチューリヒの本社から全社的な方向性を示し、リーダーシップを発揮した。しかし、徹底された九〇パーセントルールの下で、本社スタッフは二〇〇〇人を超える数からわずか一五〇人に削減され、人事、技術、財務担当社員はほとんど事業会社へと移籍された。

このような組織はどうやって機能するのか。大規模なグローバル企業、技術集約型かつ相互依

図**6-2**►ABBのマネジメント・プロセス

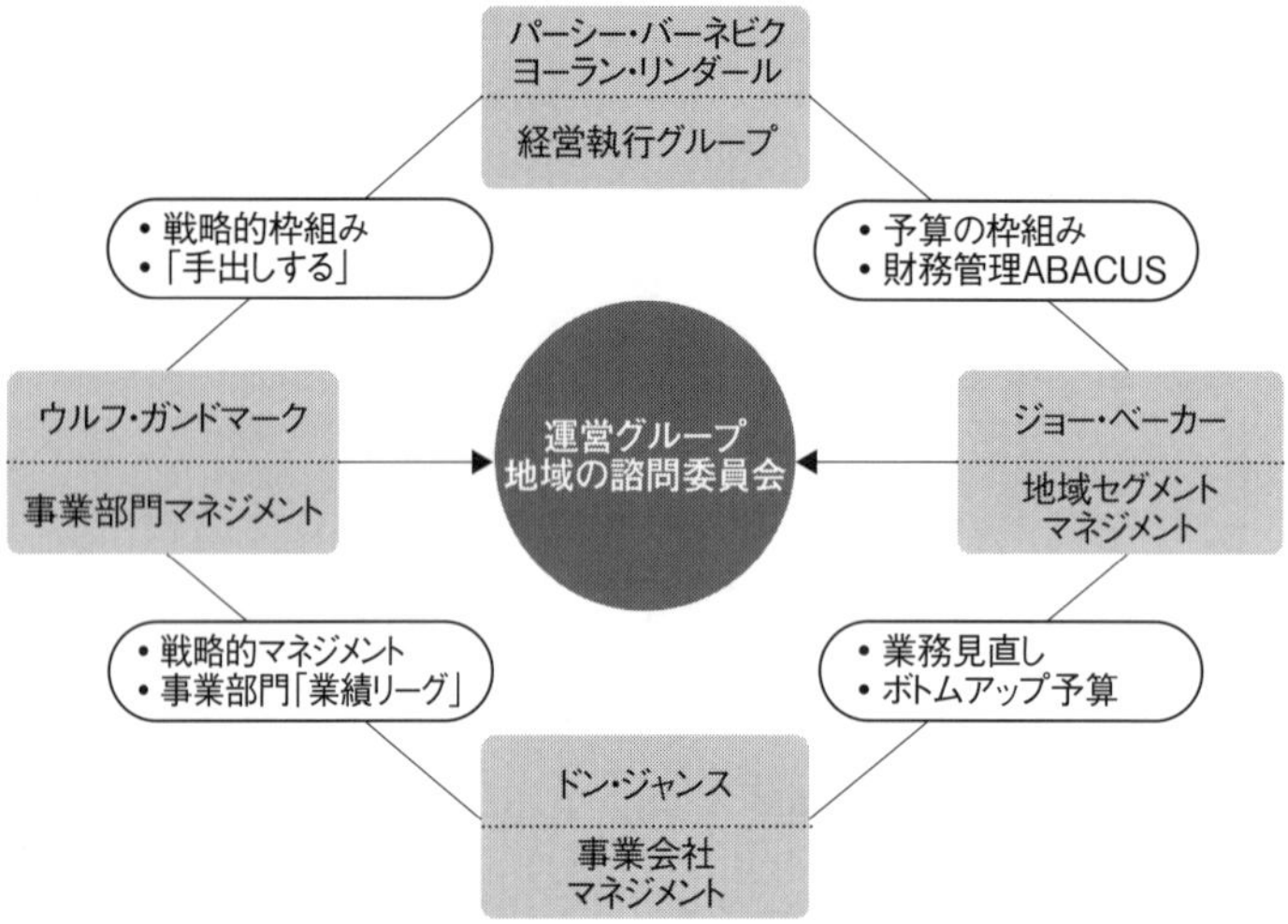

存型の事業から成る広大なポートフォリオ、非常に独立性の高い事業会社一〇〇〇社を持ち、本社スタッフはわずか一三〇人、中間管理層は一つのレベルしかないこんな企業をどうやって経営しろというのか。これを理解するには、構造の枠組みを後ろから眺めて、マネジャー間の業務の関連性を見てみる必要がある。言い換えると、図6-1に示された組織の二次元写真を、**図6-2**に示すように、マネジメント・プロセスのX線写真で補ってみる必要がある。さらにはCTスキャンのイメージを使うことによって、このプロセスのダイナミズムを観察できる。

◉ABBの組織のX線写真

従来のヒエラルキー型企業であれば、権

力や権限はトップに集中する。ＡＢＢのように思い切って組織階層を削減し、徹底的に分権化を進めた組織構造であっても、本社レベルのグループ役員が戦略をコントロールしながら企業を動かしていると推測できる。これはある部分では真実だが、ＡＢＢのトップ・マネジメントが自分たちの責務をどのように理解しているかを正しく伝えるものではない。「戦略の決定は仕事の五パーセントから一〇パーセントにすぎない。残りの九〇パーセントから九五パーセントは、戦略を実行に移すことだ」とバーネビクは語る。

バーネビクは確かに主要戦略、具体的には電機技術製品へのフォーカス、西ヨーロッパから北米、アジアへの経営資源の移動、インドや中国のような発展市場の成長への賭けなどに率先して取り組んでいる。しかし、戦略の合意に達するまでに必要だった分析や意思決定は、バーネビクやグループ役員たちが広範な企業目的を組織に根づかせ、行動の指針となる価値観を定めるのに費やした時間に比べると、はるかに楽な作業だった。バーネビクは年間二〇〇日以上出張に出て、年間推定五〇〇〇人以上のマネジャーたちに自ら会っている。

バーネビクは戦略ビジョンの大枠を固める一方で、各ユニットがもっと競争力を高めるために会社として何をすべきか、マネジャーたちの意見を探っている。出張のたびに持参する二〇〇枚ほどのＯＨＰを使って、彼は組織がビジョンを理解しているか、組織とビジョンの整合性がとれているかを確認する。それと同時に、彼は「ハウツー」(how to)、つまり効果的な戦略実施を行ううえで重要となる経営方針や原則を強調する。たとえば、七―三ポリシーについて説明したり、個人の結果責任について必ずといっていいほど説明するのである。バーネビクが特に努力している点は、現場のマネジャーにビジョン、資源、刺激を与え、当事者意識を持って自由に実行するよう奨励することである。要するにバーネビクは、階層組織のトップダウンの傾向と、ボトムアップの強いイニシアチブと原動力のバランスをとることを狙っているのである。

組織の中間レベルで働くガンドマークやベーカーらマネジャーの行動も、コントロールとは似ても似つかぬものだ。各マネジャーの責務はもっぱら結果を出すことだが（ガンドマークの事業部門はグローバル戦略にフォーカスしており、ベーカーの担当する地域セグメントは財務業績に重点を置いている）、二人とも従来とは違った方法で目標を達成している。各事業会社に関する意思決定は、企業ごとに置かれた運営委員会が行う。これは取締役会のミニチュア版で、ジャンスが主催する運営委員会には、ベーカーとガンドマークのほかにも、他の現場企業の社長や技術・財務の専門家数人が参加し、他事業・他部門の経験や視点を入れた。この委員会を有効に利用することで、予算や戦略計画プロセスは、目標を一方的に課すことではなく、建設的な対話へと変わった。さらに、現場マネジャーが上司の利害対立の狭間で押しつぶされるという、マトリックス組織によく見られる問題も避けることができた。

ABBのシニア・マネジャーはこのほかにも統合的なフォーラムを設け、これを重要なマネジメント・プロセスの一つと考えた。たとえばガンドマークは、継電機器事業のグローバル戦略と市場間政策の任務を遂行するために、事業部門取締役会を発足させた。メンバーはガンドマークに加えて、財務、技術、事業開発のディレクター三人とドン・ジャンスを含む主要継電機器事業会社四社の社長で構成される。業務レベルでは、研究開発、購買、品質担当のマネジャーと、他の事業会社で同じポジションにある人たちから成る職能機能協議会を結成、四半期ごとにミーティングを開催して、ベスト・プラクティスを学び、ノウハウを移転する場とした。これは、ガンドマークが「業績リーグ」と名づけたコントロールの仕組みによって、いっそう強化された。継電機器企業全社の業績ランキングを配布することで、四半期の業績が低い企業のマネジャーが、トップに近い業績の企業と素早くコンタクトをとり、在庫管理や品質水準、そのほか業績向上のノウハウを学ぶようになったのである。

トップ・マネジメントの行動が、上からの指示と下からのイニシアチブとのバランスをとることを狙ったものであるならば、ミドル・レベルの役割は、伝統的な縦のつながりを、新しい横のつながりで補うことだ。従来の管理活動に従事するスタッフが数少ないため、ガンドマークのような役員は、事業部門取締役会や運営委員会、職能機能協議会といった監督機構や、業績リーグなど自己規制のメカニズムを設ける必要があった。

最終的には、静的な組織構造は、情報システムやマネジメント・スタイルによって生命を吹き込まれる。それは、ABBのプロセスの「X線写真」を、内部機能の動的な相互作用が見えるCTスキャン像へと変えるのに等しい。オンライン化されたABACUSシステムは、業務の主要要素すべてを画一的に、きめ細かく測定することだけが目的ではない。全社員が同時に同一フォーマットの報告書を見られるようにすることで、情報を共有できるように設計されているのだ。その第一の目的は、業務レベルのマネジャーの、問題を認識し、診断したいというニーズに応えること。第二の目的は、シニア・マネジャーに業績をモニターする手段を提供することだ。リンダールが「手出しする」(fingers in the pie) と表現したマネジメント・スタイルで、トップの人間は問題を嗅ぎ取ったら、ためらうことなく現場の人間に接触する。だがその目的は、介入することよりむしろ支援することにある。リンダールがいつも投げかける三つの質問、「問題は何なのか」「あなたはどうやって解決しようとしているか」「私たちはどうすればあなたを手助けできるか」を思い出していただきたい。

計画のプロセスも同様に、慣例にとらわれないものだ。リンダールは、毎年恒例の儀式的なミーティングで、事業部門や地域のマネジャーの計画をすり合わせ、取りまとめ、「よくできました」と言うことが自分の役割だとは考えていない。月二回ミーティングを開き、そうした計画を問いただし、探りを入れ、質問することだと考えている。

社内プロセスを調査して初めて、私たちはABBがどのように機能しているか、把握できるようになった。階層組織のトップダウンの傾向は、強力なボトムアップの推進力とイニシアチブによって補われてきた。縦方向の財務事項中心のコミュニケーションは、横の知識集約型のつながりによって補完されてきた。適合とアラインメントによって均衡を追求する静的な職務や責務は、動的な不均衡の中で機能する、より柔軟性のある役割や関係へと置き換えられてきたのである。

プロセスのポートフォリオとしての企業

私たちがＡＢＢに興味を持ったのは、表立った戦略動向のためでもなければ、話題をふりまくＣＥＯのためでもない。その理由はドン・ジャンスの変身にあった。ドン・ジャンスのようなベテランのマネジャーをして「マネジメントを再発見した」と言わせるとは、ＡＢＢとはいったいどんな組織なのだろうか。ＡＢＢのような企業の組織は、マトリックス制やＡＢＡＣＵＳシステム以外に、他社といったい何が違うのか。どうすればそれがわかるのだろうか。

ＡＢＢ、キヤノン、３Ｍのような企業のオペレーションについて調査を重ねるうちに、私たちは、こうした企業の非常に変わった、ときにはかなり粗末な表向きの組織構造の観点から、組織を理解するのは不可能だとの結論を出した。その代わりに、私たちは企業をプロセスのポートフォリオとして考え始めた。そうした観点から見ると、前述の三社および他の「個を活かす企業」に変貌しつつある企業に、明白な共通点が見えてきた。

私たちの言う「プロセス」は、注文受付や在庫管理など、ビジネス・プロセス・リエンジニアリングで重点が置かれる日常業務プロセスを指しているのではない。また、新製品開発や統合物流網などの戦略プロセスを指しているのでもない。私たちが言及しているのは、もう一段上のレベルで運営されているプロセスである。ヒエラルキー構造上の、縦方向の権力に基づくプロセスと重なる、あるいはそれを凌ぐ、組織の核となるプロセスである。

ＡＢＢの中核には、３Ｍ、キヤノン、ＩＳＳと同じく、そのような組織の核となるプロセスが三つ存在する。第一は「起業プロセス」であり、現場のマネジャーたちが機会を求めて社外に目を向けるような起業家精神を育て、支援するプロセスだ。第二の「統合プロセス」は、企業内に分散している資源、競争力、ビジネスを結び付けることにより、大きいことの利点（サイズ、規模、多様性）を、小さいことの利点（柔軟性、対応性、創造性）と重ね合わせるプロセスである。第三の「再生プロセス」とは、絶えず自分自身の信念や慣行に挑戦する能力を生み、それを持続させることによって、事業戦略を活性化するプロセスである。企業は、この三つのプロセスを生み出し、管理することで、第Ⅱ部で述べた個を活かす企業の三つの特性を開発し、定着させることができるのである。

◉起業プロセス

事業部制のヒエラルキーは、大企業の起業家精神をつぶすものとして、非難にさらされてきた。だが、３Ｍやキヤノン、ＡＢＢの例が示すとおり、非難すべきは組織構造そのものではない。起業家精神を本当にむしばんでいるのは、その組織構造に内在する、さまざまなマネジメント・グループの役割や職務についての前提なのである。

過去五〇年にわたって、アルフレッド・スローンの組織デザインはさまざまな型に進化を遂げたにもかかわらず、マネジャーたちは明快な代替案がないままに従来の役割を演じ続けた。トップ・マネジメントは企業内起業家の長を演じ続け、企業戦略を練っては、資源配分のプロセスをコントロールしながら、その戦略を実施した。ミドル・マネジャーは、相変わらず小切手の振り出しや出納を適切に行うことに心血を注ぎ、事務監督者の役割を演じてきた。現場のマネジャーは、上からの指示やコントロールが飛び交うなか、業務遂行者の役割に甘んじ、社外の機会に目を向けるより、社内の組織プロセスの要求に応えることで頭がいっぱいだった。

ＡＢＢが異なっているのは、こうした役割についての前提を根本から変え、そうすることで組織の下層部に起業家精神を植え付けた点だ。慎重に実施されたこの変革は、スカンクワークによる対症療法や社内ベンチャー、あるいは企業内起業など、はやりすたりの激しいマネジメントの流行とは、はっきり分けて考えなくてはならない。ＡＢＢ内部の変化は革新的で、あらゆるマネジメント・レベルの職責や結果責任に対する旧来の前提を修正し、長期的な能力を構築するものである。

ＡＢＢはベンチャー・ファンド・チームを気取る、カウボーイのように荒々しい現場マネジャーの集団ではない。ＡＢＢは、絶えず新しいチャンスを追求し、開拓する能力を高めるために、あらゆるレベルのマネジメントの役割や関係を再定義してきた。大企業のメリットを現場のマネジャーにもたらしたのは、この全社的プロセスである。また、社内ベンチャーや企業内起業のような、はやりの対症療法によって同じ成果を狙った企業と個を活かす企業との違いを際立たせるのも、このプロセスである。

起業プロセスは、現場、ミドル、トップ・レベルのマネジャーがそれぞれに、これまでとはかなり違った役割を演じるという前提の上に成り立つ。現場マネジャーは、トップが決めた意思決定を実行に移すという従来の役割から、起業家的な行動を推進し、会社のために新しい機会を創造し、追求する役割へと進化しなくてはならない（ABBの事業会社一〇〇〇社や、3Mの三九〇〇の事業ユニットやプロジェクト・チームのリーダーのように）。ベーカーやガンドマークのようなミドル・マネジャーは、もはや「コントロールする」という従来の役割にとらわれることなく、現場マネジャーの重要な資源となり、彼らをコーチしサポートする。そしてトップ・マネジメントは、経営資源の分散と権限委譲を徹底した後に、広範な目標を設定し、現場が達成すべきストレッチした業績基準を確立することにより、起業プロセスを推進する（図6-3）。

ABBの組織と従来の階層型の組織との根本的な違いを明らかにするには、より伝統的な運営形態をとっている企業をABBが買収するたびに、どんな変化が組織プロセスやマネジャーの役割に起きているかを見ればよい。たとえば、ウェスチングハウスの北米送変電・配電事業を買収した際には、厳格な階層組織でコントロールするウェスチングハウスのマネジメント・システムを、徹底的に分権化した組織構造と現場の起業家精神に置き換えた。継電機器事業部のマネジャーが受けた衝撃は、事業全体に生じつつある変化を象徴するものであった。

図6-3▶起業プロセス

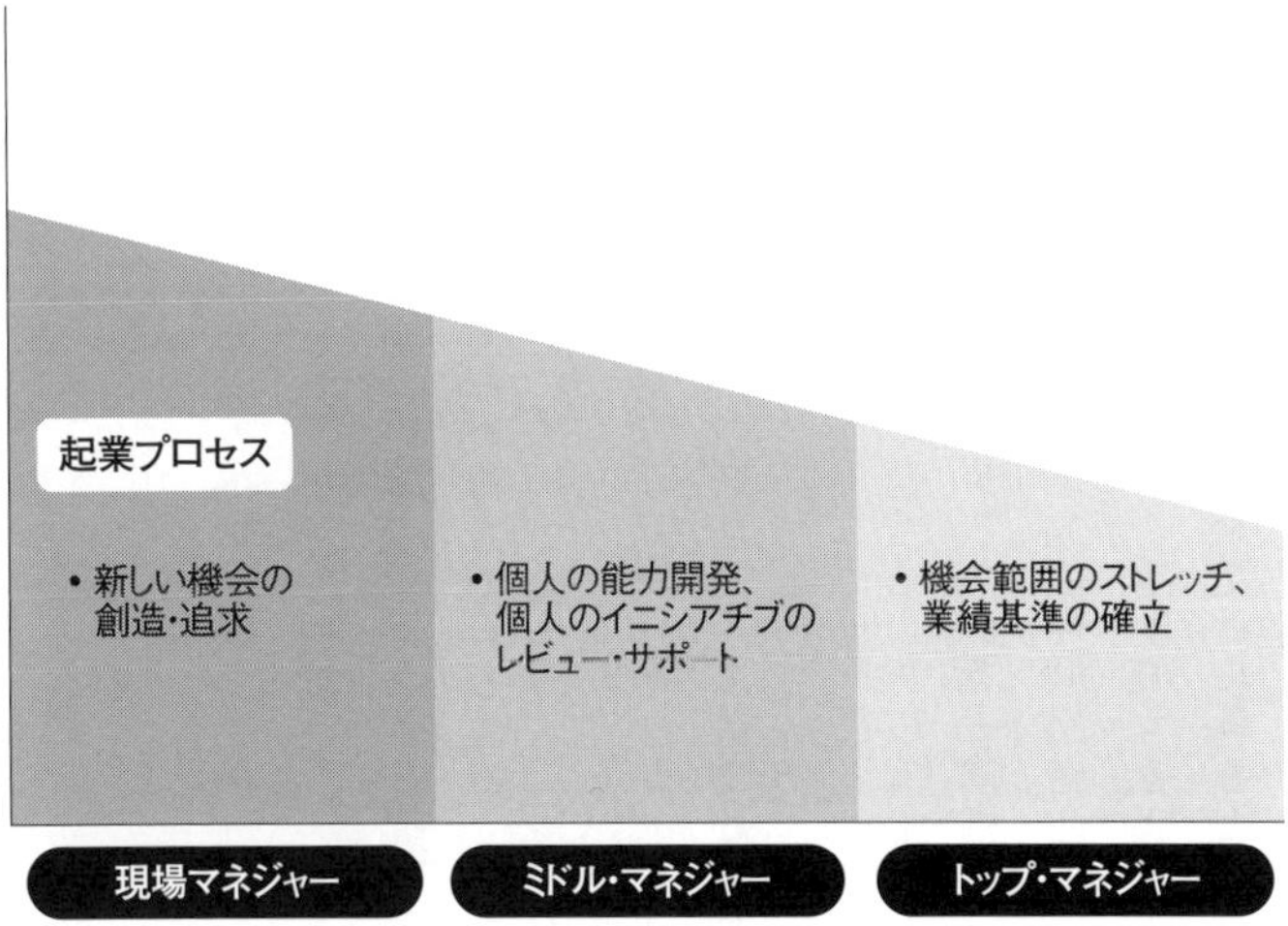

ウェスチングハウスの継電機器事業部のゼネラル・マネジャーであったドン・ジャンスは、彼が担当する電力機器製品が成熟し、競争の波にさらされているにもかかわらず、ソリッドステートやマイクロプロセッサ技術に投資するよう上司を納得させることができなかった。ウェスチングハウスのトップ・マネジメントが、成熟事業とされているビジネスへの投資に消極的だったからである。だが、ＡＢＢが経営権を握ってからは、マネジャーの役割と関係が劇的に変わった。新たに独立企業となった小規模の継電機器会社で、ジャンスは戦略の自由度と財務の柔軟性を最大限に活用して、小規模ながらマイクロプロセッサをベースにした製品の開発に取り組んだ。最初の実験が前向きな結果を生むと、活動の領域は

次第に広がっていった。同社は革新的なソリッドステート製品の開発に成功し、製品化のスピードを武器に積極的に攻めてくる競合企業に立ち向かうことができた。

ABBでは高い業績水準が期待されることを、ジャンスは承知していた。だが、彼の頭上にのしかかっていた階層組織の専制は取り除かれた。ガンドマークはABBワールドワイドの継電機器事業部門トップとして、自分の役割を次のように考えていた。それは、「マイクロプロセッサをベースにした製品についてのジャンスの提案を支持し、それをグローバル戦略に組み入れ、ひいては業界全体の技術転換にまでもっていくことだ」と。ガンドマークは運営委員会（ジャンスが受け持つ地域会社の取締役会として機能している）のメンバーとして、数週間の内に提案を支援し、資本調達できるように見守る立場にあった。ウェスチングハウスであったら、こうした正式な資本予算請求も、予算申請のプロセスに数カ月、あるいは数年かかったあげくに、おそらくは否認されたであろう。

ガンドマークは予算を承認するだけでなく、ジャンスに対して支援とアドバイスを申し出て、短期的には利益が低下するリスクがある戦略を追求するのを助けた。たとえば、アメリカでの売上げが不足したとき、ジャンスの地域担当の上司であるジョー・ベーカーは、マイクロプロセッサ製品の開発予算一五〇万ドルを削減するよう主張した。そこでガンドマークは、スウェーデンの継電機器会社から技術支援を受けられるよう手配した。

本社レベルでは、リンダールがマネジメント・チームに「送電分野における世界征服」に共に取り組もうと働きかけた。彼は、事業部門長や事業会社のマネジャーが、事業戦略の策定にリーダーシップをとることを期待し、自らの役割は質問を投げかけることと試すことだと考えた。シナリオ演習によって戦略を試すことに加えて、リンダールは「計測できるものは、すべて実行できる」をモットーとしていた。高い基準を設定し、ストレッチした目標を確実に目指すことで、自ら「抽象的なマネジメント」に陥ることのないよう注意を払った。「抽象的なマネジメント」とは、組織を、優れた遠隔操作によって、遠くから非人間的に管理することである。リンダールは、広範なミッションや具体的な目標を、「手出しする」マネジメント・スタイル――ジャンスや他の事業会社のマネジャーと直接接触し、事業について尋ね、イニシアチブを奨励し、業績が軌道を外れてきたら手を差し伸べる――をもって確実に達成していった。

疲弊し、旧態依然とした企業を、起業家精神にあふれる競争力のある企業へと見事に変革したことから、ＡＢＢは多くの企業が熱心に見習うモデルとなった。ある企業は、グローバル・マトリックス構造にこそ、複雑で相矛盾する業務環境を組み入れる秘密があると信じ、ＡＢＢの組織構造を真似た。ＡＢＡＣＵＳをモデルにして経営システムを構築した企業は、詳細で一貫性のある情報を組織に深く浸透させた。さらに多くの企業が徹底した分権化の理念に感銘を受け、現場を独立運営体制にし、その中で起業家精神が開花することを願っている。

問題は、こうした企業がＡＢＢのやり方をまるで写真そのままにコピーしながらも、肝心のＸ線の教訓をないがしろにしたことだ。起業家精神を創り出すカギは、マネジャーの役割や関係を信頼があり、それゆえに真のエンパワーメントが可能となるのだ。旧来の任務や責務とは、まったく正反対である。この新たな定義の根底には社員に対する確たる再定義し、起業プロセスを築くことにある。「新たな」定義は、多くの点で、階層組織における

◉統合プロセス

さまざまな技術同士が接近し、産業間の垣根があいまいになり、グローバル市場が相互依存している世界では、起業プロセスだけでは競争力を十分に維持することはできない。個を活かす企業には、強力な統合プロセスも必要である。それは、多様な資産や資源を企業力に結び付け、それをテコに明確な優位性を築き、既存事業を支援し、新規事業や新市場への参入を可能にするようなプロセスだ。このような統合プロセスがないと、分権化された起業家精神によって一時的には業績が向上するかもしれないが、長期にわたって新たな能力やビジネスを開拓する可能性は著しく損なわれる。

ジャンスのような現場のマネジャーが起業プロセスで中枢の役割を果たしたように、ベーカーやガンドマークのようなミドル・マネジャーは、統合プロセスの要としての役割を果たす。しかし、ミドル・マネジメントやトップ・マネジメントが起業プロセスでも補完的に貢献する必要があるのと同様に、統合プロセスでも、組織のあらゆるレベルの徹底的な巻き込みやサポートが必要だ（図6-4）。

図**6-4**►統合プロセス

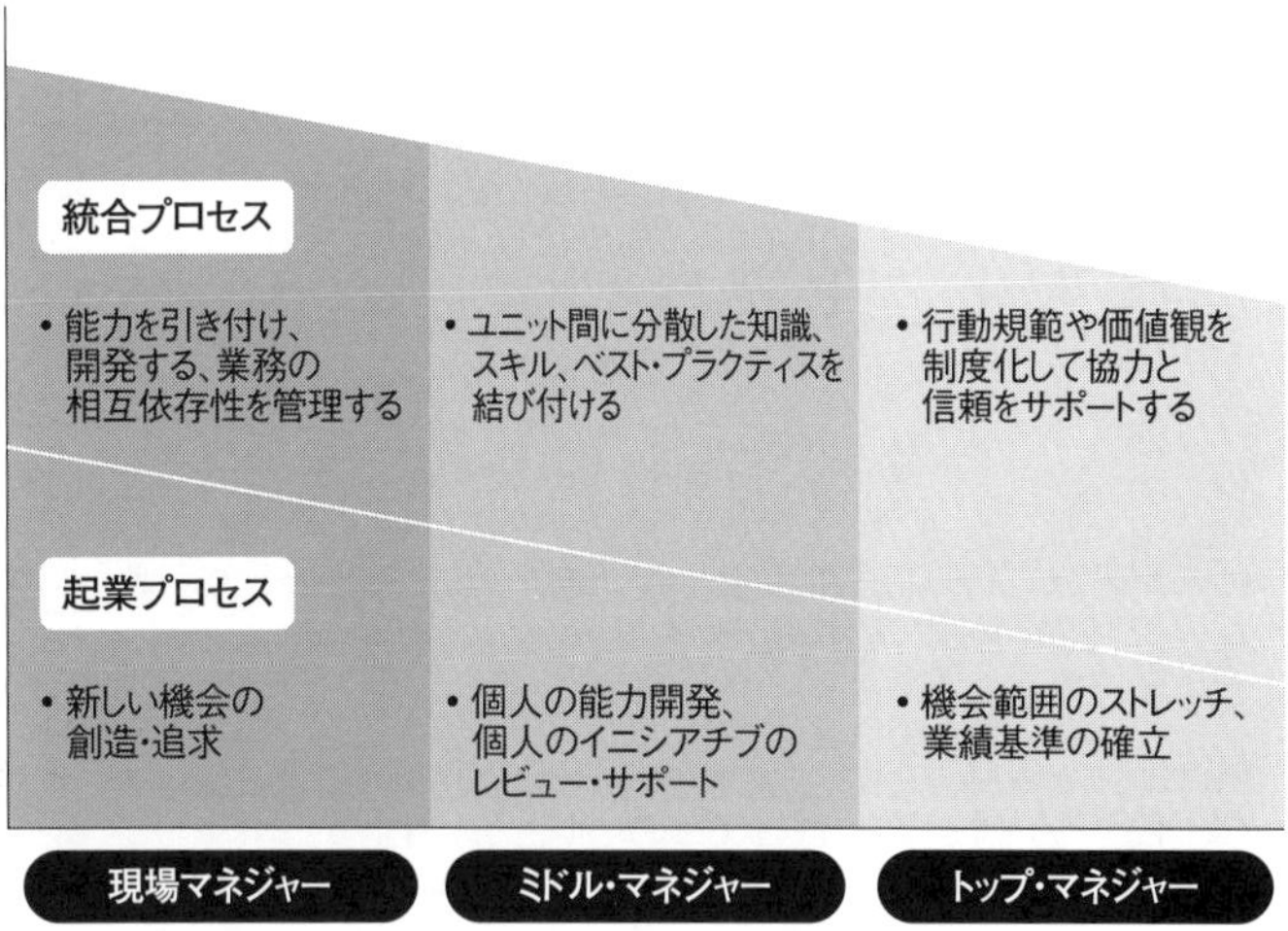
統合プロセス
• 能力を引き付け、開発する、業務の相互依存性を管理する
• ユニット間に分散した知識、スキル、ベスト・プラクティスを結び付ける
• 行動規範や価値観を制度化して協力と信頼をサポートする
起業プロセス
• 新しい機会の創造・追求
• 個人の能力開発、個人のイニシアチブのレビュー・サポート
• 機会範囲のストレッチ、業績基準の確立
現場マネジャー
ミドル・マネジャー
トップ・マネジャー

たとえばＡＢＢのトップ・レベルでは、グループ役員がミドル・マネジャーの横のつながりをサポートするために、組織のアイデンティティを共有する感覚を生み出し（バーネビクが言うところの「接着剤」）、協調を重んじる組織規範（バーネビクの言葉では「潤滑剤」）を築く努力を惜しまない。「接着剤」が現場の起業家たちの分散した努力をまとめ、「潤滑剤」は知識移転を徹底して行うのに必要な組織のつながりを育てる。こうした組織環境がなければ、独立した事業ユニットの遠心力によって、ユニットの分断、隔離や、ユニット間の競争が起こり、その結果、社内の知識やノウハウの流れを阻む壁ができてしまう。

ＡＢＢの「ポリシー・バイブル」にある同社の理念についての記述は、「個人と集団とは互いに自信と尊厳と信頼を持って関わり合い……柔軟でオープン、かつ寛容であるべき」という期待を明確に表している。経営執行委員会のメンバーであるバーネビクとその同僚は、この理念を実践する個人を主要なポジションに配属し、理念に反した者には制裁を科し、また自らが手本となることによって、理念を行動に落とし込むことが自分たちの第一の責任だと考えている。

組織に深く浸透した相互信頼とサポートは、現場のマネジャーが本来の責任の枠を越えて行動することを奨励し、そうした場合には報酬が与えられる環境をつくり出した。トップ・マネジメントは、ABBの社内用語で「与え手」と見なされる者を認めて報酬を与える。「与え手」とは、社内の別の部門でも採用されるような才能のある社員を引き付け、能力開発を行うことのできるマネジャーのことだ。また、ABBのトップ・マネジメントはマネジャーに、方針書にあるとおり「効果的なチーム・プレーヤーであること、つまり矛盾を調整し、相互にサポートし、コンセンサスに導く人材」たるよう、はっきりと要求している。

現場のマネジャーにこうした行動を奨励することで、ABBは調停がなくてもユニット間の対立や、業務の相互依存関係が解決されるような環境をつくり出した。たとえば継電機器事業では、ABBの事業会社同士が輸出市場で競争関係にあったが、シニア・マネジメントではなく、マーケティング・マネジャー間の交渉により解決した。事実、マーケティング・マネジャーがシニア・マネジメントの仲裁による解決を求めると、シニア・マネジメントは交渉で全員の合意を取るようにと問題を突き返したのであった。

しかし、ＡＢＢも他の企業も、徹底した知識の共有が「自然発生」するのを待つわけにはいかない。トップ・マネジメントによる環境の設定と、現場の人的ネットワークは、このきわめて重要な横のプロセスを可能にする条件ではあるが、ユニット間の結び付きを最も奨励すべき立場にあるのはミドル・マネジャーだ。しかし、歴史的に見ても、知識やノウハウの横方向の移転が最も難しいのも、組織の中間レベルであることが多い。これは、事業部制の背後にある経営思想によるところが大きい。旧来のモデルでは、組織を機能別に分断し、事業部のマネジャーに担当事業部の業績を最大化することを要求するために、区分化された資源や能力を再統合することが妨げられていた。

私たちが出会ったおおよそすべての企業のマネジャーは、企業の資源を統合し、社員やユニットの知識やノウハウをまとめて利用する必要があると認識していた。実際に一九八〇年代末以降、企業を「プロダクト・ポートフォリオ」ではなく、「コア・コンピタンス」の集合体と見なす考え方が台頭してきたことにも、こうする必要性が表れている。今日ではほとんどの企業が一度は、マネジメントの時間と資金をかなり注ぎ込んで、コア・コンピタンスを見出し、開発し、活用しようと試みたことがあるはずだ。

しかし残念なことに、この強力なコンセプトを実践する際に、コア・コンピタンスを生み出し活用しようという願望が、またしても上からのコントロールになってしまうケースが数多くある。

特に本社レベルでは、実権が事業ユニットに分散され、本社グループの人員削減が進むに従って、スタッフ部門が次第に軽視されるという問題を抱えていた。この問題を解決するために、コア・コンピタンスを利用しようとした。本社スタッフたちは「コア」という言葉が含まれていることを理由に、本社役員が資本や他の資源を割り当てるのと同様に、彼らが業務ユニットのために全社的な戦略能力を定義、開発、管理すべきだとしたのである。

ＡＢＢのような企業における統合プロセスは、能力の統合と分配によるマネジメント・モデルと呼ぶほうが適切であろう。このモデルにおけるミドル・マネジメントの役割とは、「能力」を定義し、管理し、割り当てることではなく、能力が組織に広く発達するような環境をつくり出し、散らばった能力を統合し、組織力として使うことのできる横のつながりを築くことである。

これはまさに、ガンドマークが実践してきたことだ。彼は最先端の企業のベスト・プラクティスを移転するために職能機能協議会を設立し、現場のマネジャーが同僚からのアドバイスやサポートを得られるよう、運営委員会を設置した。つまり、統合プロセスの目的とは、学習する組織が起業家的な組織に取って代わるのではなく、両者を重ね合わせ、起業家的な組織を補完することなのである。

◉変革プロセス

従来の事業部制からは、とても効率的な仕組みが生まれ、常に業務を調整できるようになるが、これは業務を変革するうえでは効果的ではない。事業部制は、データを情報に変え、情報を知識に変える垂直的な情報処理に基づいているため、既存の思い込みや戦略を見直すメカニズムが欠如している。その結果、過去からの事実が疑われることも議論されることもなく、「うちのやり方」として温存されていく。

変革プロセスはこの流れに対抗するものだ。その目的は、企業の戦略とその背後にある前提を見直すことである。起業プロセスや統合プロセスが既存の戦略を支援するのに対し、変革プロセスはそれを中断するものだ。そして、二つのプロセスと同じように、トップ、ミドル、現場のマネジャーの役割が説明できる。マネジャーたちの役割とは、プロセスを推進するだけでなく、それを組織の日々の活動に織り込むことだ（図6-5）。現場マネジャーは起業プロセスの主な推進者であり、ミドル・マネジメントは統合プロセスの要となる。トップ・マネジメントは率先して変革プロセスを刺激し、活性化する。

トップ・マネジメントが組織に不均衡をもたらすという重大な責務を果たすのは、この意味においてである。第4章で紹介した花王の丸田芳郎は、その典型的な例だろう。組織に目的意識と志を持たせることで、丸田は既存の業績レベルを超え、さらには既存の資源や能力をも超えて、組織を大幅にストレッチさせることに成功した。

マネジメント・スタイルこそ大きく異なるが、ＡＢＢのパーシー・バーネビクの基本理念は、丸田のそれと共通する部分が多い。

図6-5►変革プロセス

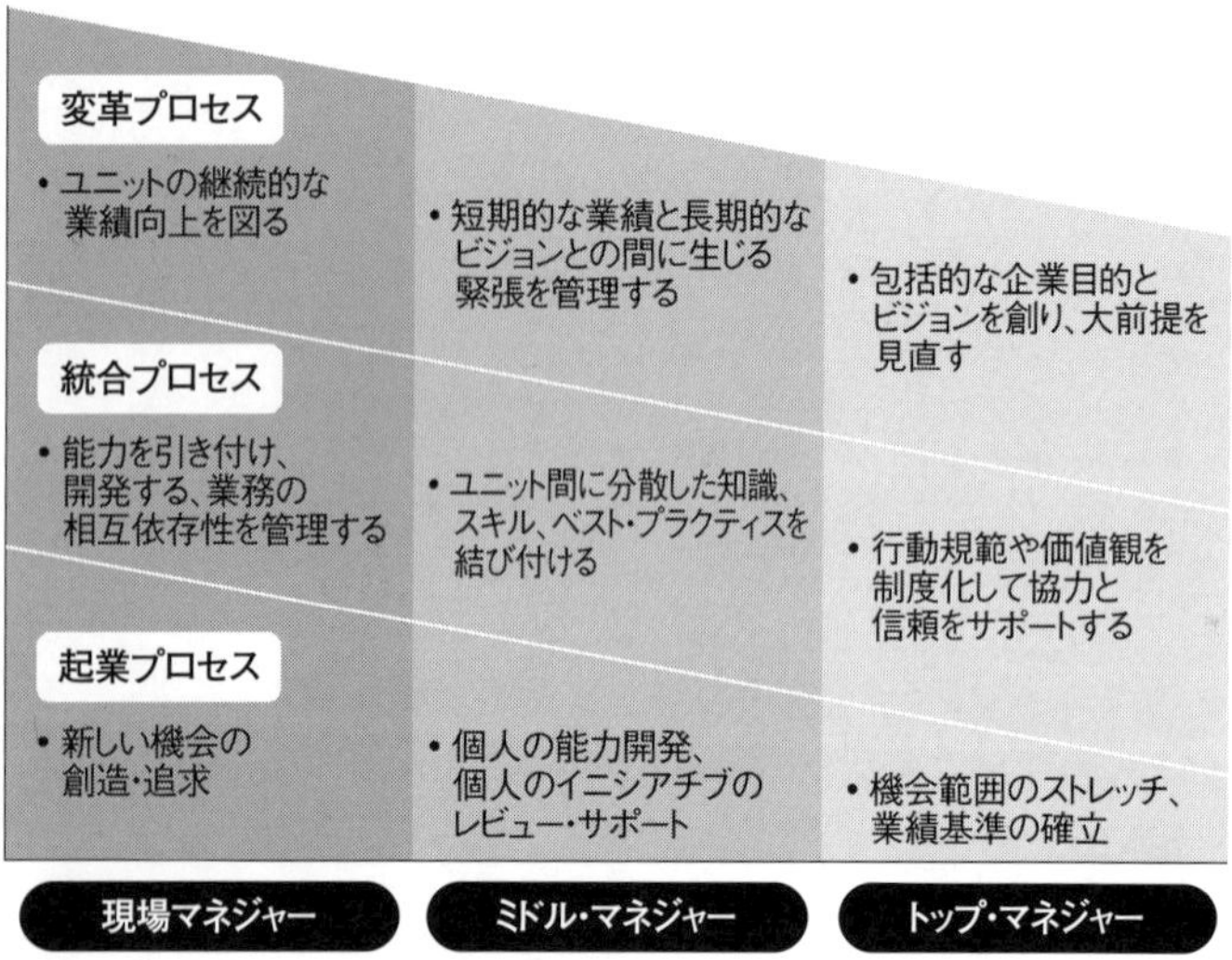
変革プロセス
・ユニットの継続的な業績向上を図る
・短期的な業績と長期的なビジョンとの間に生じる緊張を管理する
・包括的な企業目的とビジョンを創り、大前提を見直す
統合プロセス
・能力を引き付け、開発する、業務の相互依存性を管理する
・ユニット間に分散した知識、スキル、ベスト・プラクティスを結び付ける
・行動規範や価値観を制度化して協力と信頼をサポートする
起業プロセス
・新しい機会の創造・追求
・個人の能力開発、個人のイニシアチブのレビュー・サポート
・機会範囲のストレッチ、業績基準の確立
現場マネジャー
ミドル・マネジャー
トップ・マネジャー

バーネビクは同世代の経営者のように、「組織の向上心は、個々のマネジャーの過去に対する認識に基づいた目標によって決まる」という漸進主義論を受け入れない。その代わり彼は、ABBを非常にストレッチした、未来志向のミッションに集中させた。信念を持って徹底的にミッションを伝えることにより、企業内の個々人の向上心が一斉に高まり、一点に集まるよう啓蒙するのである。

多くの企業が「ビジョンを共有する」というはやりの目標を追うなかで、バーネビクはその言い回しのはるか先を行き、「ビジョンの共有」を現実的なものとした。彼はさまざまな手段を使った。たとえばミッションには、世界中の組織メンバーが共鳴できる包括的な企業目的を明言した。「環境を保全しながら持続的な成長に貢献し、世界中すべての国々で生活水準の向上を実現する」

これは、製品市場戦略のミッション以上のものであり、個々の社員がその達成に向けて自らのエネルギーを注ぐことに誇りを持てるような企業目的である。ミッションはさらに利他的な目的を詳述した後で、その達成をより焦点を絞り込んだ経営目標に結び付ける。「継続的な技術革新と、社員の能力や意欲によって自社製品の価値を高め……グローバル・リーダー、すなわち業界の中で最も競争力があり、能力が高く、技術的に進歩した、品質重視の電機エンジニアリング企業となる」

このように、包括的なミッションを戦略目的へと落とし込むことで、現実感と正当性を出した。またそうすることで、マネジメントの力と妥当性も増す。さらにバーネビクは、一九九〇年半ばまでに営業利益を売上げの一〇パーセント、資本利益率を二五パーセントまで高めるといった業績目標を示すことで、この広範なビジョンを業務レベルに落とし込んでいった。

目的意識と志をストレッチさせて組織を見直すという間接的な役割に加えて、トップ・マネジメントは変革プロセスを推進するうえで、より直接的な役割を演じなくてはならない。組織が定説や確立された手法に疑問を投げかける必要性を感じてはいても、企業変革のための最も遠大で戦略的な試みは、トップが始めることが多い。

たとえば、ＡＢＢが低迷するヨーロッパ市場に依存しすぎていると認識したバーネビクは、北米での売上げを全社売上げの二五パーセントにまで高めるという目標を設定した。この大掛かりな変革を始めるために、バーネビクはコンバッション・エンジニアリングとウェスチングハウスのアメリカにおける送変電・配電事業を買収し、ABBの既存の事業部門に統合した。こうした動きによりABBの北米での売上げは一二パーセントから一八パーセントに上昇した。また、ヨーロッパの支配が強かった事業に、これまであまり理解されず、ABBのシステムに効果的に取り入れられていなかった北米の技術（工程管理オートメーションなど）やマネジメント手法（タイムベース・マネジメントなど）を導入するきっかけとなった。

明確に示された企業目的と、それとはやや不調和なビジョンが並列していると、その影響は、特に現場で強く感じることになる。ミッションやストレッチした壮大な目標によって示される企業の志と、現在の業績レベルとのギャップに直面するのは、まさにこの現場のマネジャーなのである。

しかし、変革プロセスがバランスを保つためには、現場におけるこの緊張感に断固として対峙しなくてはならない。また、高いレベルの信用や信頼がなければ、この決意も抜け目のない駆け引きや、妥協に堕落してしまうだろう。したがって、変革プロセスにおいては、システムの中に信用と信頼を生み出し、それを定着させることできるかが重要なカギであり、実際にそれがミドル・マネジメントの主要な任務となる。

この役割を実行する重要な手段の一つは、私たちがここまでに述べてきたさまざまな横の調整メカニズムを、忠実に実行することだ。ウルフ・ガンドマークが設置・管理した取締役会、委員会、プロジェクト・チームはすべて、知識を伝え、移転するためのチャネルの役割を果たすばかりではなく、マネジャーたちがオープンかつ正当な方法で意見の相違を話し合い、対立を解決する場としての機能も備えていたのである。

ミドル・マネジャーはまた、参加型で、透明な意思決定環境をつくり出すことで、この緊張感の高いプロセスの正当性と信頼性を確かなものにする。たとえば、トップ・マネジメントのビジョンの信頼性を示すために、ウルフ・ガンドマークは継電機器事業の「ビジョン2000タスク・フォース」（専門委員会）を結成した。このタスク・フォースは、さまざまな現場企業に所属する業務レベルのマネジャー九人で構成され、世界の電力設備産業におけるABBの位置づけについてのバーネビクのビジョンを、継電機器事業の具体的な戦略に落とし込む作業を手掛けた。

六カ月にわたる集中作業の後、タスクフォースは、新製品（メーター計量など）や新市場（電気通信など）への事業拡大を狙った戦略投資から、従業員の意欲と組織の効果を向上させる計画に至るまでをカバーする提案を練り上げた。トップ・マネジメントからの押し付けではなく、同僚が作成したものであったので、この戦略はジャンスたち現場のマネジャーにも正当性と信頼性があるものとして受け入れられた。彼らは既存の事業領域を越えて、ビジョン2000が提唱する新製品や新市場に領域を拡大することで、この野心的な目標を達成しようと取り組み始めたのである。

新しい組織モデル

ＡＢＢを三つの核となるプロセスの観点から定義するのは、これまでとはまったく違う組織のとらえ方である。典型的な手法では、正式な組織図にならって四角形や線を書き直し、組織構築の工学的アプローチを強化する。このアプローチは、企業の職務や責任を体系的に分解し、それらを再び集合させるものである。これをプロセスの観点から考えることにより、さまざまなマネジャーが演じる役割や、仕事を行う際のマネジャー同士の関係から、ＡＢＢの組織をイメージすることができる。この見方は、組織は職務や責任のヒエラルキーで構成される、単なる経済体以上のものであるという前提に立っている。組織は人間によって構成され、役割や関係が定義する社会的機関なのだ。この見方は、職務の組織化に対するバーネビクのアプローチが多くのＣＥＯのアプローチといかに異なっているか、個を活かす企業の根底にある哲学が伝統的な事業部制といかに異なっているか、その本質をとらえている。

あえて強調しておきたいのは、この違いの本質はフォーマルな組織構造にあるのではないことだ。ＡＢＢは**図6-6**の上に示される、従来の組織モデルに「当てはまる」といえる。小さな黒丸はジャンスを表しており、ほかの白丸はジャンスの同僚であるＡＢＢの事業会社一〇〇〇社の

図6-6 ▶ 新しい組織モデル

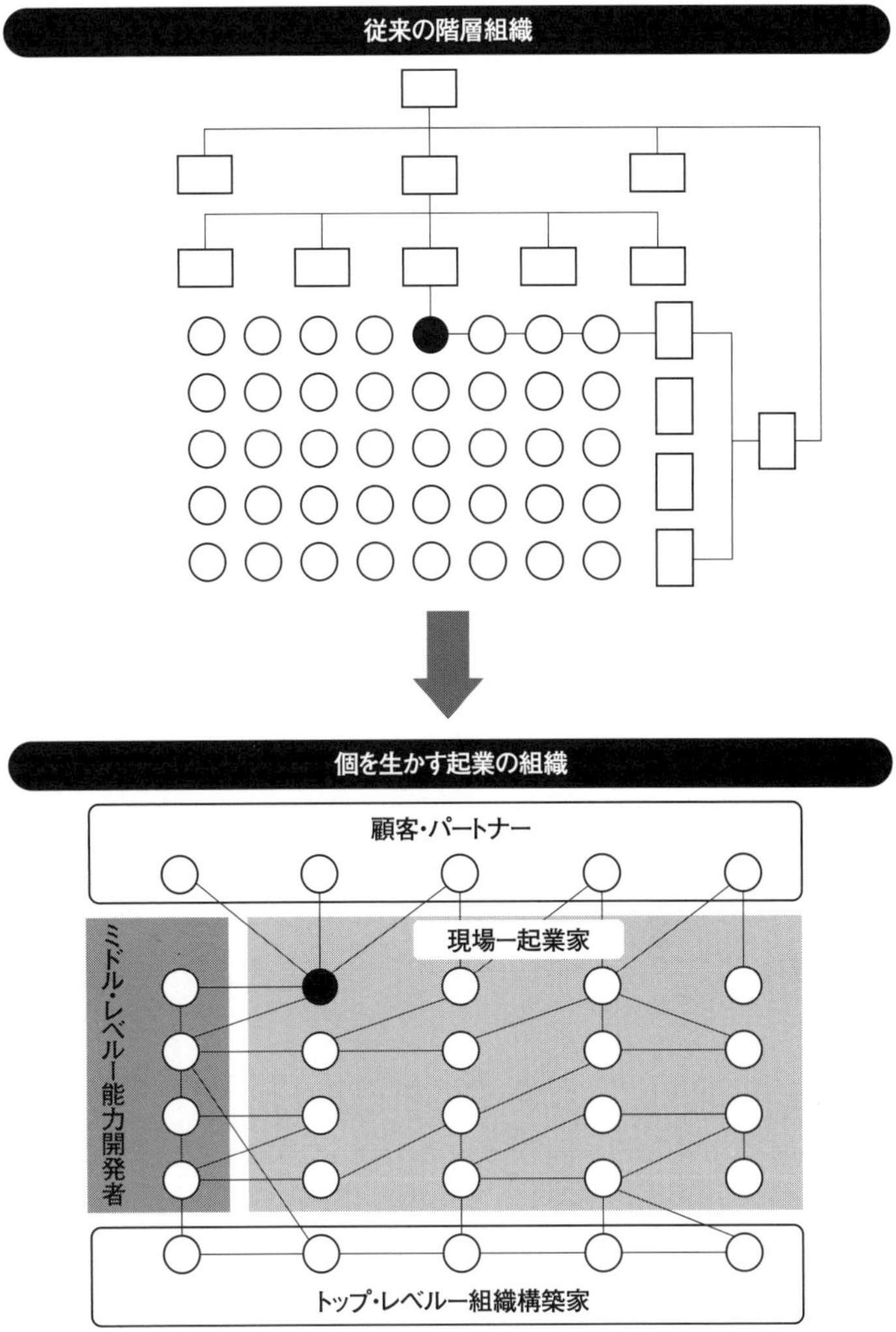

トップを表す。ジャンスがベーカーとガンドマークの両者の部下であることも図中に示されており、リンダールからバーネビクまでの指揮系統はヒエラルキーの頂点に示されている。ABBをこのような形で表すことは本質的には正しい。これはまさに、個々人の責任に基づくフォーマルな関係を正確に表しているからである。

しかし、会社が実際どのように機能し、だれがどんな方法で価値を付加しているかを示すことを目的とするならば、この組織表示は誤りである。同社の組織理念は、下の図のほうにはるかに的確に表示されている。トップ、ミドル、現場といったヒエラルキーの中でのマネジャーのポジションを示す代わりに、このモデルはそれぞれの役割をより強調するものである。図の概要を説明しよう。

●現場マネジャーは、ユニットを指揮する社内起業家である。ユニットは小規模に分散し、相互依存型で、特定の事業機会にフォーカスしたものだ。現場マネジャーは事業や能力を構築し、自分のユニットの短期・長期の業績に全面的な責任を負う。ここで重要なのは、彼らは指示やコントロールを待ってヒエラルキーの上層部を見るのではなく、社外の環境に目を向け、社外との強力な接点や関係を築いている点だ。

●ミドル・マネジャーは独立したバラバラの事業を集結させ、個々の事業の中で発達した資源や能力を他に応用しようとする。たとえるならば、個々のプレーヤーの力をチーム全体の勝利へと結び付けるコーチだ。総体的に、ミドル・マネジャーは能力開発者の役割を果たす。メンタリングとガイダンスによって個々の現場マネジャーの技術と能力を開発し、事業と機能、国にまたがる現場ユニットの多様な能力を統合することにより、組織全体の能力を開発する。

●トップ・マネジメントは、ビジョン、価値観、企業のアイデンティティなど企業に活力を与える目的を浸透させることによって、この活動の基盤を提供する。そして企業を、既存の業務や事業機会、現職幹部を超えて存続する制度として発展させる。社会的なリーダーと同様に、トップ・マネジメントは企業変革を推進し、自己再生を継続するために必要な試みや取り組みを促す。トップ・マネジメントは、戦略の中身そのものの管理よりも、行動環境を規定することにフォーカスするのである。

本章の冒頭で3M、キヤノン、ABBの組織構造の違いを述べた。いま一度、組織をこのようにプロセスの観点から見てみると、三社に共通点のあることがわかる。3Mを例に取ってみよう。3Mは他社に先駆けて起業プロセスを創出し、それを組織に深く根づかせ制度化した企業である。典型的な例として挙げられるのは、後に詳述する（212ページ参照）アンディ・ウォングのオプティカル・システム事業部だ。業務運営上の組織構造に違いはあるものの、ポール・ギラーは3Mの安全保障システム事業部長として、ABBのウルフ・ガンドマークの継電機器事業部門のトップとしての役割と非常に類似した、統合の役割を果たしていた。そしてCEOのデジモニは、

ＡＢＢのパーシー・バーネビクのように、時間とエネルギーの大半を、たえまない自己変革をサポートする行動環境をつくり出すことに費やしていた。

キヤノンにも同様の役割とプロセスが存在する。徹底した分権化を行い、それぞれの子会社に最大限の自由裁量を与え、イニシアチブをとらせる手法によって、賀来龍三郎は同社を成長軌道に乗せた。キヤノンの組織の役割を説明するなかで、賀来は自らの役割を徳川幕府の将軍にたとえた。各ユニットのトップは大名(自分の管轄地域とそこの住民の発展と繁栄に、完全な責任を負う)である。「キヤノンと徳川幕府の唯一の違いは、幕藩体制がゼロ・サム社会だったのに対して、キヤノンは全子会社が効率よく相互に協働し、共に繁栄することを目的とすることだ」と賀来は語る。

この相互協働は、主に機能委員会を通じて実現される。同委員会のメンバーは統合プロセスをリードし、個々の機能の中、あるいは複数の機能の間で、常にチームとタスク・フォースを作り、新しい技術、能力、事業を創造する。キヤノン式開発システム（ＣＤＳ）のトップが果たす役割が典型的な例だ。彼はキヤノン中央研究所の光学技術グループや、キヤノン電子のカメラ製造部門、同社の日本における販売会社であるキヤノン販売から成る機能横断チームを作り、新しいビデオ・カメラを開発した。技術、製造、マーケティングなど、関連するすべてのノウハウを取り込むことで、チームはこの新製品を市場に投入するにあたって開発リスクを最小限に抑えることができた。

賀来自身は、企業リーダーとしてバーネビクやデジモニに近い役割を演じる。社長に就任するや、「トップ企業計画」(premier company plan) をスタートさせ、キヤノンを日本一の会社にするというビジョンを明言した。当時のキヤノンの対外的な評判を考えると、これはあまりに遠大なビジョンであった。一九九〇年までには、キヤノンは日本において非常に尊敬される企業になった。そこで賀来はさらにハードルを高くして、今度は「世界一の企業」を目指すよう組織に号令をかけた。これを達成するには、売上げの一五パーセントを上回る利益を上げなくてはならない。そうすれば研究開発費用を五〇パーセント以上増額できる。ここでもまた賀来は、既存の業務を改善し、新しい能力を構築するという莫大なストレッチを、具体的なイメージで描いたのであった。

日本一の会社になるという最初の目標を掲げたおかげで、たとえるならば富士山の山頂に到達することができた。次の目標はエベレストだ。固い決意があったから、富士山はサンダルばきでも登れただろう。でもエベレストはサンダルでは登れない。下手をすると命を落としかねない。

変革が創造的破壊のプロセスで促進されるとすれば、私たちが調査した企業の中で、キヤノンほど活力と勇気を持ってそれを追求した企業はない。たとえば、キヤノンはレーザープリンタ市場を占有しており、世界で八四パーセントの製造シェアを誇る。それにもかかわらずキヤノンは、レーザープリンタの技術を時代遅れにしてしまうバブルジェット・プリンタの技術を開発し、積極的に打ち出した。このプロセスを推進するためのトップ・マネジメントの役割を強調するとき、賀来は多くの企業において変革を阻む、おそらくは最大の障害となっている点を一つ挙げた。

企業が永続するには、過去に行ってきたことをある時点で否定する勇気を持たなくてはならない。生物学でいう「脱皮」、つまり新しい姿に生まれ変わるために皮を脱ぎ捨てるのだ。人間にとって、これまで築き上げてきたものを否定し、破壊するのは難しいことだ。でもそれができなければ、企業は永遠に生き残ることはできない。わが身を振り返っても、過去にしてきたことを否定するのは難しい。だから、過去を否定しなくてはならないようなときがきたら、私は社長の座を降りなくてはならないのだ。

個を活かす企業は、そのコア・プロセスと、コア・プロセスの中の新しいマネジメントの役割から検証することができる。こうした新しい役割は、新しい組織モデルの中核にある。したがって、企業を個を活かす企業に変革することとは、現場、ミドル、トップのマネジメントを変革し、彼らがそれぞれ起業家、能力開発者、組織構築家としての役割を進んで演じ、また演じる能力を持つようになることにほかならない。

第7章では、こうした役割をさらに詳しく見ていく。付加価値を創造する職務を詳しく説明し、どうすれば企業はこうした新しい役割を演じるのに必要な能力を持った新しいタイプのマネジャーを採用し、育成し、配置できるのかを説明する。

第7章 個人のコンピタンシーの開発

——新しいマネジャーの役割

ここ最近の成績低迷のおかげですっかり記憶が薄れてしまったかもしれないが、ボストン・セルティックスは長年にわたり、NBAリーグで最多勝利を上げてきた。この記録が達成できたのは、非常に効果的な組織を築き上げ、それを長期的な競争優位の源としたからである。この組織の特徴となっているのが、ゼネラル・マネジャーたちの卓越したリーダーシップ（その代表例が伝説的存在のレッド・アウアーバック）、コーチによる強力なチーム開発のスキル（トム・ハインソンなど）、選手の傑出したコートでの才能（ラリー・バードなど）である。

だが、だれの目にも明らかなのは、セルティックスでは有能なゼネラル・マネジャー、経験豊富なコーチ、スター・プレーヤーが、皆違った形で付加価値を生んでいるということだ。アウアーバックの経歴は、優れた選手が偉大なコーチとなり、さらには卓越したゼネラル・マネジャーとなることもあるという可能性を示してはいるが、そんな展開はきわめてまれだ。ある役割で成功を収めたからといって、必ずしも別の役割で良い成績を収めるとは限らない。ハインソンは選手からコーチへの転身を見事に果たしたが、ゼネラル・マネジャーの資質があるとは見なされなかった。そしてラリー・バードは最も優秀な選手であったが、彼がハインソンのような偉大なコーチや、アウアーバックのようなゼネラル・マネジャーになれると期待する者はほとんどいなかった。

それなのに、こと企業となると、大多数の組織は長年にわたって確立されてきた「マトリョーシカ・モデル」ともいうべきマネジメント・モデルによって運営されている。ロシア人形のマトリョーシカは、人形の中に人形が入れ子状に入っている。マネジメントもそれと同様に、きれいな入れ子状の、職責のヒエラルキーで構成されている。

職責のヒエラルキーは、すべてのマネジャーがコア・タスク、すなわち資源を勝ち取り、業績目標を駆け引きし、その目標の達成を目指すことに専念するよう設計された企業システムを中心に構築されている。ヒエラルキーの各レベルのマネジャーは、全社計画、予算計画、管理プロセスについて、一つ上のレベルで成功するのに必要な知識やノウハウを習得するよう求められる。

現場マネジャーが、戦略計画や予算計画のフォーマットを埋め、承認された目標を遂行するスキルを発揮したら、次には、計画プロセスを運営し、計画の実施を管理するというミドル・マネジメントの役割をこなせると考えられている。このうち最も効率のよい業務管理者の一団の中からトップ・マネジメントが任命され、戦略を策定し、目標を設定し、経営資源を割り当てる。マトリョーシカ・モデルは、ウェスチングハウスのような事業部制階層組織には当てはまったかもしれない。だが、今日の高業績企業においては、職務のヒエラルキーではなく、プロセスのポートフォリオに基づいて再編する企業変革の波が起こっており、その波にマトリョーシカ・モデルも押し流されつつある。第6章で述べた新たな組織モデルは、マネジメントの役割と責任を再定義するのみならず、その新たな役割を果たす個人の能力と力量の面でも、多くを意味するものである。

こうした変革は、人的資源管理の分野全体での革命を引き起こしている。人的資源管理において企業はまず、現場、ミドル、トップの各レベルの業務に必要な態度、知識、スキルのポートフォリオを構築しなくてはならない。それこそまさに、ラリー・バードとトム・ハインソン、トム・ハインソンとレッド・アウアーバックの違いなのだ。

次に、人事の専門家や企業幹部は、新しい組織のコンセプトを現実のものにしていく力を持った社員をいかにして引き付け、能力開発し、配置するかを考え直さなくてはならない。こうした変革のプロセスの中で企業は、組織力を制約してきた「マトリョーシカ」のモデルに代わる、新しい経営哲学を生み出しつつある。

新しいマネジメントの役割と個人の能力

世界中で多くの企業を巻き込んだ変革を推進する最も強大な力とは、経営資源が比較的不足するなかで起こっているシフトである。私たちが目の当たりにしてきたのは、知識が資本に代わって企業の最も貴重な戦略資源となるに従って、金融資産を分配し管理するための戦略、組織構造、システムが、情報や知識を開発し、それを活用するのに適した企業モデルに変わっていったことだ。だが、影響を受けるのは組織構造やプロセスだけではない。第6章の終わりで紹介した新しい企業モデルは、旧来のモデルとは徹底的に異なるマネジメントの役割や関係の上に築かれている。あらゆる企業にとって第一の課題は、この新しい役割や関係の本質を理解し、マネジャーの主な任務の本質を変える方法を理解することだ。

◉古い職務記述書を破棄する

「マトリョーシカ型」マネジメント・モデルは、戦後の安定拡大期に適した事業部制階層構造の中で生まれ、繁栄してきた。資本は入手困難な資源なので、「限られた財源を最大限に生産的に利用する」というマネジメントの最も重要な役割を中心に、組織が設計された。ウェスチングハウスやノートンのように、伝統的な階層組織におけるトップ・マネジメントの主な責務は、戦略的に資源を割り当てること、組織の下層部で作成される戦略計画や資本予算を評価し、選択することだった。ミドル・マネジメントは管理監督者としての役割を果たす。下から上がってくる計画や投資要求をとりまとめたり、ふるいにかけると同時に、トップ・マネジメントが設定する戦略や業務目標を説明し、管理する。現場マネジャーの主な機能は業務遂行だ。上から受けた指示や優先事項を行動に変え、成果を出すことである。

ある企業が個を活かす企業になろうとするなら、現場レベルのマネジャーは、現場の業務遂行者という従来の役割から、革新的な起業家に進化しなくてはならない。ミドル・マネジメントは、管理監督者から能力開発のコーチ役に変身しなくてはならない。トップ・レベルの幹部は戦略立案家というより、組織の構築家にならなくてはならない。

こうした新しい役割を明確にするために、私たちはＩＳＳ、ＡＢＢ、３Ｍ、マッキンゼーなどのマネジャーのグループを選び、調査した。私たちが調査を行った時点では、これらの企業は明らかに転換期にあったのだが、「マトリョーシカ」型モデルではなく、新しい哲学に基づいて行動しているのは確かだった。しかし、変革はまだ完了したわけではなく、また、戦略的タスクや組織の能力にばらつきがある。よって、これらは決定的なモデルというよりも、むしろマネジメントの職務の新しいフレームワークの例と考えるべきである。

現場の起業家としての役割は、ＡＢＢのドン・ジャンス、３Ｍのアンディ・ウォング、ＩＳＳ

表7-1 ▶ マネジメントの役割・職務の変化

	現場マネジャー	ミドル・マネジャー	トップ・マネジャー
役割の変化	• 業務遂行者から積極的な起業家へ	• 管理監督者から支援型コーチへ	• 戦略立案家から組織構築家へ
主な付加価値	• 生産性、イノベーション、現場ユニット内の成長にフォーカスして、事業の業績を高める	• サポートや調整を行い、独立した現場ユニットに大企業のメリットをもたらす	• 組織に方向性、コミットメント、挑戦を醸成する
主な活動と職務	• 新しい事業成長機会を創出し、追求する	• 個人の能力開発を行い、活動を支援する	• 大前提を見直す一方で、ストレッチした機会と業績基準を確立する
	• 資源と能力を引き付け、開発する	• ユニットに分散している知識、スキル、ベスト・プラクティスを結び付ける	• 規範、価値観を制度化し、協力と信頼を支える
	• ユニット内での継続的な業績向上を図る	• 短期の業績と長期のビジョンとの間の緊張感を管理する	• 包括的な企業目的とビジョンを創造する

のテオ・ブイテンディクらのマネジャーの行動に見て取れる。これまでの業務遂行者としての役割とは対照的に、彼らは現場ユニットの生産性を継続的に向上させるだけでなく、イノベーションを通じて成長を持続させる責任があり、そのことが価値を生んでいるのだ。

この三人をはじめとする現場の起業家が負っている多くの職務や責務の中でも、三つの点が従来の役割とは特に異なるものであった（**表7-1**）。最も際立った点は、新たな機会を創り出し、それを追求しようという意志と能力にあふれている点である（ウォングが根気強くオプティカル・システムを追求したことや、ジャンスの革新的なイニシアチブにより低迷する継電機器事業が回復したことなどがその例である）。

さらに社内起業家は、旧来の資本予算計画プロセスや人事計画システムによって規定される、受け身で依存型の役割を演じるのではなく、自らの役割を「より少ない資源で多くを達成する」ことだと考えた（ウォングが、マーケティング力を高めるために技術資源の再配置を行ったこと、ジャンスがマイクロプロセッサ・ベースの製品ラインを開発するために資源を借りてきたりしたのは、その典型的な例である）。

最後に、こうした起業家マネジャーは皆、権限委譲され自由度が増したことを活かし、現場ユニットの継続的な業績向上に努めた（ウォングとジャンスが業績を好転させたのはそのよい例である。特にジャンスの場合、経費節減、運転資本削減、収益性向上を達成したわけだが、削減目標を厳しく管理されなくなった後にこれを達成したという事実が、いっそう意味深い）。

これと同様にミドル・マネジャーたちは、自らの付加価値は管理能力ではなく、能力開発であることを示した。彼らは、組織の上層にあるポジションを利用して、管理ではなくサポートと調整を行った。そして、大企業の資源と経験を小規模の業務ユニットで活用することで、起業家的な活動を促すことができた。

個を活かす企業のミドル・マネジャーと、伝統的な事業部制階層組織のミドル・マネジャーとをはっきり分けるのは、三つの主な職務である。第一に、個を活かす企業のミドル・マネジャーは、組織のメンバーの能力を開発し、彼らのアイデアやイニシアチブを助けることに相当の時間とエネルギーを費やす。第二に、ユニット間に分散している資源やノウハウを結び付け、ベスト・

プラクティスを移転することで、自分たちが育てた起業家的イニシアチブや能力を活用する。そして最後に、短期的な業績へのプレッシャーと長期的なビジョンを追求することの間に生じる、避けがたい緊張感を調整する中心的な存在となる。

個を活かす企業のトップ・マネジメントは、明確で広がりのある方向性を企業に示し、その方向性に意義を見出して力を注ぐよう、現場とミドル・マネジャーのコミットメントを得ることによって価値を生み出す。素晴らしい新戦略を思いつき、その実行を推進することではない。トップ・マネジメントの主な役目は、過去の功績の改善ではなく、自社が継続的な自己変革を図る能力を開発できるよう、ビジョンと活力を組織に与えることなのである。

トップ・マネジメントを差別化する三つの職務のうち、第一の職務は最も効果的なリーダー（バーネビク、ウェルチ、デジモニなど）に広く共通するものだ。彼らは慣習的な知恵や確立された目的を見直し、ストレッチしたビジョンやより高い基準へと置き換えた。第二に、競争と猜疑心ではなく、協力や信頼をサポートする企業の価値観を浸透させることに注力した。だが、新しいリーダーとしての役割で何よりも特徴的なのは、単なる戦略目標ではなく包括的な目的やビジョンを創造する能力である。

このような新しい役割とそれに伴う主な職務は、旧来の「マトリョーシカ・モデル」では想像もつかないほど、徹底的に異なるマネジメント・モデルを生み出した。しかし、企業が階層を減らし、リエンジニアリングを行い、権限委譲し、中核となるマネジメントの役割を再定義し始めるに従って、新しいビジョンの実現を真に阻んでいるのは既存の社員であることに気づく。彼らの中には、単純に新しいモデルの中では効果的に機能できない者もいるのである。

しかし、たとえ新しい役割で成功する社員のプロファイル（要件）を定義するのが難しくても、プロファイルを満たす態度、知識、スキルを持ち合わせたマネジャーを見つける難しさには比ぶべくもない。そして、従来の人事の考え方や手法は、この新しい課題に対応するうえであまり助けにはならないことに、大半の企業がやがて気づいたのだった。

◉リーダーシップ・プロファイルの欺瞞

自然が真空を嫌うのと同様に、マネジメントも真空を嫌う。企業が役割の変化から生じる問題の答えを探している一方で、この問題を解決すべく、コンピタンシー・モデル作成を手掛ける新しいコンサルティング会社が出現した。コンサルタントたちは、さまざまなツールやコンセプトを使って、企業の注意を引こうと競い合う。彼らは、企業が新しい企業パラダイムの運営に必要とするリーダーシップの資質を見極め、測定し、能力開発を行うのを手助けすると主張する。

このようなコンサルタントの影響は大きく広がり、過去数年間で世界中の大手企業は多大な時間と金を費やして、将来のリーダーの理想的なプロファイルを定義しよう試みてきた。たとえばシーメンスは、「理解、推進力、信頼、社会的能力、そして『第六感』と呼ばれるとらえどころのない資質」の、五つの広義のコンピタンシーを基本に、マネジメントが持つべき二二の特性を定義した。ペプシコの理想のプロファイルには一八の特性があり、個人の世界観、考え方、行動などのカテゴリーごとに分類されている。AT&Tはリーダーシップの核となる八つの要素を重視し、フィリップスは一二の重要なコンピタンシーを定義している。世界銀行においては二〇の重要な個人特性となっている。

だが、コンサルタントたちがアンケートを作成したり、インタビューを実施したり、セミナーを主催するなどの膨大な努力を行っても、こうしたプログラムが約束された効果を上げることはまれだ。これにはいくつかの理由が考えられる。第一には、リーダーシップ・プロファイルを既存の人事の考え方や手法に統合するのが困難なことである（あるマネジャーはこう言った。「信頼、忠誠、倹約、親切……ボーイスカウトの規則のようなリーダーシップ像に基づいて採用するなんて、どうすればいいんだ」）。同様に問題となるのは、だれが推進役となるかである。このようなリーダーシップ能力育成は、社外コンサルタントの分析や勧めに従って人事部が行うことが多いが、マネジメント・チーム全体の資質を再定義するのに必要となる、全社的な信頼や現場マネジャーの支援を欠いている場合が多いのだ。

しかし、マネジメント能力研修の最大の欠点は、必ず結果として一つの理想のプロファイルを描き出してしまうことにある。このような前提は、均整のとれた（伝統的な権威主義の階層組織によく見られる）役割が規範であった時代においては、それほど不合理なものではなかったかもしれない。だが、階層を減らし権限委譲された組織が役割や関係を大きく変革している時代に、このような「マトリョーシカ」的な階層組織のモデルを信奉し続けることは非生産的である。組織が異質なマネジメントの必要性を認識すればするほど、ゼネラル・マネジャーの神話はもはや通用しないことにも気づかなくてはならない。

要するに個を活かす企業は、個々人の相違を受け入れたうえで、さまざまな個人の能力が役に立つ差別化された役割を与えることで、個人を最大限に活用するのである。

新しい個人のコンピタンシーと人事の役割

マネジャーが新しい役割に順応しつつある企業を研究するにつれて、成功するのに必要な個人特性を定義することが重要であることはすぐにわかった。だが、それと同様に明らかなのは、コンピタンシーの要件には限界もあるということだ。コンサルタントの一般的なアプローチでは、現職のマネジャーを対象に調査を行い、過去からのマネジメント能力の用語で、将来のリーダーの要件を定義する。だが私たちは、新しいマネジメントの役割を効果的に果たしてきたマネジャーを直接観察する方法を選んだ。また、普遍性のある一般的なコンピタンシーのリストを作成するのではなく、組織の変革後にそれぞれのレベルで付加価値を創造したマネジャーをもとに、まったく新しいコンピタンシー・プロファイルを導き出した。

このプロファイルが、考えではなく実績に基づいているにもかかわらず、個人のコンピタンシーという概念はなおあいまいで焦点が定まっておらず、実践的な価値はあまりないように思えた。トップ・マネジメントの支援を得るには、コンセプトをもっと明確に定義しなければならないし、日々の人事活動に結び付くものでなければならない。要するに個人のコンピタンシーは、実行可能な意思決定と結び付いて初めて、実践的な価値のあるものとなるのだ。

こうした認識に基づいて、私たちはある簡単なモデルを開発した。このモデルは新しいマネジメントの役割に必要とされる広範なコンピタンシーを、三つのカテゴリーに分類するものである（表7-2）。第一のカテゴリーは態度や特徴、価値観など、個人の個性や性格の根底にある、本質的な人間特性だ。第二のカテゴリーは知識や経験、理解など、一般的に訓練やキャリア開発を通じて体得できる特性だ。第三のカテゴリーは具体的な職務に直結する専門的スキルや能力で、社内で開発される場合が多い。

この分類を通じて、私たちは個人のコンピタンシーという概念により明確な定義と意義を与えるだけでなく、プロファイルにあるそれぞれの特性が、人事面での多くの重要な意思決定にいかに関わっているのかを確認することができた。さらには、観察に基づいて、明確に差別化された新たなマネジメントの役割の中で社員を選別し、開発・支援するうえでの実践的なツールとして、どのようにこのフレームワークを利用できるかの仮説を立てた。

表7-2 ▶ 新しい役割のためのマネジメント・コンピタンシー

役割・職務	態度・特徴	知識・経験	スキル・能力
現場レベルの起業家 • 機会を創造し追求する • 貴重なスキル、資源を引き付け活用する • 継続的に業績を向上させる	結果志向の競争者 • 創造的、直感的 • 説得力がある、人を巻き込む • 競争的、粘り強い	詳細な業務知識 • 技術、競争特性、顧客特性に関する知識 • 社内外の資源に関する知識 • 事業業務の詳細を熟知している	機会にエネルギーを傾注 • 可能性を見出し、コミットする能力 • 社員のモチベーションを高め、動かす能力 • ハードルの高い目標の達成に向けて組織のエネルギーを持続させる能力
ミドル・マネジメントの能力開発者 • 個人とそのイニシアチブを　評価し、能力開発し、サポートする • 分散した知識、スキル、実績を結び付ける • 短期および長期のプレッシャーを管理する	ヒト志向の統括者 • 支援的、忍耐強い • とりまとめ役的、柔軟性がある • 知覚的、多くを要求する	広範な組織での経験 • 人を個人として理解する、影響力の及ぼし方を理解している • 多様性のある集団における個人間の関係を理解している • 短期の優先事項と長期のゴールとを結び付ける手段ー結果の関係を理解する	人材の能力を開発し、関係を構築する • 権限委譲し、能力開発し、エンパワーメントする能力 • 関係を構築し、チームを築く能力 • 違いからくる緊張を維持しながらも調和させる能力
トップ・レベルのリーダー • 大前提にチャレンジしながら、ストレッチした機会や業績基準を設定する • 協力と信頼の環境を築く • 包括的な企業目的とビジョンを創造する	組織志向、ビジョナリー • アライメントとチャレンジ • オープン、公正 • 洞察的、啓蒙的	企業を環境の中で理解する • 企業と、その事業や業務の基本を見据えた理解 • 組織を構造、プロセス、文化から成るシステムとして理解する • 他企業、産業、社会に関する幅広い知識	チャレンジする、ストレッチする • 刺激的で、要求水準の高い職場環境を生み出す能力 • 組織とマネジメントに対する信頼と自信を鼓舞する能力 • 概念的な見識をモチベーションを高める試みに結び付ける能力

◉特性に基づいて選考する

事業の再編とリエンジニアリングが行われた組織において、マネジャーが新たに定義された職務に順応しようと試みても、失敗に終わる確率が高い。このことは、成功を導くためには選考基準の確立がいかに重要であるかを示している。一九八八年に企業合併によりABBが誕生したとき、当時のCEOパーシー・バーネビクは自ら、シニア・マネジャー三〇〇人の選考に関わった。それにもかかわらず六年後には、その四〇パーセント以上がすでにABBを去っていた。その時点でバーネビクは、まったく新しい組織環境、経営環境に適応する、バーネビク自らが定義したコンピタンシーを持つ候補者は、ほとんどいないということがわかったのである。

劇的に変化した組織の人員配置は、組織に大きな負担を強いる。ほとんどの企業はこのような場合、個人のそれまでの知識や職務経験を踏まえて、新しい職務の候補者を選考する。混乱を来しかねない状況の中で、結局これがいちばんだれの目にも明らかで、安定した選考基準なのだ。しかし、企業にとってそれ以上に大切なのは、知識や経験に基づいて選考すると、怠慢な選考になるおそれがあるということだ。つまり、現職のマネジャーに新たな職責を要求するだけにとどまる、という現実である。

企業変革の最中では、過去の経験がそのまま将来の成功を保証することはまれである。明らかに問題なのは、身についた組織に関するノウハウのほどんどは、旧式のマネジメント・モデルや行動規範を反映したものであることだ。そしてそれ以上に問題なのは、古い組織環境で成功した者の特性は、新しい組織で求められている特性とはまったく正反対のものだということである。その結果、多くの企業には、GEのジャック・ウェルチが「タイプ4」と呼んだマネジャーのグループが存在することがわかる。「タイプ4」とは、成果は出すものの、新しい組織の理念に共鳴しないマネジャーである。最終的にウェルチは、最も知識と経験に富むマネジャーを含めて、「タイプ4」のマネジャーを、新しいリーダーシップ・プロファイルに沿った行動をとるマネジャーと交代させることなくしては、大規模な企業変革は達成しえないと認識したのである。

GEをはじめとする多くの企業が、人材育成の達人に業界のノウハウを教えるよりも、権威主義的な業界の専門家を説得してコーチになってもらうほうが、はるかに難しいと信じるようになった。個人の特性は経験に拮抗し、おそらくはそれに勝る、というのが企業の実感であろう。

しかし、選考の基準がこのように変わったからといって、既存の人材がまったく無意味になってしまうわけではない。ウェルチやバーネビクらのリーダーが驚いたことには、組織変革にも予期しないメリットがあった。それまでは旧来のマネジメント・モデルに抑圧され隠れていた個人の態度や価値観、スタイルや、新しいプロファイルに合うような才能ある個人のグループが、変革によって表に現れてきたことだ。

もう一つ、これに関連する重要な結論は、マネジメントの役割や職責が組織におけるレベルによって大きく異なるのと同様に、成功する個人の態度、特性、価値観もレベルによって違ってくるということである。普遍的な「リーダーシップ・コンピタンシー・プロファイル」は、現場レベルの起業家か、ミドル・レベルの能力開発者か、トップ・マネジメントのリーダーか、その個人の役割による違いを見極めるうえではほとんど役に立たない。このことはＩＳＳの例からも明らかである。かつてはパッとしなかったデンマークのオフィス清掃事業会社が、後には年商二〇億ドルのグローバルなクリーニング・サービス企業に発展した。この成長を推進した最も大きな力は、「組織のさまざまなレベルで、違ったタイプの個人がマネジメントの役割を受け持つ必要がある」との認識であった。

一九六〇年代半ばにポール・アンドリーセンはＩＳＳのトップに就任し、モラルの低下した組織に新しい生命を吹き込んだ。それまで同社では、コスト削減のために非熟練労働者を管理することが、マネジメントの主な役割と考えられていた。アンドリーセンが最初に着手したのは、組織をプロフィット・センターに分割することだった。それから、その比較的自律性の高いプロフィット・センターをオーナーのように経営する意欲に満ちた、エネルギッシュで自律的、かつ創造性にあふれるマネジャーを探しにかかった。

こんなイメージにぴったりだったのがテオ・ブイテンディクだ。根っからの成果志向の競争者であるブイテンディクは、大手多国籍石油企業でのキャリアを投げうって、オランダにあるＩＳＳの小さな清掃事業のマネージング・ディレクターに就いた。石油会社で、制約とコントロール、独立性のなさにいらだちを感じていた矢先のことであった。彼独特の創造的で説得力のあるやり方で、ブイテンディクは「オフィス清掃事業は競争が激しく利益率が低い。これからは単なるオフィス清掃業以上の事業に拡大していく必要がある」とチームを説得した。そして利益率の高い食肉加工場の清掃に大々的に参入した。食肉加工場清掃業の経験もマーケットの知識もなかったにもかかわらず、ブイテンディクは持ち前の人を巻き込む力と競争心をもって変革を推進し、二年間で彼の事業の売上げを倍増させた。

しかし、次のレベルのマネジメントに移ることのできるプロファイルは、現場レベルの起業家とはまったく異質のものであると、賢明にもアンドリーセンは判断した。その飛躍を成し遂げられそうな者も、それだけの野心がある者もほとんどいなかったが、ヴァルドマー・シュミットがその役割を果たした。シュミットは現場レベルの起業家で、ブラジルで同社の事業の方向転換を図った人物だ。

シュミットは自分に対しても他人に対しても多くを求める人物で、それでいて権威ではなく影響力によるマネジメントを行うことで知られており、ISSのヨーロッパ事業部を率いるよう打診された。アンドリーセンは、シュミットがヨーロッパ市場についての知識がないこと、他部門で働いた経験に乏しいことを気に留めなかった。それ以上にシュミットの個人としての資質やマネジメント・スタイルに心を動かされた。シュミットの才覚は、ブラジルであらゆるレベルのスタッフの能力開発を行った手腕に現れていた（実際に、ブラジルで実施されていた「ブラジル・ファイブスター」トレーニング・プログラムは、その後全社的に採用された。このプログラムでは、清掃システムや人事管理だけでなく、顧客関係、財務管理、リーダーシップに関するトレーニングも行い、プログラムを通じて、清掃監督者がユニット・マネジャーに昇進することができる）。シュミットのプロファイルは、「新進の現場マネジャーの能力を開発・支援し、個人の能力を組織全体に適用する」という、アンドリーセンが想定するミドル・マネジャーの役割に理想的といっていいほど合致していた。

予想どおりシュミットは、ブイテンディクのような成果志向の競争者のチャンピオンとなった。シュミットはアンドリーセンが「万里の長城」と呼ぶ、現場の業務を上からの過剰な干渉から保護するための壁を越えて、ブイテンディクを巧みにコーチし、サポートした。オランダのユニットが食肉加工場の清掃の新事業を手掛けたために収益が低下したときも、シュミットは支援や助言を与えることはあっても、干渉はしなかった。新事業が成功したときには、シニア・マネジャー・ミーティングでブイテンディクに成功談のプレゼンテーションを行う機会を与えて、その功績をほめたたえた。他の参加者が興味を示すと、シュミットはオランダのユニットをＩＳＳのノウハウ・センターとし、ヨーロッパでの食品部門拡大を支援する責任を持たせた。

創造性にあふれ、説得力があり、競争心があるブイテンディクが、現場レベルの起業家にふさわしい個人資質を持っているとしたら、シュミットのほうは支援的で忍耐強く、とりまとめ役的なスタイルを持っており、ミドル・レベルの能力開発者としては理想的だった。だが、傑出したトップ・レベルの組織のリーダーになるには、もっと多くの個人的資質が求められた。ポール・アンドリーセンがＩＳＳのトップに任命されたとき、もっぱらその生来の資質ゆえに選ばれたのは明らかだった。業界知識や組織での経験、リーダーシップ・スキルさえも乏しかったか、あるいはないに等しかった。

若いエンジニアが伝統的な大企業でじれったさを感じるように、アンドリーセンは業務を進めていくことにはあまり興味を示さなかった。彼は、野心にあふれる組織を構築したいと思った。アンドリーセンは洞察に富み、人を鼓舞するような、自然なスタイルを身につけていた。トップに就任するや、「ＩＳＳはただの清掃会社ではない、世界で最良のサービス組織なのだ」との見解を表した。アンドリーセンは「コピーならゼロックス」と同じように「サービスならＩＳＳ」と言われるようにしたいと考えた。

だが、アンドリーセンは全社に向けての壮大なビジョンだけではなく、オペレーションにも非常に心を砕いていた。実際、彼の資質の際立った点は、進んで質問や挑戦を受けて立つことだった。入社して三〇年経っても、いちばん楽しかった日々は現場に出て「ひっかき回す」ことだったと語る。彼と共に仕事をした者に聞くと、アンドリーセンは、豊かな洞察力とインスピレーションを併せ持ち、それにチャレンジ精神、何事にもとらわれないオープンな精神が加わった、まれな人物であるという。だからこそ、彼はビジョンを持って組織を構築できたのだ。

アンドリーセンが引退すると、組織がまず取り組まなければならなかったのは、彼のように社員をストレッチさせ、社員に挑むと同時に、組織に忠実な社員を育てることのできる、組織のリーダーたるにふさわしい人物を選ぶことだった。ボストン・セルティックスのレッド・アウアーバックのように、現場の起業家、ミドル・レベルの開発型コーチ、トップ・レベルの企業リーダーの役割と職務のすべてをこなせる特性と気質を持った個人はほとんどいない。しかし、ヴァルドマー・シュミットはそれをやってのけた。幅広いビジョンを持ち、オープンで公正な精神、周囲の人間をストレッチする能力にあふれるシュミットが、トップ・マネジメント候補であることは明らかだった。

マネジメントにとって最も重要な課題とは、新しいマネジメントの役割、それもまったく異なる役割において成功できるような個人特性を見極めることだ。そして、シュミットのように起業家からコーチへ、コーチからリーダーへと進化する素養のある人物はまれで、あるレベルで成功している人物が次のレベルで成功する資質を持っていないことを見極めるのも、同じく重要である。だが、素養があることが明らかなら、次の重要課題は、そうした望ましい資質をサポートし活用するための知識やノウハウを開発することにある。

◉社員の知識開発

組織変革の過程では、既存の人的資産の能力と、理想とするリーダーシップ・コンピタンシーとのギャップを埋めようと、研修や能力開発が盛んに行われ、巨額の金が投資される。だが、従来型の研修ができることには限りがある。高業績企業の多くは、この研修という高価な経営資産は、個人がすでに持っている知識や経験に関連するコンピタンシーを開発することに目的を絞り込むと、最も効果を発揮することを認識し始めた。

ポール・アンドリーセンはこのことをよく理解していた。彼は、態度や特性、価値観はトレーニングを行っても徐々にしか変わらず、しかも変わること自体難しいことを認識していた。しかし、こうした特性を基準に選別された個人は、ISSで効果的に業務を遂行するのに必要な専門的な業界知識や職能知識を、すぐに習得することができた。このため、アンドリーセンは研修や能力開発を、ISSの小さな本社で直接管理する機能の一つとした。同社が研修を活用する典型的な例は、ファイブスター・トレーニングや能力開発プログラムだ。参加者はやる気があり、競争心を持った現場の清掃監督者で、彼らの技術的なスキルや業務管理技術を体系的に開発することで、彼らを業務レベルの起業家へと育成する。

私たちが調査した高業績企業のほとんどが、社内研修に力を入れていた。GEは毎年研修に五億ドルを費やしていた。クロトンビルにある同社の施設は、知識豊かなマネジャーを長年にわたり社内外に輩出している。社内での膨大なニーズに応えるだけでなく、大手一般企業が才覚あふれる人物を求めて、常に同社から人材の引き抜きを図るからだ。コンサルティング業界では、アンダーセンコンサルティングが売上げの一〇パーセントを研修に投資している。イリノイ州セント・チャールズにある同社の施設は、GEのクロトンビルの情報技術版と呼ぶにふさわしい。アンダーセンのコンサルタントは全員、入社後の五年間で一〇〇〇時間にわたる研修を受ける。アンダーセンは、コンサルタントの知識ベースとノウハウの開発にプログラムの主眼を置いているが、集中的な研修活動を通じて人的ネットワークを構築したり、企業の価値観の共有を図るといった副次効果も重要だとしている。

だが、業務の知識ベースが急速に変化し、知識を応用するにも幅広い実地経験が必要な時代において、社員の能力を最大限まで開発できる企業研修センターや研修プログラムは存在しえない。GEも研修には非常に力を入れているが、それはマネジャーが必要とする知識やノウハウの開発のおよそ一〇パーセントにしか相当しないという。真に高業績を上げることのできる組織では、知識の開発は「日々の業務の流れに組み込まれている」と花王の丸田は言う。丸田は組織を「会社」ではなく「教育機関」と呼び、「学習とは心の枠組みであり、日常のことである」と主張している。知識構築能力を組織化して個人の能力開発を助けることで、花王は日本で最も革新的な企業として世界で広く認められるようになった。

アメリカで同様の栄誉を受けるのは、間違いなく3Mだろう。3Mもまた、社員の知識やノウハウの開発に熱心に取り組んでいる。だが、企業は「何を開発したいのか」をはっきりわかっていなくてはならない。3Mのモデルは、新入社員全員を対象とした個人の能力開発目標とアセスメント・プロセスからスタートする。たとえば、将来を見込まれる経理担当者は、三年以内に公認会計士になるという個人の教育目標を設定される。目標達成のため、社内のビジネスコースや会社派遣で社外教育プログラムに参加したり、財務諸表作成や監査などの職務を通じて、能力開発のための経験を積む。

だが、花王と同様に3Mも研修プログラムの限界を認識しており、知識開発の大部分を日々の業務の中で行っている。「製品は事業部のものだが、知識は会社のもの」という言葉が何度となく繰り返され、それを反映して、3Mは個人のノウハウや経験の開発を推進するだけでなく、組織中にそれを効果的に広め応用するよう奨励する職場環境をつくってきた。研修プログラムを入念に計画されたOJTで補完するという同社の手法は、組織のさまざまなレベルのマネジャーの職務経験にはっきりと見ることができる。

一九八九年、3Mのオプティカル・システム事業部の若手エンジニアだったアンディ・ウォングは、苦戦している同グループのリーダーシップをとるよう要請された。研究開発部の上級幹部のロン・ミッチは、この物静かで内気な青年に以前から目をつけていた。ウォングは、自己の動機づけ、粘り強さ、創造性という、まさに3Mが現場の起業家に求める資質のすべてを兼ね備えていた。ミッチはウォングがその潜在能力を発揮することができるよう、ビジネスに関する知識を体系的に構築し、若きエンジニアが有能な現場レベルのマネジャーとなるのに必要な、幅広い機能を担当させるよう考慮した。

ミッチからオプティカル・システム事業部の技術開発チームを率いるよう勧められたウォングは、社内に張り巡らされた技術ネットワークを利用し、専門家に声をかけたり、セミナーに出席したり、フォーラムに参加したりして、事業部が追求しているさまざまな光学技術に関する知識を深めた。こうして培った知識と、ウォング生来の洞察力、規律正しいスタイルとが一体となって、彼は、これまでバラバラだったチームの活動を、徹底的に集中させることを決めたのだった。

オプティカル・システム事業部の研究室で成功を収めると、次にウォングは、非効率的だったオプティカル・システム製造業務の担当となるよう命じられた。この配属の狙いは、企業ニーズに応えながらも、ウォングのビジネスに関する知識をさらに開発し、職能経験を広げることだった。これまで生産や物流の経験があまりなかったにもかかわらず、ウォングは社内に蓄積されたノウハウを利用して、一段と集中した技術を中心に製造工程を再設計し、生産工程を単純化し、物流を合理化することができた。その結果、コストを五〇パーセント削減できた。これは、ウォングの学習の成果を証明すると同時に、オープンで相互に助け合うという組織の規範が確立されていれば、まさに「知識は会社のもの」となることを証明したのである。

このように能力開発の機会に恵まれたことから、ウォングは以前の技術中心の知識に加えて、ビジネスに関する知識も広げることができた。また、かつての科学関係の人脈を超えて、組織全体の資源についても精通するようになった。ウォング個人の信用や業務の効果も高まり、オプティカル・システム事業部のゼネラル・マネジャーにふさわしい人材に育っていった。三年も経たないうちに、ウォングはチームの意欲を高め、戦略を立て、主要製品二点を開発して発売にまでこぎつけた。これによって二〇年以上にわたって衰退の一途だったオプティカル・システム事業部の業績を好転させ、ほとんど閉鎖されかかっていた組織を救ったのであった。

ウォングのような現場マネジャーが、細かな業務を運営するなかで知識やノウハウを開発する必要があるのなら、ウォングの上司であるポール・ギラーのようなミドル・レベルのマネジャーは、重要人物、経営手法、組織プロセスに関する理解を広げなくてはならない。そうすることでミドル・マネジャーは、コーチングや組織開発など、高い能力が必要とされる役割で成功することができる。このような能力の開発は非常に難しく、組織における幅広い経験に比べると、社内研修は必要な知識や理解を体得する手段としてあまり役に立たない。

ウォングと同様、ギラーも3Mでのキャリアの出発点は研究室だった。また、技術開発を超えて、その技術が生み出すビジネスに目が届く人物と考えられていた点も、ウォングと共通していた。その起業家精神に注目され、ニュービジネス・ベンチャー事業部に配属されたギラーは、ウォングと同じように生来の行動力と直感力をもって、潜在性の高いアイデアや技術の市場機会、事業への応用を考えるという任務を遂行した。

人的資源管理のスキルに長けている点とグループをまとめる能力が認められ、ギラーは立て続けに三つの事業部の異なる任務を渡り歩いた。この間に、彼は3Mのフォーマル、インフォーマル両方のプロセスを理解し、それをマネジメントする経験を積んだ。特に、ヨーロッパでディスポ製品の事業部ディレクターを務めたことは、複雑なものを管理するうえで貴重な経験となった。そこでは、競争が激しく変化も早い事業において、多様性に富んだグループと、独立したユニットの活動をとりまとめた。

ウォングと彼が所属するオプティカル・システム事業部のゼネラル・マネジャー、そして後にバイス・プレジデントに任命される頃には、ギラーは現実的なビジネスの知識に加えて、対人関係のマネジメントや組織開発に目を向ける繊細さも持ち合わせていた。こうした資質は、ウォングのチームが成功を収めるのを手助けするうえで大切な役割を果たした。苦戦していたオプティカル・システム事業部に、ハードルの高い目標や締め切りを課したのはギラーだった。また同時に、チームの閉鎖を求める声が強まるなか、ウォングやチームを守ったのも彼だった。

ギラーは、漠然とした製品の夢を実行可能な事業に転換するため、チームに三段階の分析・見直しプロセスを経るよう要求した。また、技術、マーケティング、財務の支援を確保するため、陰で画策した。資源不足に悩んでいた同事業部は、プロジェクトを成功させるためにこうした支援が必要だったのだ。ギラーは、自分の主な仕事は「社員がアイデアを提案し、それが支援されるような環境をつくり出すこと……ビジネスを開発できる人材を育てること」だと考えている。自身の幅広い組織開発の経験を通じて蓄積された、3Mの社員とプロセスについての知識があったからこそ、ギラーはそれを実行することができたのだ。

トップ・マネジメントに求められる知識や、経験に基づいたコンピタンシーはもっと定義が幅広く、開発するにも時間がかかる。事実、3Mの元CEOであるルー・レアーは、この会社でトップに就任するのは、退職まであとわずか一〇年くらいの人材だろうと語る。その理由は、「3Mのように豊かな企業文化を持ち分権化された企業で、有能なトップとなるのにふさわしい幅広い経験を積むには、三〇年から三五年が必要だ」からである。

3Mが、次のレベルのマネジメントで成功する資質を持った人材に知識と経験を身につけさせるために、どれほど力を入れているかを知るには、一九九一年にCEOに選出されたリビオ・デジモニが教科書的な例となろう。初期段階では社内研修、次に実践的な能力開発を重ねたデジモニは、技術、エンジニアリング、製造管理部門を経て、ゼネラル・マネジメントを担当した。まずブラジルの子会社のマネージング・ディレクターに任命され、それから3Mの南米事業部の地域担当バイス・プレジデントとなった。

トップ・レベルのリーダーとしての潜在能力を秘めたシニア・マネジャーとして、デジモニはその役割にふさわしい知識や経験を持つ機会を得た。「私の能力開発にいつも関心を注いでくれる人たちがいた」デジモニは3M最高の地位に就任したとき、このように語った。同社の多様な事業、市場、技術への理解を深めさせようという配慮から、八〇年代に彼は三つの事業部門のトップを次々と歴任した。しかし、この能力開発のための配属は、ビジネスの経験を積むためだけではなかった。キャリアの大半を3Mの広域な海外業務に費やしてきたデジモニは、本社の組織環境についても理解する必要があった。3Mの組織環境は、同社の起業家的イノベーション・プロセスの枠組みとなり、それをサポートするものだ。

デジモニが本社レベルでこの課題に取り組んだ一〇年間、彼は組織の中核で注意深く育まれる組織構造、プロセス、組織文化にどっぷりと浸かった。ついに彼は八六年に3Mの取締役に昇進したが、これにはいくつかの目的があった。昇進はこの有能なマネジャーに対する報酬であるとともに、彼がトップの候補者であるという明らかなシグナルだった。昇進によって、彼はそれまで蓄積してきた知識や見識を、取締役として活用できるようになった。そして何より重要だったことに、3M生え抜きのデジモニが、経営に対して異なる手法やアプローチをとる他社出身の取締役のものの見方や経験に触れることができた。

3Mをはじめとする多くの高業績企業では、新しく定義された現場レベル、ミドル・レベル、トップ・レベルのマネジメントの役割に必要な、さまざまなコンピタンシー・プロファイルを確立するうえで、研修や能力開発が大きな役割を果たす。だが、こうした企業のとるアプローチは、標準化された研修プログラムとおきまりのキャリアパスを型通りこなしていく、従来のモデルとはまったく懸け離れたものである。こうした企業は、社員を一面的な「組織の中の人間」の型に押し込むのではなく、教育活動とキャリア経験のポートフォリオを用いて、各人各様の特性や才能を活用するのである。インテルのアンディ・グローブは次のように語っている。

わが社は当初、大企業のようなキャリア・プランニングを始めたが、放棄してしまった。あまりに複雑だったからだ。今日、インテルの社員は上、横、下とあらゆる方向に異動する。柔軟性があれば、自分の能力開発を図り、会社に貢献できる場を見つけることができる。インテルでは、キャリア・アップは、組織図の階層を昇進していくことではなく、会社のニーズを満たすことで実現される。

後にスキルと能力が挙げられる。これらの特性は通常、個人の成功を占う最も確かな指標となる。特定の職務の主な役割と、中心となる業務に直結しているからだ。現場レベルの起業家にとっての主要スキルとは、多くの場合、可能性の高い機会を認識し、とらえる能力だ。ミドル・レベルの能力開発者としての役割では、現場の者に効果的に権限委譲する能力が大切である。トップ・レベルのリーダーとして開発されるべきなのは、ワクワクするが、それでいて要求水準の高い職場環境をつくり出す能力である。

個人の資質に加えて研修と経験を重ね、理想的に要件を満たしていると思える人物でも、新しい職務ではうまくいかない場合がよくある。ある程度の満足と本当に傑出した業績の違いを生む、きわめて重要だがとらえどころのないスキルを、単に発揮しえない者もなかにはいるのだ。これは、スキルを応用できるかどうかは、生来的な資質や特性と蓄積した知識や経験との相互作用から生じる、理解や能力による部分が大きいからである。事業や人材の可能性を見出すなどの起業家に大切なスキルは、生まれ持つ資質ではないが、かといって簡単に訓練できるものでもない。しかし、生まれつき好奇心が旺盛で、直感力に富み、特定のビジネスと組織環境をきめ細かに理解した人であれば、やがて芽生え、育まれるスキルであることは確かなようだ。

◉スキル習得のためのコーチング

個人の態度や特質、開発された知識や経験に加えて、個人のコンピタンシーの要素として、最

こうしたスキルを開発する秘訣は、生来の才能や蓄積された経験を、ある特定の職務に応用す

るよう、コーチングしサポートすることである。実際、このコーチングの役割は非常に重要になっており、現在、特に組織のミドル・レベルでは、コーチングこそが主要な責務であるとされている。

初めはオプティカル・システム事業部の小さな研究室の室長、そして製造業務のマネジャー、最終的にはユニット全体のトップに立つ現場の起業家としてのアンディ・ウォングの成功が、いかに細心の注意を払った能力開発に基づいたものであったかはすでに述べた。だがその裏側では、ウォングの非公式のメンターであるロン・ミッチと、直属の上司であるポール・ギラーが、きわめて重要なコーチ役を演じていた。この二人の支援があったからこそ、ウォングは持ち前の才能と急速に積み上げた経験を、洗練されたマネジメント・スキルへと転化することができ、行き詰まったオプティカル・システム事業部の業績を好転させることができたのである。

マネジャーに求められる重要な新しい役割（起業家やリーダーなど）について語るとき、高業績企業のマネジャーは一般に、重要なスキルは「学ぶことはできるが、教わることはできない」との思いを抱く。メンターによる個人指導が一般に行われている企業では、コーチングが個人の生まれながらの能力と体得した知識や経験とを融合させ、このとらえどころのないスキルを生むうえで何か神秘的な触媒作用を果たしていると考えられているのだ。

メンターによる個人指導の力を最も強く信奉している企業リーダーの一人が、ペプシコのＣＥＯロジャー・エンリコだ。ＣＥＯに任命される三年前、エンリコは業務責任から離れ、時間の半分を、次世代の事業部長になる可能性を秘めた若手幹部グループとの人的ネットワークを作ることに割いた。彼は研修会を開き、入念に選考した参加者に「大きなアイデア」、つまりビジネスに大きなインパクトを与える可能性のある提案を用意してくるよう命じた。

おきまりのマネジメント・グループやファシリテーターは呼ばずに、エンリコ自身がセッションを行った。参加者一人ひとりと個別面談し、彼らが準備してきた提案について詳細に討議した。五日後、マネジャーたちはそれぞれの組織に戻り、自分のプロジェクトを実行に移した。九日後、グループは再び集まって進捗状況を報告し、その後の対応策を討議した。このプロセスの間だけではなく終了後も、エンリコは依頼に応じてグループのコーチ、アドバイザー、メンターの役割を続けた。

これは当時のペプシコのCEOであったドン・ケンドールと彼自身との関係を再現したものだった。ケンドールが支援してくれたことは、当時若手マネジャーだったエンリコに非常に強い印象を残したのであった。

集中的なコーチングを通じて、社員のスキルと能力開発にひときわ熱心に取り組んでいるのがマッキンゼーだ。これは同社に深く根づいた伝統だったが、一九七〇年代には、一時的にこの取り組みが弱まったかに見えた時期があった。この頃同社は成長が鈍化し、トップ・マネジメントが選ぶコンサルティング会社としての評判は色褪せつつあった。同社の企業目的ゴール委員会(Commission on Firm Aims and Goal)は、マッキンゼーが「地域の拡張と事業拡大の追求にとらわれすぎて、テクニカル・スキルとプロフェッショナル・スキルの開発を怠った」と直截的な結論を出した。

この報告を踏まえてパートナーたちは、有望な若手新入社員が、いわゆる「T型コンサルタント」になるよう、もっと集中的な能力開発を行わなければならないと決意した。専門的な業界知識や業務機能に関するノウハウ（Tの縦線の部分）は、大部分が社内研修や集中的な経験を積むことで会得できる。だが、マッキンゼーがライバルのコンサルティング・ファームと差別化しているのは横線の部分、ゼネラリスト的な問題解決能力と顧客開発能力であった。経験を積んだコンサルタントであれば身につけているこうした特性は、重点的なカウンセリングと、社内で「徒弟制度」と呼ばれるメンタリングを通して体得するのが一番である。

徒弟制度的な人間関係に再び力を入れるうちに、マッキンゼーはついにコア・ミッションを再定義するに至った。マービン・バウアーが浸透させた「顧客に尽くす」という積年の取り組みに加えて、パートナーたちは「偉大な企業になる」という第二のゴールを追加することを決意した。当時マッキンゼーのマネージング・ディレクターであったフレッド・グルックは、この第二の側面こそが柱となるかもしれないとさえ言った。

マッキンゼーを見る見方には二通りある。最も一般的な見方は、私たちは顧客サービス会社で、第一の目的は「助けを求めている会社に尽くす」ことである。それは正当ではあるが、もっと強力な見方があるはずだ。私たちがいま取りかかるべき第一の目的は、意欲の高い、ワールド・クラスの人材を輩出する原動力となる、偉大な企業を築くこと、そしてその人材が顧客にひときわ優れたサービスを提供することである。

非常に有能な、やる気にあふれた若手新入社員のスキルや能力の開発に力を入れるという点は、ワーウィック・ブレイのキャリアに明確に反映されている。ブレイはオーストラリア出身の若いシステム・エンジニアで、MBA（経営学修士号）取得後、マッキンゼーのメルボルン支社に入社した。最初の三年間、ブレイは遠距離通信業界に興味を持ち、規制緩和が主要企業に及ぼす影響に関する研究に取り組んだ。業界についての専門性に磨きをかける一方で、彼は有能なコンサルタントとしても成長していった。その成長は、初めてのエンゲージメント・チームに配属されると同時にスタートした、集中的なコーチングによるところが大きい。

同社の慣行により、エンゲージメント・マネジャーはアソシエイトと面談し、個人が研究を通じて取り組む自己の能力開発目標を話し合い、合意することになっていた。日々のコーチングに加えて、ブレイはエンゲージメントの中間と終わりにもエンゲージメント・マネジャーから詳細な評価とアドバイスを受けた。

このような過程を経ていくつかの研究を行ううちに、ブレイは徐々に問題の核心を認識し、さまざまな問題解決アプローチを使い、責任を分担し、仕事をまとめる能力を身につけていった。

これらの能力は、創造性、洞察力、イニシアチブを開発するカギとなるスキルである。そしてこれらのスキルは、第一線で働く有能なコンサルタントの特徴ともなる。

集中的な仕事を通じてのコーチングに加え、ブレイは担当のパートナー・レベルのメンターから、継続してアドバイスと支援を受けた。こうしたメンターはマッキンゼーの社内用語では「デベロップメント・リーダー」と呼ばれる。ブレイはこのデベロップメント・リーダーと四半期ごとに面談し、キャリアの進捗状況を見直し、個人として、プロフェッショナルとしての能力開発についてアドバイスを受けた。デベロップメント・リーダーとの話し合いの中で、ブレイはまず、海外で働いてみたいと申し出た。デベロップメント・リーダーは、海外勤務はブレイの電気通信業界に関する専門知識を深めるとともに、全般的なコンサルティング・スキルを高めると考え、ロンドン支社への短期出向を手配した。

ロンドンでブレイは、ヨーロッパの通信事業関連業務に携わり、そこで最も徹底したコーチングを受けた。プラクティス・リーダーのマイケル・パスタロス・フォックスは、このオーストラリア出身の青年の面倒を見、プラクティス開発レポートを書くよう勧めた。このレポートを書いてみることで、ブレイの思考はまとまり、同時に影響力も拡大していった。それからパスタロス・フォックスは、ブレイが顧客企業の経営幹部に対してアイデアをプレゼンテーションする機会を与え、いかにして効果的に重要なポイントを伝えるかを教えた。彼はまた、自分が指揮している大きな案件で、ブレイにエンゲージメント・マネジャーを務めさせた。その際、ブレイが集中力と人の意欲を高める能力を伸ばすのを手伝った。

これに加えてパスタロス・フォックスは、ブレイに他のヨーロッパ諸国でエンゲージメント・チームのアドバイザーを務める道を開き、ブレイがネットワークを構築し、より多くの役割を演じることができるよう支援した。

パートナーの候補者となる頃には、ブレイはマッキンゼーの厳しい基準を満たすだけのスキルをすべて身につけていた。通信業界の知識を徹底的に習得したおかげで、プラクティス開発に積極的に貢献することができた（社員はこれを「雪玉づくり」〈snowball making〉と呼ぶ）。また、彼のコーチやメンターが教え込んだ問題解決力、人的管理能力、ネットワーキング・スキルにより、ブレイは、パートナーになるのに重要な顧客開発能力（「雪玉投げ」〈snowball throwing〉と呼ばれる）を会得した。

パートナーとなったブレイは、まったく別のスキルや能力を身につけなければならないことを知る。マッキンゼーは、一九七〇年代初めに起こった危機をきっかけに、「顧客開発（マッキンゼーの若手コンサルタントはこれに向けて修練を積んでいた）ばかりに力を入れていると、長期的には会社の評判を落としかねない」との全社的な認識を持つに至った。フレッド・グルックが強調したように、パートナーは視野を広く持って、新規に採用された若手コンサルタントのコーチングと能力開発に力を注ぐ必要があった。新規採用は、九〇年代半ばには年間五〇〇人以上にものぼっていた。

ワーウィック・ブレイは、パートナーとして直面する難しい問題をよく理解しているようだった。パスタロス・フォックスは九六年に、ヨーロッパの通信事業グループのトップを降りるときが来たと考え、この若いオーストラリア人の部下に、共同のプラクティス・リーダーとなるよう申し入れた。何を優先するかを聞かれたブレイは真っ先に、「最高のアソシエイトを採用し、能力開発をして定着させること」と答えた。

自身が過去八年間にわたって、このように徹底したコーチングと指導を受けてきただけに、ブレイは当然のように「通信事業プラクティス担当の社員と同様の関係を築くことが自らの役割である」と認識した。しかし、パートナーとなった後でさえも、ブレイはシニア・ディレクターたちから徹底したフィードバックや支援を受けた。これによってブレイは、新しい役割に必要なメンタリング・スキルを伸ばすことができた。

同じように効果的だったのは、マッキンゼーのリーダーが新任パートナーに対して、自社の例を用いてパートナーの重要な役割である能力開発のコーチングを行ったことだ。グルックの後任としてマネージング・ディレクターとなったラジャット・グプタは、時間の半分以上を人事関連業務に割いた。その中には若手パートナーのコーチングも含まれていた。グプタは顔の広さを生かして、「プラクティス・オリンピック」と呼ばれる全社的イベントを始めた。世界中から集まった若手アソシエイトのチームが、自分たちがあたためた新しいコンセプトやアイデアを発表するというものだ。決勝戦出場者は、グプタを含む審査員グループと対面する。グプタは世界中の四〇〇〇人のアソシエイト全員と関係を築くことも、アドバイスを与えられるはずもなかったが、このように注目度の高い場でロールモデルを演じることで、パートナーのコーチとしての役割の大切さを強調しようとしたのである。

グプタが発見したのは、マッキンゼーの組織を率いるのに必要なスキルは、優秀で起業家的な現場コンサルタントや、パートナー・レベルのコーチに必要とされるスキルとは違っているということだった。組織のリーダーの役割に必要な能力とは、業務効率を高める「適合とアライメント」のニーズと、組織内の動的な不均衡感から生まれる「機会と刺激」のバランスをとることだ。この絶妙なバランスを達成するのは難しい。それには、刺激とチャレンジを職場環境に必須の要素にすると同時に、社員が安心感と自信を持って高い目標に向けてストレッチできるよう、組織に信頼と信用を広めるという、高い能力が必要とされるからである。

この組織構築スキルは、一般的にはそれが最も成功しそうな限られた人に入念にコーチングし、サポートすることで育まれてきた。フレッド・グルックはそうした数少ない個人の一人だった。ベル研究所からマッキンゼーに移ってきたときから、グルックは、自分にはビジョンと野心があることを示した。当時マネージング・ディレクターだったロン・ダニエルは、グルックの中に秘められた情熱を見出し、知的資産開発の全社的な責任者にならないかともちかけた。

ダニエルの励ましと支援のおかげで、グルックはその役割を遂行した後、プラクティス開発担当のアソシエイト・マネージング・ディレクターに昇進した。このプロセスを通じて、グルックは個人のスキルと人間関係を築くことができ、後にこの保守的な企業の企業文化を抜本的に変革する際に、これらを役立てた。インスピレーションあふれる概念的な考え方(知識開発を戦略的に位置づけたり、会社をワールド・クラスの人材を育てる機関と見なすなど)を生み出す一方で、意欲を高める現実的な課題(エンゲージメント終了後に監査を行ってチームの効果を測定することにより、顧客サービス度を測るなど)を与えるグルックの能力は、大部分がダニエルと集中的に働いたことで身についたスキルであった。

グプタもマネージング・ディレクターに就任すると、組織構築力を大いに発揮した。「ワン・ファーム」の理念の下で安心感とコミットメントを強化する一方で、インドや中国、ブラジルへの進出を図り、知識開発を新たな水準にまで高めるために、プロジェクト六件を立ち上げた。

マッキンゼーに持久力があるのは結局、パートナーたちが自分たちのビジネスを「科学というよりは手づくりの仕事」だと認識しているためだ。経営は「科学」であるとの信条の下に、ツールやテクニックの開発に巨額の投資をし、それをコンサルタントのトレーニングに使用する同業他社とは異なり、マッキンゼーのパートナーたちは、このようなパッケージ化された育成コンセプトには慎重な態度を崩さなかった。

コンサルティングは手づくりの仕事という考えの下、マッキンゼーは、スキル開発のためのコーチングに多額の投資を行い、創造的かつ規律の行き届いた現場コンサルタント、能力開発重視のプリンシパル、組織を構築するディレクターがそれぞれに要求される水準を満たすようにした。

膨大な候補者の中から徹底した採用プロセスを経て新入社員を選び出すため、同社の新人コンサルタントはほとんど皆、期待される役割を果たすだけの生まれながらの知性、やる気、人格を備えている。一流の教育機関の卒業生である彼らは、自分たちに必要な知識やノウハウを素早く習得する。それでもパートナーになれるのは五人に一人で、パートナーのうちディレクターに昇格できるのはその半数にも満たない。

この統計からは二つのことが言える。マッキンゼーの水準がきわめて高いこと、そしてコーチングやメンタリング（おおむねパートナーの時間の平均一〇パーセントから二〇パーセントが費やされる）に巨額の投資をしているにもかかわらず、個人が成功できるかどうかのカギとなるスキルを開発するのは難しいということである。

しかし、このスキルを身につけた個人と、それを育み、要求を突き付け、ときになだめすかしながら、触媒としてのエネルギーを発揮してきたコーチにとって、同社での成功は非常に達成感を得られるものである。あるシニア・パートナーは次のように語った。「（メンタリングの）関係は善意から始まる。しかし、時が経つにつれ、はるかに感情的な思い入れとなる。……単なる問題解決力や人的ネットワークだけでなく、それ以上のものを伝えなければならない――志を伝え、価値観を刷り込み、意気高揚させ、何だってできるという考え方を教える必要がある」

彼から指導を受けている社員の一人は、それを受けてこう語った。「だれか支えてくれる人がいるとわかっていれば、より大きな自信が持てる。自分が居心地のよい範囲にとどまる必要はない――メンターの、はるかに広い範囲の中で活動できるのだから」。その大きな安全圏での業務を通して、個人は新たに重要なスキルを身につけることができるのである。

個人の潜在能力を発見する

過去に「マトリョーシカ」のモデルが有効であったのは、それが従来の事業部制のヒエラルキーが達成しようとする職務に、マネジャー全員を集中させたからだ。その職務の中核とは、貴重な資源を蓄積し、分配し、測定し、管理することだ。この組織構造とそれをサポートするマネジメント・モデルは、服従、コントロール、契約、制約の行動環境と相まって、「組織の中の人間」の行動を予測管理が可能なものとしたのである。

しかし、トップ・マネジメントによる資本割り振りの決定を支持するよう行動を強制すると、戦略が停滞してしまう。マネジメント・モデルの画一性を追求して個人の差異を抑制するのではなく、知識ベースの環境においては、多様な視野、経験、能力のほうが、組織の資産として重要であることを企業は認識しなければならない。

「個を活かす企業」という新しいコンセプトの核心にあるのは、「企業は個人の異質性、果ては奇抜性までをも最大限に利用しなくてはならない」という、これまでとは根本的に異なる考え方である。そのためには個人独自の能力を認識し、開発、応用する必要がある。奮闘している新入社員の中に潜在能力を見出すには、スキルと感性が必要だ。彼ら独自の能力を開花させるには勇気と忍耐が求められる。しかし、だからこそ、最終的に個人と組織が得る見返りもまた莫大なのである。

第8章 変革プロセスのマネジメント
――企業再生の三段階

一九八〇年代の後半くらいから、世界中の企業はリストラ、組織階層の削減、事業の再編、リエンジニアリングの波に、立て続けに襲われてきた。実際、過去一〇年間に一度も、何らかの形で企業革新をやろうとしなかった会社など、ほとんどないのではなかろうか。だが、企業変革は成功した例があれば、同じ数だけ大失敗した例もある。ＧＥの劇的な業績改善と、ウェスチングハウスが危機に悩み苦しんだ事態とはあまりにも対照的であるし、ＡＢＢが電気技術事業の分野でグローバル・リーダーの座に上り詰めたことは、日立が傾きかけた命運を逆転できないことをかえって際立たせている。九〇年以降のフィリップスの復調は、その前の一〇年間の混乱に満ちた紆余曲折をかえって目立たせてしまうのである。

私たちは調査の過程で、非効率な業務を合理化し、効果のない戦略を活性化し、疲弊した組織を再生するために数え切れないほどのプログラムを実施した企業、二〇社以上を調査した。ある企業は変革という過酷にして痛みを伴う闘いの中で成果を出せるのに、なぜ別の企業は官僚主義の重しを変革プログラムの重圧に入れ替えるのが精一杯なのか、私たちはその答えを探った。

企業変革のプロセスに成功した企業と、うまくいかなかった企業との違いを観察するうちに、二つの違いに気がついた。第一に、うまくいった変革プロセスは、必ずと言っていいほど、慎重に手順が組まれたアプローチに従って、特定の組織力を順序立てて開発していくことを主眼としている。第二に、実際の変革が起こるのは、個人の行動が継続的かつ真に変化し、組織構造の再編を支えたときだけだ、ということである。

本章では、企業がいかにして従来の事業部制のヒエラルキーから進化し、起業家精神、組織学習、自己再生といった、第Ⅱ部で述べた個々の能力を開発し続けることにより自己変革を行う個を活かす企業となったのか、その一般的なプロセスのモデルを紹介する。また、その中で企業の行動環境、組織プロセス、再定義された個々の能力の開発や相互作用を通じて個を活かす企業を実現していったのか、例を挙げて説明する。

変革の過程

変革を行おうとして失敗した企業の問題は、「あまり変えようとしなかった」のではなく、「あまりに変えようとしすぎた」ことが大半である。九カ月間にわたって観察したある企業では、こんなことがあった。大掛かりなリストラを断行した後、新しく就任したCEOがリトリートを行って一連のビジョンづくりに乗り出す。その成果の一つとして、ミドル・マネジメントお墨付きの、同社の重要なコンピタンシーを定義する。次に専門の委員会に引き渡し、もっと効果的にコンピタンシーを開発・マネジメントできるかを提案させる。その一方で、新しく任命されたCKO（知識統括役員）は、同社がより効果的に学習する組織となるような施策を開始する。バラバラに、同時に二つの施策が行われているなか、コンサルタントが呼びつけられ、リエンジニアリング・プログラムを作成するよう依頼される。

まさによくある話。この話はある企業で起こったことだが、ほかにもこうした企業が数多くあるかもしれない。マネジャーたちはより効果的な組織モデルを必死に求めて、関連のない活動プログラムを拙速に、ほとんど思いつくままに実施する。多くの企業で現場のマネジャーたちが、多岐にわたり、しかも一貫性のない優先順位を押し付けられて困り果てているのも当然だ。

それとは反対に、より柔軟で反応のよい組織へと見事に変貌を遂げた企業の大半は、何を達成しようとしているのかをはるかに明確に理解しており、きわめて中身の濃い、けれども比較的シンプルな一連の行動をとっている。どうしても直感的な方法をとりがちであるし、しかも個々の企業が独自のやり方を採用しているが、振り返って比較してみると、変革に成功した組織がたどってきた道には、驚くほど共通点があるのだ。

ジャック・ウェルチがGEで実施した一連の変革について語るときの、単純ではあるが強力なアイデアに基づいて、私たちはあるモデルを開発した。それは私たちの調査対象の企業数社（ABB、モトローラ、コマツ、AT&T、コーニングなど）の変革の道をもとらえているようである。私たちの大前提は、いかなる企業の業績も、各構成ユニットの強みと、ユニットが効果的に統合されているかどうかにかかっているということである（このモデルは、組織のバリューチェーン〈価値連鎖〉上にある機能ごとのグループや、シナジー効果を狙った事業のポートフォリオ、あるいは異なる国の子会社をつなぐグローバル・ネットワークにも、同じように適用される）。私たちはこのシンプルではあるが根本的な前提を使って、**図8-1**に示した企業変革モデルの二つの軸を定義した。

企業が変革という課題に直面すると、大半の企業は図中の円で示される、さまざまな業務ポートフォリオを持っているのに気づく。❷の枠ではっきりとした別々の円で示されているのは、強力で、独立したユニットや活動だ。また、個別には良い実績を上げていなくとも、よく統合されたオペレーションは、❸の枠で、一部重なり多少ぶれた円として示されている。そして最後に、大半の企業には、個々の業績が芳しくなく、互いの資源や能力を結び付けたり利用したりする効果もない事業ユニットや海外子会社、機能別の組織が存在する。これは❶の枠で、はっきりしない、バラバラの円で示されている。

最近の企業変革活動のほとんどは、この二つの軸のどちらか一方向、あるいは両方で業績を向上させることを目的としている。プロセスの全体的な目的は、このポートフォリオ全体を❹の枠

図8-1 ▶ 企業変革の実行プロセス

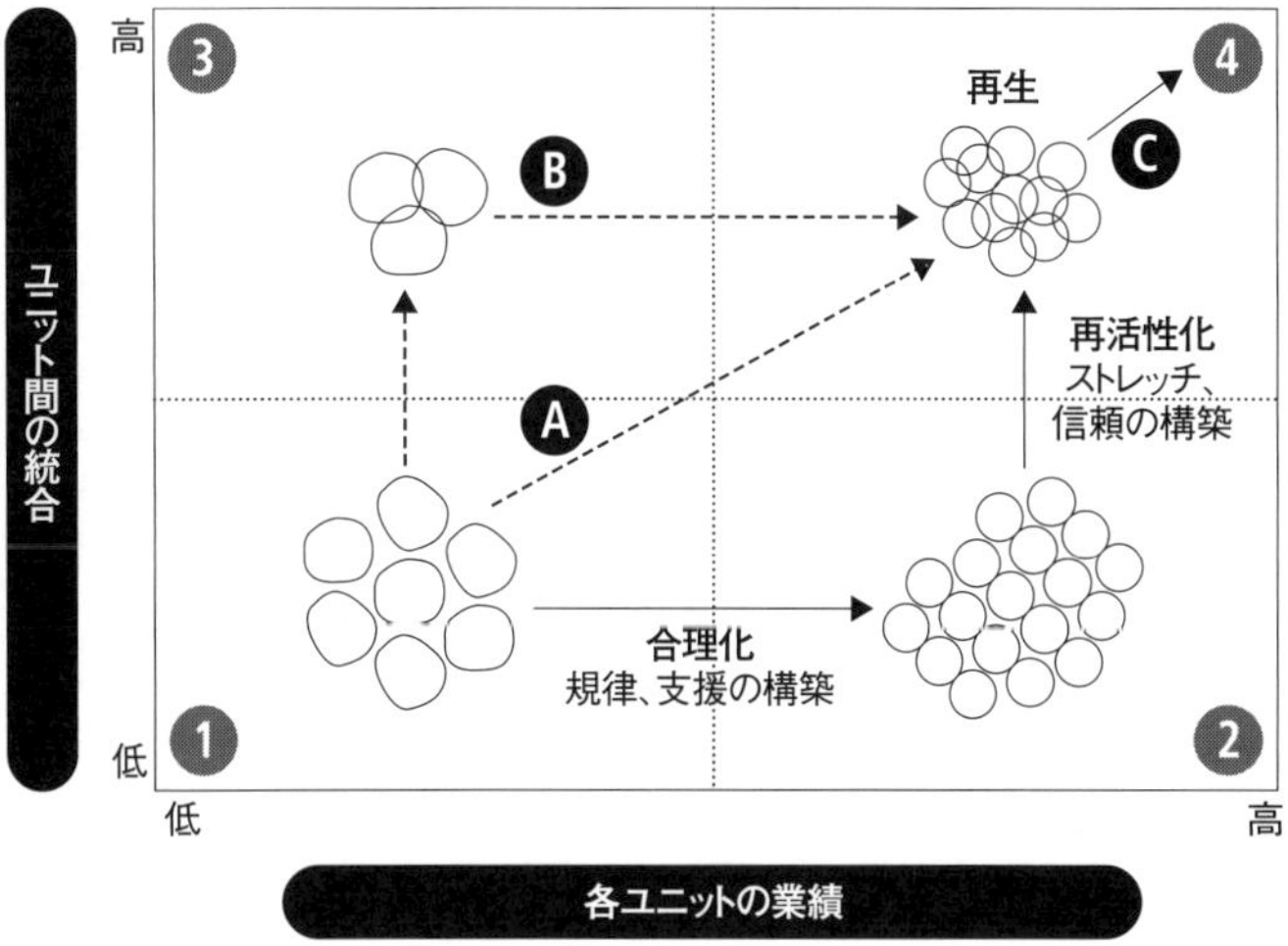

に移動させること、すなわち、個々に強力なユニットが協力し合い、単独では達成できないような競争優位性を創り出すことである。

一九八〇年代のGMのように、企業によってはこの二つの軸における業績の改善を同時に狙い、図中の斜めの線Ⓐに示されるアプローチをとった。知的興味にも心情的にも訴えるやり方だが、この大胆なアプローチは、効果的な変革を阻む矛盾や複雑性を、社内に生み出してしまう場合が多い。

GMがこれに気づいたのは八〇年代に、五つのオート事業部に対し、それぞれの市場シェアと利益率を伸ばし、同時にユニット間の相乗効果も高めるようプレッシャーを与えたときであった。だが経営陣はやがて気づいた。車のボディのスタイリングとシャシーのデザインを調整しようとすれば、各市場に応えて差別化を図ろうとする事業部の能力と相容れないことが多いのである。当然、この試みは失敗に終わった。

他の企業が変革を目指してまず行ったのは、統合を進めることであった。これは組織間のシナジーが強まれば、それだけ個々のユニットの業績を向上させることになるだろうという仮定に基づいていた。図中の線Ⓑに示されるこの変革モデルは、八〇年代半ばにフィリップスで実施されたものである。

同社社長のコルネリス・ファン・デル・クルフトは、大胆な組織再編に着手し、コンシューマー・エレクトロニクス、業務用エレクトロニクス、電子部品、および照明事業を、同社の「コアの相互依存」業務であると宣言した。そして、それぞれの業務が、相互依存性を管理できるような組織構造とプロセスを作り出そうとしたのだ。

しかし、内部に大きな問題を抱えてもがいている個々の業務を統合するのは、あまりに難しいことがわかった。たとえ統合に成功したとしても、競争力のない業務同士を結び合わせると、もっぱら互いの弱みを増幅してしまう。八〇年代後半に企業業績がどんどん落ち込んでいた時期に、フィリップスのマネジャーたちは次のようなブラック・ジョークをよく口にした。「太った酔っぱらいが四人集まっても、効果的なチームにはならない」

矢印Ⓒで示されている三番目の変革のやり方は、まさにABBで過去八年間に起こった変革を示している。第一段階として、バーネビクは古い官僚主義的な上部構造を取り除いていった。現場の事業会社一二〇〇社による効率的な業務運営を核とした組織再編に注力するためだ。この段階において、ABBはドン・ジャンスのような隠れた現場の起業家たちを発奮させ、自分をオーナーだと思って事業を展開するよう命じた。

現場の起業家精神が再び育ち始めると、バーネビクは組織を変革プロセスの次の段階に移行させ、統合された学習する組織を作り出そうとした。この段階では、全社を通じて起業家促進策の中で開発された貴重な資源やノウハウを結び付け、応用することに専念した。こうした施策を通じて、ABBはヨーロッパやアジア、アメリカに何十とある事業会社の製品と技術を結び付け、インドや中国では、完成引き渡し方式の発電プロジェクトを完成させた。

九〇年半ばには、バーネビクはABBの変革の進捗状況に満足していたものの、そのプロセスが完了してはいないことを承知していた。今世紀の終わりに近づき、ABBは変革プロセスの自己再生段階に入ろうとしていた。

この段階では、組織は新しい企業モデルにおける緊張状態のバランスを保ち、内在するパラドックスを管理することを学ばなくてはならない。マネジャーは個々のユニットの業績向上に努め、なおかつ組織間の統合を実現し、全社レベルの利益を確保しなくてはならない。しかも、マネジャーはそれを、運営効率を求める厳しい要求と、革新的な拡大に挑もうという気風とがせめぎあう組織環境の中で成し遂げなくてはならないのだ。これは私たちが「酸いと甘いを調合するマネジメント」と表現するマネジメント・モデルである。初めの二段階と同様に、再活性化段階の成功は、ＡＢＢ社員の視点と行動が根本的に変わるかどうかにかかっている。

企業変革の中で組織文化、価値観、組織の規範などのソフトの変革と、戦略、組織構造、システムのハードの変革に対して、このいくつものフェーズから成るモデルがどのように運用されるのか。その詳細を知るには、現代で最も賞賛を浴びた企業変革の例、ジャック・ウェルチのリーダーシップでよみがえったＧＥを見てみるとよい。多角化に走った他の企業のほとんどが空中分解していったのに対し、ウェルチは、個々のビジネスの業績を高め、複数事業の相乗効果を上げることで、効果的な企業経営は計り知れない価値を生み出せることを証明した。実際、同社の時価総額が一五年間で一一五五パーセントも上昇したのは、「ウェルチがＧＥのビジネスのやり方を根本的に再定義するのに成功したからだ」というのが、世間の受け止め方だった。

シンプルな変革モデルを説明するためにＧＥを例として用いるのは、さまざまな意味で最適だ。第一に、ＧＥは非常に典型的な古い階層型の企業モデルそのものであったため、同社が個を活かす企業に変わるという取り組みは特に大変なものであった。第二に、ウェルチが他社に先駆けてこうした劇的な変革を推進したため、変革プロセスの長期的な影響を観察することができた。第三に、これらの理由により、ＧＥが企業変革のベスト・プラクティスとして広く認められ、ウェルチ自身はこうした変革のリーダーのモデルとなったからである。

第一段階：合理化　起業家的な動きを創り出す

一九八一年にCEOに就任したとき、ジャック・ウェルチが引き継いだのは、世界の大企業の中でも最も優れた経営が行われていると見なされる組織だった。GEは戦略事業単位のコンセプトを生み出し、世界中の企業の模範となっていた。同社のプランニング・プロセスは長い間業界の標準であり、高度な戦略ポートフォリオ計画用ツールの応用の先駆けとなった。世界中の大企業は、増大する戦略事業単位のポートフォリオを管理するための、同社のグループやセクターの経営手法を真似た。要するに、GEは多角化が進んだ大企業のベンチマークだったのである。専門的に管理された事業部制のヒエラルキーを持つ企業にとって、同社はまさに現代の基準となる存在だった。

さらに、ウェルチが指揮権を引き継いだレグ・ジョーンズは、アメリカで最も賞賛された企業リーダーで、『フォーチュン』誌が「経営の生きる伝説」と評したほどの人物であった。その後を継いで、最先端のものとしてすでに広く受け入れられている同社の新しい手法に磨きをかけていくのは、楽だったかもしれない。だが、それはウェルチの流儀ではなかった。CEOになるや、業績が水準を下回る事業があまりにも数多くあることや、組織があまりにも官僚主義的であることにいらだち始めた。ウェルチは、GEを過去の成果の上に築き上げるのではなく、事業をリストラし、組織を再編成し、マネジメント・プロセスを再定義し始めた。『フォーチュン』誌は、GEの取締役会が「『伝説』に取って代わるやり手」を選んだと予見したが、ウェルチはそれをまさに地で行っていた。

ウェルチは組織をコンピュータになぞらえて、既存の事業戦略や組織構造、マネジメント・システムなどの「ハードウエア」のほうも変えていく必要性があると考えた。プロセスを合理化していくなかでハードとソフトの両面を取り入れたが、同社の制度下で何年にもわたって訓練を受けてきたせいで、ウェルチは初めのうちは「ハードウエア」だけでなく、従業員の価値観、意欲やコミットメントなどの「ソフトウエア」を変えることを偏重していた。

◉ハードウエアを変える

ウェルチがCEOに就任したときは不況の真っ只中にあり、日本企業との激しい競争で多くの産業部門がダメージを受けていた。そこでウェルチは、GEの事業ポートフォリオの業績と、戦略的競争力の改善に着手することを決めた。彼の作った基準はいたってシンプルだった。それは、各事業を世界市場でナンバー1かナンバー2の座に着け、「最良を凌ぐ」品質と業績を達成する、というものだった。この基準を満たさない事業に対して、彼は「立て直すか、売却するか、そうでなければ閉鎖する」と言った。

それは、同社の戦略ポートフォリオを徹底的に作り直す大胆な動きだった。一九八〇年代にGEは、八〇年の売上げの約二五パーセントに相当する事業を売却するか閉鎖したのである。そして一〇億ドル近い資産を売却するのと時期を同じくして、残る一位か二位の競争力のある事業を強化するために、一七〇億ドルの買収を行った。

新しく厳しい戦略基準の下で事業レベルの組織が行動を始めるに従い、ウェルチは階層や本社スタッフが多すぎることが、頭角を現したビジネス・リーダーたちからウェルチを孤立させていると考え、ますますいらだちを募らせるようになった。次第に、彼は前任者たちが慎重に築き上げてきた機構を取り払いだした。八五年までにセクター、グループ、戦略事業単位は廃止され、かつては強大だった二〇〇人に及ぶ本社のプランニング・スタッフが解雇されていった。「戦略を立案するとき、ゼネラル・マネジャーがゼネラル・マネジャーと話をするようになってほしい。プランナーがプランナーに話をするのではなく」とウェルチは言った。

ウェルチは、マネジメントの階層を九から、目標の四にまで削減した。これによって、「マネジャー一人当たり、直属の部下は七人までに抑える」という、旧来の管理可能範囲の理論を反映した伝統的なヒエラルキーは廃止された。ウェルチは、「適当な部下の人数は一〇人から一五人、もしくは二〇人」と信じ、シニア・レベルの経営幹部に権限委譲を促すような組織を計画的に作り出した。

こうした変革は、古い組織モデルに織り込まれていたマネジメントの役割や関係を定義し直すことを狙っていた。ウェルチは特に、競争の激しい事業の現場レベルのマネジャーに、当事者意識、献身（stewardship）、起業家精神を持ってほしいと望んでいた。当事者意識を醸成するため、ウェルチは権限委譲を進め、意思決定を組織の下位レベルにまで委ねた。献身の意識を奨励するためには、資産と資源を分散し、リターンを最大化するようマネジャーに求めた。また起業家精神を誘発しようと、現場で働く者に、自ら行動を起こしリスクを取るよう励ました。

しかし、こうした戦略と組織構造の変革は、劇的であると同時に深い傷も残した。八一年から八四年にかけて、七万人以上の社員が解雇された。事業の再編、組織階層の削減、リストラの波の中で、多くの社員はそれを負担に感じ、ストレスをためていった。ウェルチにとっては無念なことに、その過激なリストラ策ゆえにウェルチは「ニュートロン（中性子）・ジャック」の異名を取るまでになった。

◉ソフトウエアを変える

ウェルチは同世代のマネジャーの例にもれず、変革を推進する際には、戦略、組織構造、システムといった伝統的な手段に頼るという考え方を持っていた。たしかにそれらは強力な手段であったが、危険なやり方になることにも彼は気づいた。次第に彼の見方は柔軟になり、広がっていった。「事業の再編、官僚主義の排除、リストラで企業は生産性を向上できる。だが、企業文化の改革なしには、高い生産性を維持することはできない」と彼は語った。

それまでナンバー1かナンバー2の事業たれと語っていたのが、一九八〇年代半ばには、「大企業の強さ、資源、カバーする範囲と、小さい企業の感受性、身軽さ、敏捷性とを併せ持つ」ことについて熱く語るようになった。それには大掛かりな企業文化の改革が必要で、ウェルチも「職場のにおい」を変えるのは、企業の組織構造や戦略を変えるよりずっと時間もかかり、繊細な仕事であることにやがて気づいた。私たちが研究した変革推進リーダーの多くと同様に、組織に刷り込まれた企業文化の要素すべてを一度に変えるのは不可能だと、彼は悟ったのである。

起業家的な動きを創り出すという第一段階で、行動環境の最も重要な要素は自己規律だった。この文化規範があってこそ、トップ・マネジメントは現場にいる社員に権限委譲するだけの自信を持つことができる。CEOになった当初から、ウェルチはGEにこの価値観を構築してきた。彼は、詳細な分析や複雑な目的に基づいて戦略を立案するという同社の伝統を破った。現場レベルのマネジャーに、自分たちの事業を世界でナンバー1かナンバー2にしろという単純にして難しい課題を与えると、あとは彼らに委ねたのである。

またウェルチは、「服従」の企業文化を制度化しているヒエラルキーを排除して、マネジャーが自ら基準を設定し、自らの業績を評価しなければならない環境をつくり出した。それを「ミラー・テスト」と呼び、「優れているかどうかわかるのは、自分だけだ」とウェルチは現場マネジャーたちに語った。「最高の基準を設けているか。ベストを尽くそうとしているか」。数字で示された基準に達するだけではなく、マネジャーに「現実を直視し、物事をありのままにとらえ、どう行動すればよいのか決定する」よう求めたのである。

だが、単に難しい目標値を設定し、自らに規律を課すだけでは、組織がストレスで疲弊してしまう。八〇年代半ばにそれに気づいてからは、ウェルチはそれまでの彼自身の傾向であった「バラバラになってしまうところ」まで組織を追い込む傾向を和らげる必要があることを、ますます意識するようになった。彼は規律と同じくらい、支援にも力を入れなければならなかった。

現場のマネジャーがそれほどまでに負担やストレスに疲弊したのは、任された資源を管理したり責任を持ったりする経験が、彼らにはほとんど、あるいはまったくなかったからだ。これに気づくとウェルチは、マネジャーたちが新しい職務を遂行できるよう、支援する方法に力を注ぎ始めた。評判の高いニューヨーク州クロトンビルの研修施設が、それまでのように一般的なマネジメント教育・研修を行うのではなく、企業に合わせた組織開発プログラムを設計して提供するよう、再び指揮を執ったのである。

ウェルチが行った抜本的な変革の中で同様に大きかったのが、同社の伝説ともいえる戦略プランニングと予算開発プロセスの大改革であった。ウェルチはこれらのプロセスを正式な評価の場から、支援するための討議の場へと変えた。八五年の幹部会議で、ウェルチは各ビジネス・マネジャーに、自分たちの事業の世界的な市場の構造、主な競合企業の位置づけ、その予想される行動、事業戦略、予想される影響をそれぞれ一ページのチャートにまとめ、計五ページ分の戦略を提出するよう命じた。その後行われた戦略意見交換では、ビジネス・マネジャーが目標を達成するために、ウェルチをはじめ主要スタッフは何をサポートできるかを主に話し合った。五ページのチャートに基づいて行われる対話は、厚さ六センチ以上の三穴バインダーの企画を見直しては承認するという、毎年恒例の光景とはまったく対照的なものだった。ウェルチはこうした話し合いにおける自分の役割を次のように語った。

新しいビジネスを創り出し、育てるのはビジネス・マネジャーの仕事だ。役員室にいる私たちの仕事は、その進行を手助けすることである。私たちがビジネス・マネジャーに約束できるいちばん重要なことは、迅速な行動ではないだろうか。彼らが私たちを呼んだときに欲しいのは、調査ではなく即答なのだ。

次第に、ウェルチはマネジメントの規範や慣行を変え始めた。しかし、ウェルチの手法は、上から管理し指導するようなものだった。それは彼がマネジャーとして最初に職務経験を積んだのが、伝統的な階層組織であったことを表していた。それから数年後にウェルチは、やっとヒエラルキーに別れを告げた。「ワークアウト」と呼ばれる強力なプロセスを通じて、現場の社員に行動環境を見直させるようにした。組織構造やシステムの制約があり、コントロールのあるなかで働く社員たちは、はっきりと目的を持ったフォーラムで、問題や変革の提案をマネジャーにぶつける機会を与えられた。このプロセスを通して、自己規律と支援という規範は、何百という具体的な提案やプロジェクトを通じて実施されるようになった。全社でこうした会議を何度も設けたことにより、権限委譲が意味を持つようになり、規律や支援は本物になり、「職場のにおい」も変わり始めた。

◉行動を変える

GEで構造的な「ハードウエア」、文化的な「ソフトウエア」の再編成に取り組んだ数年間に、微妙だが重要な変化が起こり始めた。意識的にか無意識にか、ウェルチはマネジメントの方向性や焦点を変え始めたのである。初めは構造とシステムに傾倒し、指示を与えて社員を追従させていた。だが後には、「組織メンバー一人ひとりの態度や行動が変化して初めて、望ましい変革が日々の活動に組み込まれる」と信じるようになった。ウェルチは何としてでも、起業家精神とイニシアチブを社内に生み出そうとしていたのだ。

組織に所属する何千人という社員のやる気と自発的行動への信頼を増していく企業を率いるウェルチに、最終的に求められるのは、社員育成、マネジメント教育、評価、報酬制度などの人事問題にもっと力を入れることだった。たとえば、ウェルチはビジネス・マネジャーと年に二回、半日かけて面談し、どのように潜在能力の高い人材を育成しているのか質問し、また事業部内の人材の能力を見直した。

そして、自分が求めるタイプの起業家的な行動を明確に示すために、報酬制度の改革にも着手した。それまで同社では、シニア・レベルであれば三〜四パーセントの給与増が期待でき、これに一〇〜一五パーセントのボーナスが加わった。これは「長期にわたり会社に忠誠を尽くし、会社に依存しながらも従順で、強い業務遂行スキルがある」という旧態依然としたマネジャーの要件を、さらに強めるものだった。ウェルチはこれとは違う行動を認め、支援したいと考えた。彼は、真の社内起業家と認めたマネジャーに対して、一〇〜一五パーセントの給与アップ、三〇〜四〇パーセントのボーナスを与えた。また、これまでの慣行を改め、経営陣にのみ適用されていたストックオプション（自社株購入権）を、何百人という有能な現場のマネジャーに配分した。

結局、ウェルチが生み出した新たな組織構造の枠組みと行動環境は、企業とその社員との基本的な関係を再定義することにほかならなかった。ウェルチは次のように説明した。

多くの大企業の例にもれず、ＧＥにも、終身雇用制に基づく暗黙の心理的な契約が存在しており、そのために家族的温情主義で封建的、あいまいな忠誠心が生まれた。そのような契約は変わらなくてはならない。新しい契約とは、競争を求める人に世界で最高の仕事を提供することだ。わが社は個人が人間として、またプロフェッショナルとして成長する機会を与えるために、最高の研修、能力開発の資源、そして環境を提供するのだ。

研修と資源で武装し、鍛え抜かれた現場の競争者で構成される組織は、マネジメントの行動や関係を何十年にもわたり規定してきた従来の階層組織とは、まったく異なるモデルである。変革プロセスの第一段階にある他の企業と同様に、GEも「組織のピラミッド構造の逆転」といわれる期間を経験した。同社のさまざまな事業を運営している者にエンパワーメントし、彼らを活性化して、顧客やライバル企業に目を向けさせることで、この変革は新しい組織モデルを築くための力強い第一歩となった(**図8-2**)。

この逆ピラミッド構造では、権力が集まる場としてのセクターやグループに代わって、実力のある一五の事業が同社の基本構造ユニットとなった。そして、服従や管理が強いられた行動環境は、規律や支援が組み込まれたものへと変わり、事業を運営する者がエンパワーメントされて事業責任を負った。だが、この段階に到達しても、変革プロセスはまだ完了したわけではないとウェルチたちは気づいた。まだ行く手を阻む障害があったのだ。

第一の大きな問題は、現場にエンパワーメントするプロセスで、ミドルおよびシニア・レベルのマネジャーと、ラインの仕事に就く者(図8-2の点線に示される部分)の多くが、自分の役割、あるいは現場の起業家たちとの関係をどのように考えたらよいのか、よくわかっていなかった点だ。変革プロセスによっては、このようなマネジャーは権力にしがみつこうとして変革の進行をさえぎる「粘土層」となった。変革を妨げようとして、現場の士気を失わせることさえあった。変革を成功させるためには、ミドル・マネジャーの新しい役割を定義する必要があった。

逆ピラミッド構造の第二の大きな問題は、現場の起業家のそれぞれが、個々のビジネス・チャ

図8-2 ▶ 組織のピラミッド構造の逆転

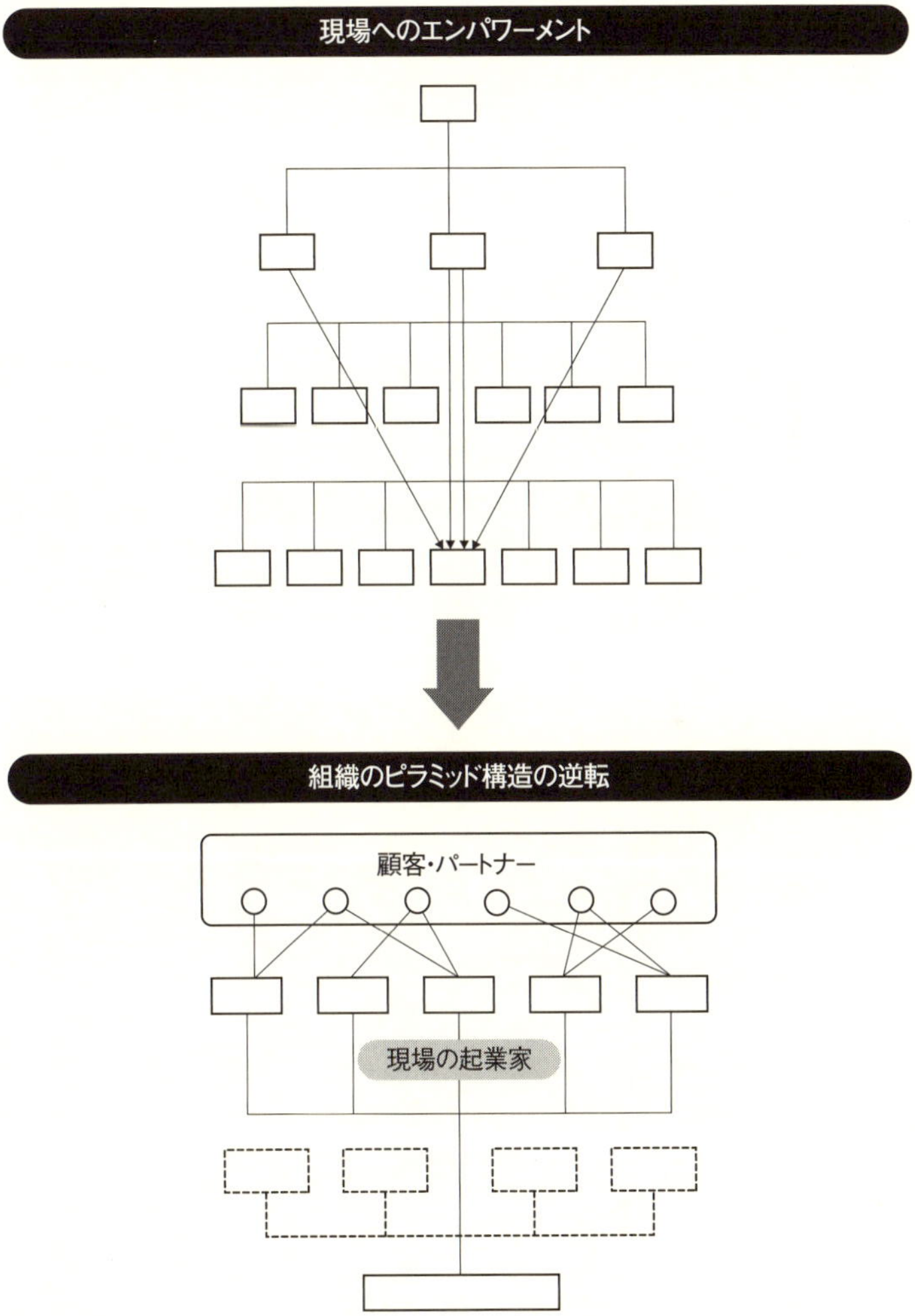

ンスに集中していたことだ。顧客や市場、技術が重複している場合でも、彼らは協力しようとはしなかった。企業が存続するには、いかに個人が起業家として行動していようとも、単なる独立事業のポートフォリオから成る持株会社であってはならない。

第二段階：再活性化　統合とシナジーを創り出す

GEの変革プロセスの第一段階における焦点は、コスト削減や、生産性向上のための事業再編、組織階層の削減、リストラで、成長や拡大はほとんど考えられなかった。実際、ウェルチがトップに立って最初の五年間で、営業利益は五八パーセント増えたが、売上げはわずか八パーセントしか伸びなかった。この場合のリスクは、いくつかの企業に見られたとおり、組織が「無駄をなくし倹約に走りすぎて」成長の原動力を失ってしまうことである。このような問題が発生するのは、企業が縮小した結果、食欲不振に陥り、弱体化して立ち直れなくなるからだけではなく、コスト削減にのめり込みすぎて、拡張のための新しい策を探さなくなってしまうからだ。

ウェルチは、GEがこの悪循環に陥らぬよう注意を払った。一九八〇年代の半ば、「ニュートロン・ジャック」のニックネームに次第に我慢がならなくなったウェルチは、社内外に対してはっきりと、同社が「倹約して無駄をなくす」ばかりの組織と思われるようなことがあってはならないと明言した。その代わりに、マネジャーに「無駄をなくして敏捷に」なるよう努力せよと命じた。

ウェルチの求めた敏捷性は、現場のビジネス・マネジャーに資源や責任を委譲する組織であれば、部分的には実現可能ではあった。だが、資源、情報、ノウハウが、もっと素早く簡単に、社内外の垣根を越えて組織の中を移動するべきだ、というのが彼の考え方であった。彼は後にそのコンセプトを「バウンダリーレス（境界のないこと）の行動」と呼ぶことになる。これは組織の「ハードウエア」と「ソフトウエア」の変革で彼が達成した、もう一つの大転換であった。

◉ハードウエアを変える

一九八〇年代後半までに、ＧＥの組織構造やシステムの大部分で徹底的な変革がなされた。新しくスリム化した枠組みは、はるかに明確で単純であり、現場レベルのマネジャーはそのオープンさと自由度によく応えていた。だが、グループやセクターのレベルを排除したせいで、各ユニットを統合する能力がかなり失われていた。このままバラバラで、別々に運営するのでもないかぎり、代わりの調整機能が必要であった。

ウェルチは合理化から再活性化に焦点を移し、事業レベルのマネジャーが資源を共有しアイデアが伝えられるよう、ユニット同士を統合する場を作り始めた。まず、コーポレート・エグゼクティブ・カウンシル（Corporate Executive Council＝ＣＥＣ）を発足させた。ＣＥＣは三人から成るCEOオフィスと、GEの事業に直接の責任を負っているマネジャーで構成される。CECが提供したのは、四半期ごとに二日ずつ、ライン・マネジャーが共通の問題に取り組み、考えを共有し、主な問題や機会についてのアドバイスや支援を互いに与え合う場だった。たとえば、機器事業のマネジャーが、コンプレッサに重大な問題が発生したために大掛かりなリコールを行ったことを報告すると、タービン、航空機事業の同僚たちが、問題解決のための貴重な技術支援を提供した。

ユニット同士の統合をより深く浸透させようと、ウェルチは幹部会議を開き、トップ一〇〇人のマネジャーを召集した。ここでもまた、より効果的に協力し合う方法を見つけ出すよう呼びかけた。やがて、CECや幹部会議を越えて関係が広がり、個々のマネジャーが内部資源を利用する方法を考え（プラスチック事業のおかげで、同社の冷蔵庫一台当たりの容量が一六ポンドに増えた）、共通の顧客と仕事をする方法を模索し始めた（フランスでは、航空機エンジンの合弁企業の協力で、医療事業がフランス政府管轄のヘルスケア制度にコンタクトを得た）。

また、ウェルチは、本社に残っているスタッフの役割を、「ライン・マネジャーの業務を検閲し、取り調べる権威者」から、「事業の進行を助け、援助する支援者」へと再定義した。彼はスタッフ・マネジャー一人ひとりに、次のように自問してほしいと言った。「いかに価値を付加するのか。ラインの人たちがもっと効果的になり、競争力をつけるにはどう手助けすればよいのか」。ここでもウェルチの目的は、かつてはスタッフによる見直しや承認という試練を経るうちに、押し殺されたり、歪曲されたりされるのが常であった「アイデアやイニシアチブ、意思決定が、迅速に、ときに音速で（声が伝わるのと同じ速度で）伝達できるような組織を作り出すこと」であった。

ウェルチは、トップ・レベルにおいては、以前よりオープンで支援的な学習する環境をつくり出すことに成功した。しかし、それを組織全体にまで浸透できたのは八〇年代の終わりだった。そのための最も効果的なツールの一つが「ベスト・プラクティス」と呼ばれる統合プロセスであった。もともとはスタッフが中心となって生産性の高い企業を分析していたものだったが、やがて、同プログラムで選ばれた企業を訪問することが、非常に効果的な学習機会になることがわかった。そこで学んだことを会社全体に広めるために、クロトンビルでベスト・プラクティス開発プログラムが作られた。毎月、GEの各事業部から社員一二人が集まり、調査したベスト・プラクティスと自分たちのアプローチとを比較し、意見や経験を交換した。こうした刺激的かつ協働的な環境で、ユニット間の学習は定着したのである。

ウェルチがベスト・プラクティスの模倣を奨励する際に好んで語るのは、カナダにあるGEの機器会社の例だ。同社は、ニュージーランドの小さな機器メーカーの柔軟な製造手法をうまく応用した。ルイスヴィルの巨大な工場から二〇〇人のマネジャーと社員がこのカナダの会社を訪れ、彼らの経験をいかに学んだかをウェルチは語った。ワークアウト・セッションを一通りこなすと、ルイスヴィルのチームは、機器の生産サイクルタイムを九〇パーセントまで短縮し、同時に製品出荷を増やすという計画を実行に移した。ルイスヴィルの功績があまりにも見事だったため、カナダの企業はすぐに社内のベスト・プラクティス・プログラムの人気訪問地となり、機関車事業や発電設備事業など、他の事業部の訪問も受けるようになった。このように、社内で模倣を広めるために励みになる話をすることは、ウェルチの典型的な手法であった。

◉ソフトウエアを変える

新しい統合チャネルや場を作り出すうえで、さまざまなインフォーマルな組織構造が重要であるのと同様に、「GEの緩慢な官僚主義文化を変えない限りは、これまでに築いたユニット間のプロセスも効果がない」とウェルチは考えた。一九八〇年代初期から半ばにかけて傾倒していた「ハードウエア」の要素から、ウェルチは企業文化、価値観、マネジメント・スタイルといった「ソフトウエア」の問題に重点をシフトしていった。

こうした新たな視点への移行が八九年の初めに際立ってきた。スピード、単純明快さ、そして自信に基づくマネジメント手法を開発する必要性について、ウェルチが説き出したのである。このテーマは、規律と支援の規範を、第5章で述べた信頼とストレッチの特性で補足するもので、彼がすでに築き始めていた行動環境をいっそう拡大していく手段となった。

リストラと組織階層の削減を実施した後、ウェルチ個人としても会社としても課題となったのは、どこか心に傷を負った社員たちとの信頼関係を取り戻すことであった。社員はトップ・マネジメントを信頼できない限り進んでリスクを取らないことを、ウェルチは知っていた。互いに信頼して初めて、協力して働けるのである。ウェルチの新しい経営についての価値観は、そうしたニーズに直接訴えかけた。「スピードアップとは、単純化することだ」とウェルチは言った。「個人、および対人関係のレベルでは、平明な語り口で語り、率直で、誠実であることだ」

組織のメンバーと広く交わり、オープンで率直なマネジメント・スタイルを自ら実践することが、「ニュートロン・ジャック」の評判にまつわる否定的な考えや不信を克服する唯一の方法である、とウェルチは信じていた。彼は精力的に社員と会った。ビジネス・マネジャーとの定期的な個人面談もあれば、年一度のクロトンビルのセッションで五〇〇〇人を超えるマネジャーに会する大規模な意見交換もあった。ワークアウト・セッションに参加し、疲れる暇もなく世界中の施設をまわり、何よりもまず、あらゆる機会をとらえては自分のメッセージを伝えようとした。その過程で、社員の尊敬のみならず信頼も少しずつ勝ち取っていったのである。

これには二年を要した。たとえば、ワークアウトが導入された当初、社員の多くは、それが単にコスト削減やレイオフを正当化する手段なのではないかと懐疑的に見ていた。ウェルチはすぐさま、そうではないとはっきり言い切った。彼はワークアウト・セッションが誤用されることのないよう慎重にコントロールしながら、そのプロセスを利用して、社員とその上司との間に率直さや理解を生み出していった。現実に初めて素直に向き合うことは、ときに不快なプロセスではあったが、結果として次第に信頼が築かれていった。

公正さが特徴となった環境で、社員は「リスクを取ってもいい」と思うくらい上司や同僚を信頼することを学ぶ。成長を支援する環境のもう一つの主要な要素がストレッチである。ウェルチが自信について語るときも、ストレッチの必要性を取り上げ、マネジャーたちに組織図の枠に縛られることなく自分を解放し、自由に情報を共有し、周囲に耳を傾け、大胆に行動するよう説いた。「改善ではない。いっきに変えるのだ」

一九九〇年代に突入すると、この考えはウェルチにとってますます重要になり、「自らストレッチした目標値は、マネジメントの課す予算目標より、はるかに効果的に企業を成長させる」とまで考えるに至った。そして「予算は衰弱させるが、ストレッチはエネルギーを与えてくれる」という信条を説いてまわるようになった。彼は次のように説明した。

私たちは恐る恐るそろばんを弾いて、営業利益率を八・五三パーセントから八・九二パーセントに増やすという目標を設定していた。そして、その数値を数百分の一増やすか減らすかで時間を浪費する、官僚的な交渉をしていた。だが要は、そんなことはどうでもよかった。今日、私たちは、ストレッチした大胆な目標にチャレンジし、目標を達成するために皆ができるだけのことをやるとだれもが信じている。社員は私たちが命じるであろうより、はるかに大きな数字を掲げてくる。……会計学の教授には信じがたい話だろうが、これは事実なのだ。

ウェルチは、九一年に営業利益率の目標値を一五パーセントにストレッチしたことで、長い間一桁台だった営業利益の壁を破ることができたと信じた。九五年にGEは、営業利益率一四・四パーセントを達成した。この数字は目標にはわずかに及ばなかったものの、かつて予算プロセスの特徴だった最小共通分母、つまり最も低い業績目標をめぐる交渉の果てに達成しうる数値を、はるかに上回るものだった。

◉行動を変える

ここでもまたウェルチは、再び成長を目指すという壮大な戦略目標と、ユニット間の学習を促進するという組織の大きなゴールを掲げ、それを個々の社員の変革へと落とし込んでいった。前の合理化プロセスでマネジャーたちに植え付けたテーマと推進力をもとに、再活性化のプロセスでは自信と協働の必要性へと注意を移した。

一九八〇年代初めから半ばにかけて、GEが効果的に創り出した起業家的活動をつなぎ合わせ、それを全社で活かすには、「バウンダリーレスの行動」が必要であった。それは、偏狭な考え方と漸進的なスタイルの対極にあるものだった。社内の規範を変えようと何年にもわたって試みてきた後に、ウェルチが八六年に宣言した「『どうせ、自分が考えたものではない』症候群の終焉」には、プライド以上のものが示されていた。九〇年半ばまでには、ウェルチは事業を越えて共有され、会社全体の成長や生産性を高めたさまざまな変革やアイデアを、誇らしげにリストアップしていた。ABBやコマツ、コーニングなど、変革プロセスがこの段階にある企業の例にもれず、

GEは九〇年代には、まったく新しいマネジメントの役割や関係の開発にとりかかった。それらを規定する組織構成は八〇年代半ばの逆ピラミッド構造から進化し、第3章で述べた起業家活動の統合ネットワークに近いものになってきた(図8-3)。

変革プロセスの第一段階では、組織の現場で「人質」となっていた起業家を解放することに焦点が置かれていた。第二段階では、ミドルおよびシニア・レベルのマネジャーを、開発育成コーチへと変貌させる。彼らの主な任務は、個々の起業家の能力を伸ばし、最高の起業家に育て上げること、そしてバウンダリーレスの行動を促すような、オープンで信頼できる協働的な環境をつくり出すことである。

ウェルチは「タイプ4」のマネジャー、すなわち成果を上げているが、オープンであることと「協調」の価値観を共有していないマネジャーがどのようになるかを説き、GEの企業文化の変革に真剣であることを示した。彼はこの動きを「わが社の変革へのコミットメントを試す究極のテスト」と呼び、「タイプ4」の人材を、たとえ業績目標を達成していようとも排除し始めた。

シニア・マネジャーたちが現場から出てくるアイデアやイニシアチブを支持するようになり、協調した行動を奨励するオープンな環境が社内に芽生えるに従って、ウェルチは自らが設定した組織目標に会社が近づきつつあると実感し始めた。GEは、大企業の中に小企業の魂を育みつつあったのだ。

図8-3▶統合ネットワークの構築

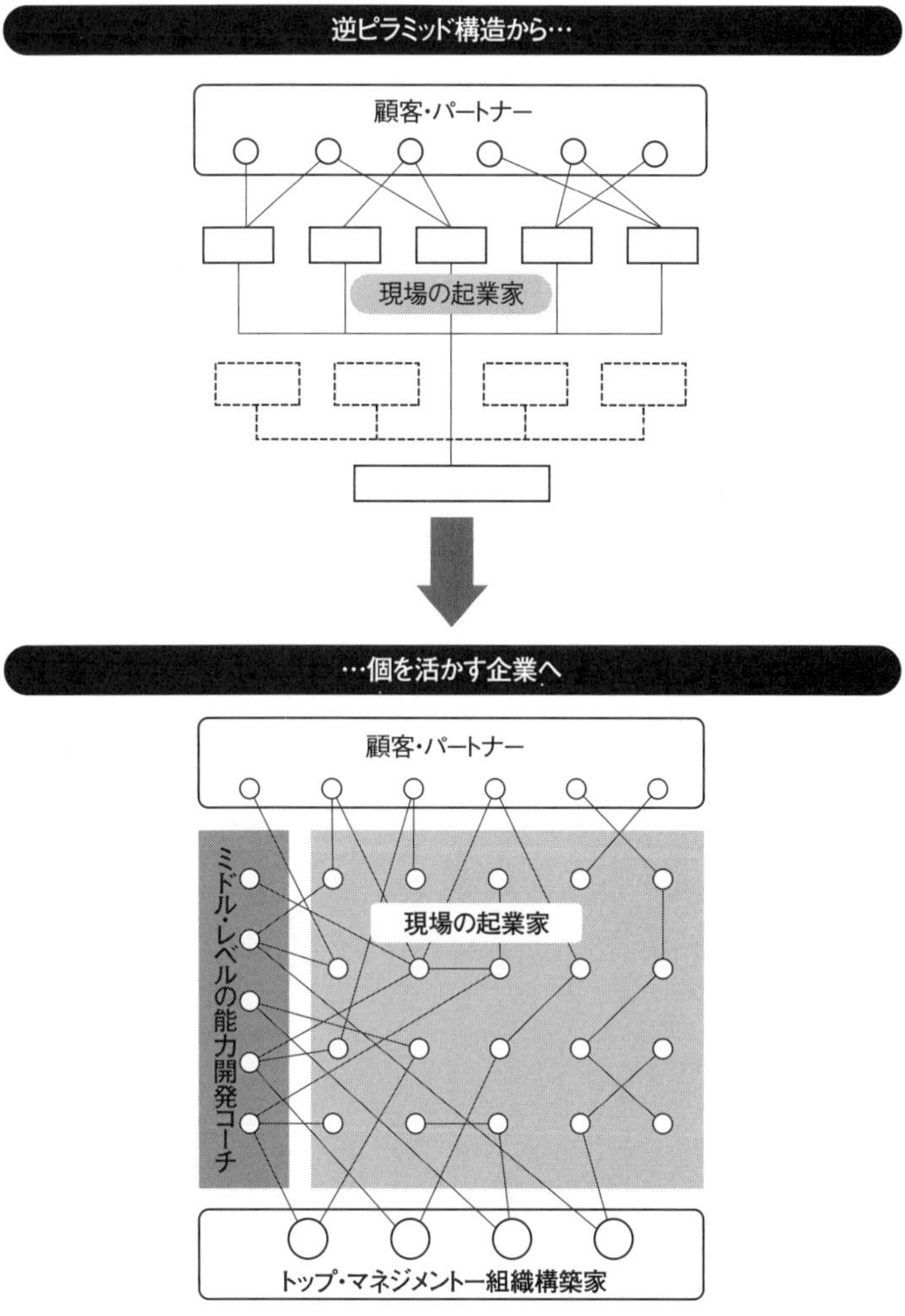

第三段階：再生　継続的な自己変革を達成する

一九九〇年代も終盤に近づくにつれ、ウェルチはこの一〇年間に自分が取り組んできたことは、単なる古い大企業の大改革、再編成以上のものであると認識するようになった。それは、これまでとはまったく異なる経営哲学に基づいて運営される、抜本的に異なる企業モデルの創出であった。この新しいモデルが定義され開発されるに従い、そのゆっくりとした、痛みを伴う誕生のプロセスにおいては、いかに繊細で無防備なモデルかということも明らかになってきた。

旧式の事業部制の組織モデルにおける役割や関係は、明快で、安定性があり、確かなものであった。それに比べて、「個を活かす企業」でつくり出された新しい運営環境は、ずっとリスクをはらんでいるように見える。現場レベルの者には、資源や責任をうまく使いこなせるだけのスキルややる気があるだろうか。ミドル・レベルの幹部は「主導権を握る」行動から一歩退いて、現在のポジションに必要な支援的なコーチの役割を担うことができるだろうか。

大きな危険が生じるのは、変わりつつある組織が何らかの大きな課題や困難にぶつかったときだ。社員のほとんどは、延々と続く抜本的改革のプロセスにうんざりし、しかも、新たに定義されたマネジメントの役割を一時的な不確かなものと感じる。このようにストレスを感じると、自然と勝手知ったる、安定した古いマネジメント・モデルのぬくもりの中に引きこもってしまう。うまく設計され、長期にわたる変革のプロセスをもってしても、二〇年、三〇年というキャリアの中で身につけ実践し、体に染み付いた行動を変えることは難しい。

変革プロセスの第三段階では、変革後のスランプに対応しなくてはならない。ここでの課題は、個人のイニシアチブとチームの行動の両方を、継続的に支援する社内環境をつくり出すことだ。この目標を達成するには、深く身に染み付いた慣行や、過去の慣習的な考え方から解放されるように、組織の新しい行動環境やマネジメントの役割を、長期にわたって強化しなくてはならない。

したがって最終的な目標は、企業を自己変革する組織として構築することである。次の世紀のビジョンを語るなかで、ウェルチは次のように言っている。「私たちのゴールは、学び続けることで絶えず自己を変革し、スピードがあり活気にあふれ、新鮮であり続ける企業として、GEを構築することだ」

しかし、GEはまだ自発的で継続的な、変革の最終段階に達していない。それはウェルチも認めるところだろう。それでも彼は、ときおり社内で次のような行動を目撃するようになった。たとえば産業財ビジネスの多くが、製品にフォーカスした従来の手法をサービス販売に重点を移すことで、古い運営方法を活性化した。同社の医療システム部門では、競合する製品も含めた医療機器のサービス契約を、系列病院に対して提供するようになった。航空機エンジン部門は、大手航空会社とエンジン保守に関する契約を交わすことによって、売上げの周期的な変動を減らした。

発電部門は、発電所を運営・維持する機会をうかがっている。そして、このような有望な自己再生のイニシアチブを例外ではなく恒常化していくには、企業は組織のソフトウエアとハードウエアを変え続けなければならないということを、マネジメントは理解している。

◉ハードウエアを変える

ＧＥのような企業の場合、変革プロセスが進むほど、ハードウエア志向の固定的な組織構造は姿を消す。その代わりに出てくるのが、全体的な資源と責任の構成を決める、一般的な枠組みのようなものだ。そして、きめ細かくマネジメントが意思決定を行い行動するためにより重要なのは、プロセスのポートフォリオである。それは、今日の多面的で柔軟な組織の、コアとなる職務を定義するものだ。

新しい変革プロセスの要素はベスト・プラクティスのプログラムにすでに組み込まれている。このプログラムは、マネジャーを慣れ親しんだ古い行動様式から切り離して、組織を越えた学習の限界を超えさせようとするものだった。ウェルチはマネジャーに、最先端のやり方を、それがどこにあろうと追求するよう奨励した。それによって動態的な不均衡を制度化し、たゆまぬ挑戦とストレッチに焦点を置いたモデルが、調和とアライメントの追求に取って代わり始めた。

新しいプロセスの変化の全容はまだ明らかではないが、組織の枠組みを定めようとしているウェルチの試みの中に、その手掛かりが表れている。彼は品質基準をもう一段階上げる必要性を認識し、そのインスピレーションを湧かせる基準としてモトローラを選んだ。またウェルチは、新製品の導入をもっと早くすべきだとし、GEがヒューレット・パッカードや東芝のような先導的な企業からいくぶん後れを取っていることを示唆した。また、グローバル化、IT、サービスといった分野を「史上最大の成長が見込める分野」とし、挑戦を始めた。

こうした最近の主要なゴールは、それまで彼が実施してきた非常に具体的なプログラムや課題とは異なり、範囲がかなり広く、十分に定義されてもいない。それはおそらく、個々のビジネス・マネジャーと彼らのチームが、次のリーダーシップをとれるように自由度を持たせようとしてのことだろう。このように見ていくと、ウェルチが、自己変革のプロセスが根づくような環境をつくり出している、という事実が浮かんでくる。

◉ソフトウエアを変える

ウェルチは、スピード、単純明快さ、自信を基準としたマネジメント・モデルを作り出し、こうした価値観を自分のものとした者に対して積極的に報酬を与え、この方法で管理できない者を排除することの重要性を確認した。組織が変革プロセスの第三段階へと進むと、ストレッチ、規律、信頼、サポートを特性とする行動環境に存在する、ダイナミックな緊張感を保持することが課題となる。

多くの企業と同様に、GEでも厳しい目標と業績測定のシステムを開発していたので、マネジャーたちは、信頼やサポートの価値観を浸透させることよりも、ストレッチと規律の規範を生み出して定着させるほうがはるかに簡単であることに気づいた。

企業が真の競争力を生み出すには、絶え間のない厳しい要求やプレッシャーを、よりソフト志向の価値観で相殺して、社員のエネルギーややる気を維持する必要があることを、ウェルチはだれよりも理解していた。自社に高い基準とストレッチしたゴールを設定する一方で、節目節目で達成を必ず祝うようにした。それは営業利益率が一四・四パーセントを記録した一九九五年のように、厳密には目標には及ばなかった場合にも行われた。

さらに根本的なこととして、ウェルチは競争の激しい外界から長い間GEの社員を保護してきた壁と保障を取り除く一方で、研修を実施して社員がベストの状態になることを支援するという安心材料を提供した。このようにプラスとマイナス、陰と陽のバランスを保つことで、会社が確実に成功し続けることに対しての責任を社員に与える形で、GEと社員の関係を再定義することができた。

花王の丸田同様、自己変革を行う組織を作り出すには、酸いと甘いを調合できるマネジメントが必要だということをウェルチは学んでいた。それは規律とストレッチの厳しい環境を、サポートと信頼のソフトな要素で補うことである。現行の事業運営の流れに合理化と再活性化を組み込むだけで、非効率の蔓延や、大掛かりなリストラが必要な事態を避けることができる。絶えず自己変革を行うことで、イニシアチブや協働が萎えていく状態に歯止めがかけられる。さもなければ、こうした衰退が成長を阻み、莫大なコストのかかる活性化策によって、組織を苦労して動かさなくてはならなくなるのだ。

◉行動を変える

真に自己変革型の組織を開発するには、企業は主要経営陣の行動を変える以上のことをしなくてはならない。こうした変革は必ず、組織のメンバー全員の価値観や信念に根差したものでなくてはならない。この考えに従って、ABBのヨーラン・リンダールは、自分の主要な任務とは「エンジニアを有能なマネジャーにし、マネジャーを効果的なリーダーにする」ことであると説明した。彼は「マネジャー全員がリーダーとなって初めて、自己推進型、自己変革型の組織が誕生する」と述べた。

リーダーとしての行動の規範を最も早く伝えるには、組織のトップに立つ人間が良い手本となるのが効果的だ。トップが戦略の中身よりも環境の枠組みづくりに時間をかけられると、ミドル・マネジャーにとって重要な手本となる。なぜならミドル・マネジャーは、指示やコントロールという手段ではなく、コーチングや支援を与える形で管理することを学ばなくてはならないからだ。もしトップが、自らを単なる最高の戦略家ではなく組織の構築家だと考えられれば、現場で働く者も、会社のために働いているのではなく、組織の一員なのだと考えられるようになるだろう。

個を活かす企業への変身

世界中の大企業のマネジャーが、深く根づいた組織モデルやマネジメント・モデルに、過激で本質的な変貌を迫るような変革が必要だと考えている。それでもGEのように、慣れ親しんだやり方を捨てるまでに至った企業はほとんどなく、せいぜい利益率をいじる程度が関の山である。問題は、彼らの考え方が、従来の階層組織の構造と、エンジニアリングのモデルにとらわれすぎているということだ。その結果、個人のやる気や対人関係を変えるということよりも、資産の再編やプロセス・リエンジニアリングで変革を起こそうとしている。だが、企業変革を成功に導いた者は皆、ある重大な真実を見出している。「社員が変わらない限り、組織は変わらない」

GEの例（および本書で挙げた他社の例）が示すように、階層組織から自己変革型の個を活かす企業へと変わる道のりは長く、痛みを伴うものだ。毛虫がチョウに姿を変えるたとえはロマンチックかもしれないが、その経験は毛虫にとっては生やさしいものではない。そのプロセスで、毛虫は目が見えなくなり、脚がはずれ落ち、体は引き裂かれ、そしてようやく美しい羽根が姿を現す。私たちにはこの痛みを否定することはできない。だが、変革を遂げた企業は、新たな行動環境をつくるなかで育った羽根があるからこそ、個を活かす企業へと飛翔できるのである。

第IV部

Drawing How Companies Really Works

新しい企業の時代

第9章　会社と個人の新たな関係
——価値創造者としての企業

「生きている実務家は皆、死んでしまった理論家の考え方にとらわれている」とよくいわれる。これには多くの真実が含まれている。企業のマネジャーは理論を信用せず「実社界」に身を捧げていても、知らず知らずのうちに説得力を失ったモデルの犠牲者となっているのである。

現代経営のモデルは、今世紀初めの信頼関係が失墜した時期に始まり、そして人や制度に対して悲観的な見方をするベトナム戦争以降にまで及ぶ時代に根差した、企業行動の研究と理論に基づいている部分が大きい。こうした理論の多くは、企業を毛嫌いし信用しない経済学者たちによって作られたもので、道徳観念を持たない経営哲学を生み出した。

それは、一方で企業と社会との間、もう一方で企業とその社員との間の、きわめて機械的な関係を前提としたものだった。日々の選択や行動において、大半のマネジャーはこの理論の枠組みの中で仕事をしている。それは理論のベースや前提を意識的に理解し、そのうえで合意しているのではなく、無意識のうちに確立された規範の虜になっているといったほうが正しい。

個を活かす企業の経営哲学

個を活かす企業の構造とプロセスの根底にある経営哲学は、これまでのものとは非常に異なる。この哲学は、現代社会における人間性や制度の役割に関して異なった前提に立っており、社会における企業の役割、雇用主と従業員との関係、マネジメントの機能と職業としてのマネジメントが果たすべき義務について、まったく異なる信念へとつながるものである。全体的にこの哲学は、個人、企業、社会の間に非常に異質な道徳契約をもたらすのである。特定な組織の運営特性よりも何よりも、この新しい道徳契約こそがまさに個を活かす企業の本質なのである。

◉社会のために価値を創造する

経済学者が企業の意欲や行動を信用しなかったために、ヨーロッパでは国有化の運動が、アメリカでは環境規制が盛んになった。大西洋の両側でこれらの大きな運動を支えたのは、「企業が障壁を築き、資源の自由な移動を阻み、自由市場や純粋競争の長所をゆがめた」という言い古された理論だった。

やがて、この理論に従っていた産業組織のエコノミストや事業戦略家は、これを逆転的な発想でとらえ始めた。もし社会の健全性が企業に競争をさせることで成り立っているのだとしたら、企業は競争のハードルを維持するか、あるいは引き上げることで、自分たちの地位を高めることができるのである。

◉価値を割り振る企業

このようにして、有名なマイケル・ポーターの戦略理論にあるように、企業は直接の競争相手だけでなく、サプライヤーや顧客、また将来競合となるかもしれない企業との、競争の力関係の真っ只中にいることに気づく。ポーターによれば、この場合マネジメントの主要な課題は、サプライヤーと顧客をしっかりとつかまえ、同時に現在と将来の競合企業を寄せつけない方法を探り、企業の戦略的優位性を守りながら最大の利益を得ることである。

この理論の本質は単純だ。企業の目的は、自社の製品やサービスが持っている価値の中から、最大限の価値を手に入れることである。問題は、顧客やサプライヤー、競合企業なども同じようにしようとしていることだ。経済学者の指摘によれば、純粋な自由競争の下では、企業は自社の資源の市場価値を上回る利益を出すことはできない。したがって、戦略目的とはこのようなオープンな自由競争を阻止することである。たとえるならば、他人にランチを食べられないようにしながら、自分はいちばん大きなパイを欲しがるようなものである。

経済学者のモデルが暗に示しているのは、企業はオープンな自由競争を阻止することによって社会の健全性をゆがめている、という前提だ。しかし、この見方は現代社会の現実に合致するものではない。過去何百年にわたって、人間の生活の質は右肩上がりに、かつてないほどに向上した。そしてそれは、生産性の向上を絶えず図ろうとする能力と、新しい製品やサービスを生み出す才能によるところが大きかった。ノーベル賞を受賞した経済学者ハーバート・サイモンが言うように、「市場経済」は現代社会の誤った名称で、むしろ「組織経済」と呼ぶのがふさわしい。というのは、経済的価値の創造は、エコノミストの理想とする完全自由市場での激しい競争を通してなされるわけではなく、組織全体の大きな目的の下に集まった多くの社員が協調し、効率的で良好に機能している企業によってなされるからである。

現実には優勢な理論に反して、大半の企業は社会の健全性を犠牲にしてまで市場を奪おうとはしない。むしろ健全な経済では、成功し繁栄している企業は、活気ある、創造性にあふれる緊張感を保ちながら、競争の激しい市場と共存している。絶えず革新的な製品やサービスを生み出し、また既存の製品やサービスを向上させることで、企業は社会のために新しい価値を生み出している。一方で競争市場は、こうした価値を他社に引き渡すよう、時間をかけて執拗に強いる。この共存関係において、企業と市場は共に創造的破壊のプロセスを推進する。オーストリアの経済学者ジョセフ・シュンペーターは、これを資本主義社会の経済発展を促進する原動力であるとした。

マネジャーの思考を形づくったポーターの戦略論の問題点は、経済的なパイの大きさが決まっているという、静的な世界観に基づいていることだ。このゼロ・サムの世界観では、すべてはパイの分け方次第で、企業の利益は社会の犠牲があって初めて達成されるのである。シュンペーターの企業観はそれとはまったく異なるもので、どうすればパイそのものがもっと大きくなるかという、動的分析のポジティブ・サム・ゲームに基づいており、全員が共有できるパイがもっとあると考える。この考え方では、企業は単に価値を割り振るだけではなく、所与の資源から新しい価値を創造し続けることにより、発見と前進を推し進める社会の原動力なのである。

◉価値創造者としての企業

この二つの考え方の違いを明らかにするには、ノートンと3M、あるいはウェスチングハウスとABBのマネジメント手法を比較してみるとよい。ノートンやウェスチングハウスのマネジャーたちは、ゼロ・サムの、弱肉強食の伝統的な戦略理論の世界に生きていた。ある製品市場があまりに競争が激しく、バイヤーやサプライヤーに対しての条件が意のままにならない場合、彼らは事業を売却した。そして魅力的な新製品、新事業を生み出した企業を見つければ、買収した。彼らのマネジメントの焦点は、顧客やサプライヤーに対してばかりか、自社の社員に対しても「どれぐらい価値を割り振るか」が基本である。ロバート・カービーがウェスチングハウスのCEOだったときに、「たとえ自分の母親であっても、ちゃんと仕事をしていなければ解雇する」と言ったことを思い出してほしい。

3MやABBでは、まったく違う経営哲学が働いていた。ノートンがますます高度な戦略的資源割り振りモデルを開発していった一方で、3Mの戦略のベースにあったのは、絶えず新製品、新技術を生み出していくという価値創造の論理だった。ウェスチングハウスが成熟事業（つまり価値を生み出す機会に乏しい）として放棄した事業を、ABBは生産性向上のために投資し、新技術を導入することで再活性化した。

こうした企業が新製品や新市場を生み出すと、社会は高い利益率を与えてそれに報いた。しかし、時間が経過するにつれて利益率は低下し、競合企業が追いつく。こうして企業の利益が失われた分を、具体的には顧客が、一般的には社会が付加価値として受け取るのである。そして、イノベーションの効果で初めは高かった利益率が市場によって圧迫されるようになると、企業は別の新製品、あるいは応用という形で新しい機会を見出していったのである。

こうした企業の違いは、3MとABBがイノベーションや改善に力を入れたのに、ノートンやウェスチングハウスがそれを怠った、といった単純なものではない。3MやABBは、企業の定義に関して、まったく異なる信念に基づいて行動していたのだ。ノートンやウェスチングハウスでは、マネジャーは市場の観点で自社をとらえていた。事業を買収したり売却したり、可能な限り内部市場を創り出し、市場のルールに従って社員を扱っていた。気の抜けない、相場型のインセンティブの力を借りて、彼らは望むものを手に入れた。社員たちは、自己の利益に対する鋭い感覚を持ち、自分たちが市場で取引されているかのように振る舞い始めた。

しかし、各個人が私欲だけで行動すると、企業は現代社会の一機関としての本質を失うことになる。この本質こそが企業と市場を区分するものであり、それゆえ企業は、市場ができない方法で新しい価値を創造することができるのである。市場で人々が経済行為を行うのは、各当事者がその取引から個人として何が得られるのかがはっきりわかる場合だけだ。市場にはそれ自体の目的やビジョンがないため、手の内にある最良の選択肢の中で資源を再分配し、情をはさむことなく非効率性を排除することができる。しかし、それと同じ理由により、市場は資源の新たな組み合わせが必要なイノベーションを生み出すことには長けていない。

ノートンやウェスチングハウスは、市場の観点から自社をとらえたために、市場原理の犠牲になってしまった。そして、あらゆる方法を使って効率を上げることばかりに努めた。戦略は、もっぱら生産性向上とコスト削減が中心だった。イノベーションができなかったのは、物理的に不可能だったからではなく、自らが採用した市場の原理が、効率性を度外視した創造を許さなかったためである。

イノベーションや新しい価値を生み出すには、通常、遊びが必要である。つまり、すぐには最高のリターンを生まない事業に資源を割り振るなどして、効率性を多少なりとも犠牲にする必要が出てくるのである。最先端のイノベーションでさえ、初めは既存の選択肢に比べるとデメリットが目立ち、時間をかけた末にやっと十分な力を発揮できるようになることが多い。ウェスチングハウスやノートンは、自社を市場の観点でとらえたため、市場原理の犠牲者となった。現時点での生産性の静的な効率性を達成することばかりに気を取られてしまい、イノベーションの持つダイナミックな有効性や、価値創造を追求できなかったのである。

ＡＢＢの「経済成長、生活水準向上を、世界中すべての国で実現する」という企業目的、花王の信条「私たちは何にもまして、教育機関である」に見られる価値観、３Ｍが「製品は事業部のもの、技術は会社のもの」とする規範、これらは皆、個を活かす企業の非市場型の性質を強調するものである。そこでは限られた自己利益の中で働くのではなく、共通のゴールや価値観を目指して、集団で働くことを奨励している。企業全体が利益を得ると信じる限りは、各個人がいかに利益を得るかは正確には知らなくとも、社員は知識などの資源を共有するのである。最終的には、この理念を信奉する企業が、市場型思考の企業とは違って、コラボレーションの精神を通じてイノベーションを生み出せるのである。

３Ｍ、花王、ＡＢＢのような企業は、市場の強い誘いに乗らず、コラボレーションと共有を支持する雰囲気をつくり出し、社員を市場原理から一時的に遠ざけることがある。そうすることで保護された環境を一時的につくり出し、そこで社員が一丸となって市場原理に挑み、新たな資源の組み合わせを生み出し、ひいては社会のために新たな価値を生み出すのである。これはまさに３Ｍがやっていることだ。同社では一五パーセントルールに従い、社員が「秘密プロジェクト」として自分自身のテーマを追求するのに、就業時間の一五パーセントまでなら使ってもいいことにしている。社会のために絶えず新しい価値を創造し続けるという企業の能力は、企業を単なる経済体としてではなく、社会機関としてとらえる経営哲学の産物である。この哲学の下では、エコノミストの提唱する自由市場よりも、個人が利己主義を抑えて協力的に行動することが可能となるのである。

◉企業と社会

二〇世紀を通じて、企業は社会的に正当な存在であると広く認められるようになった。それが企業が集団として成功した理由であり、また結果でもあった。政党や教会、地域社会、家族さえも含む他の制度の権威が全般的に失墜しつつあるなかで、企業は現代社会でおそらく最も強力な制度として台頭してきた。富の大部分を創出し分配するだけでなく、大多数の社員の社会環境も提供する役割を担い、それゆえ、個人を満足させ、社会を援助する源として機能したのである。

しかし、今世紀も終盤に近づき、企業とその経営者たちは、深刻な社会的葛藤に悩んでいる。その徴候はあちこちで見受けられる。アメリカでは、リストラの波に抗議する国民の声に応えて、クリントン大統領がホワイトハウスで企業責任についての会議を開催し、イギリスではブレア首相が企業の役割の見直しを行っている。フランス、韓国、そしてドイツでさえも大企業に対する根深い不信感が蔓延しており、あらゆる国々で、企業幹部の給与について国民が怒りをあらわにしている。

一方で、芸能人、起業家、スポーツ選手、独立の専門職も巨大な富を手にしているが、こういった人々が国民のひんしゅくを買うことはまれだ。実際ほとんどの国では、企業経営者たちは最も信用に欠ける社会の構成員と見なされ、尊敬されなくなってしまった。

明らかに間違った行為がいくつかあったことは否めないが、企業が社会に与えた膨大な物質的利益を考えると、この見方は客観的に見ても不公平ではないだろうか。それでもこの見方は根強いものである。そして、これこそ今日企業が直面する最大のリスクといえるかもしれない。歴史がはっきりと教えているとおり、社会における正当性が失われればその制度は衰退する。君主制、宗教組織、国家の歴史を振り返れば一目瞭然だ。個々の企業が業績を高めようと努めるのと同じように、企業経営者たちが一丸となって自分たちの組織の信頼性と正当性を再建しようとしない限り、企業も同じ運命をたどることになるだろう。

私たちがインタビューした経営者のほとんどが、「自分たちの経営する企業には社会の健全性を破壊する作用がある」などとはまったく考えずに、自分たちの主な任務は価値を創造することだと信じていた。責任の一端は彼らにもある。経営者たちは、「あなたの企業は社会においてどんな役割を果たしているのか」という質問に答えることや、自分の職業の道徳的理念を意識的に表明するのを嫌がったりする。こうしたことを億劫がるために、経済学者や政治学者、社会学者などが定義づけを行い、その定義によって、経営者たちやその組織についての世間一般の見方が決まってしまう。世間のこうした見方を通じて、経営者の多くは自分たちの会社を過度に狭い視点から考えるようになり、次第に、無意識のうちに、価値割り振り論理の犠牲者となって、社会のために新しい価値を生み出す能力を失っていくのである。

だからこそ、ＡＢＢのバーネビクや花王の丸田のような人物が、後世に伝えられる地位を手にしたのである。彼らが偉大なのは、会社の業績を上げるのに貢献したからではなく、日常業務として業績目標を達成しているマネジャーが何百人といるからでもない。「企業は、価値を創造する社会の制度である」という考え方を、企業哲学の中ではっきりと支持したからである。そして、この新しい哲学に基づいて自社の組織やマネジメント・プロセスを再定義し、新たな企業形態である個を活かす企業を誕生させたのである。

そうすることで彼らは、企業とその構成員との間に新しい関係を作り出した。それは経営者にとって満足のいくものであると同時に、自社を守り成長させる効果を高める。価値割り振り戦略の弊害は、結局は自滅的なことだ。それは潮の流れをせき止めるのに似ている。潮の流れのように、他社が自社の防御を乗り越えようとする力は、永遠に押しとどめておくことはできない。このような戦略では、企業は厳しく隅まで追い詰められ、価値を割り振るのにいっそうの努力を重ね、しまいにはもう割り振る価値が残っていないところまで追い込まれてしまう。自社を市場と考える企業は、結局は市場原理に屈してしまうのである。

サン・ゴバンによるノートンの買収、ＣＥＯマイケル・ジョーダンの下で行われたウェスチングハウスの分割が、そのよい例である。ハンソン・トラストもハロルド・ジェニーン率いるＩＴＴも価値割り振り戦略に従った。結局、こうした企業はそれぞれ、自分たちが熱心に取り組んできた市場原理の犠牲になってしまった。その過程で、彼らは顧客や株主、社員の価値を崩壊させてしまった。それに対して、3Mや花王は利益を伸ばし続け、新製品や新事業を次々と生み出し、顧客を満足させ、社員のやる気を高め、株主には富を与えた。ABBは拡大を続け、業界におけるリーダーの地位を固めた。そしてときには、ウェスチングハウスのような企業の破綻した部門を買収しては、まったく違った理念の力をもってよみがえらせたのである。

人のために価値を創造する

企業が価値を割り振る経済体であるというコンセプトでは、社員との関係もそれにふさわしい規範によって定められる。ほかのあらゆる構成要素と同様に、社員は、企業が経済目的を達成するために価値を引き出す源である。

最悪の場合、この割り振り理念は容赦のない搾取につながる。だが、少なくとも雇用法や、何らかの形の社外労働市場などのインフラが整備されている国では、搾取は善意と見なされるものに変わる。つまり雇用保障に基づく関係となることが多い。このようにしっかりと確立された暗黙的な契約の下で、企業は社員に仕事を保証し、その見返りとして社員は割り当てられた職務を進んで遂行し、経営陣が確立した戦略や方針に従うのである。

◉従来の雇用契約

雇用保障の提供が搾取であるとは考えにくい。雇用保障が搾取として登場したわけではないし、大半の従業員と雇用主が現在そう考えているわけでもない。だがいかに善意に見えようとも、この雇用関係によって企業はこれまで、社員から可能な限り最高の価値を引き出すことができたのである。

機械とは違って、人間を所有することはできない。それでも、機械同様、人が企業の事業や活動に特化したとき、企業にとって最も価値あるものとなる。社員の知識やスキルが、会社特有の顧客、技術、設備などに特化していればいるほど、社員も企業も生産的になる。雇用保障がなければ、社員は時間とエネルギーを注ぎ込んで、専門知識やスキルを身につけるのをためらうだろう。というのは、そうしたものはその企業にいる間は役に立つかもしれないが、社外ではあまり価値がないからだ。同じように、長期的な関係の保障がないのなら、企業側にも、資源を投資して、社員がこうした企業固有の専門性を身につけるのを手助けするだけのインセンティブはない。雇用保障は、両者がこうした投資を行ううえで、明確な基盤となってきたのだ。

企業はこうした専門化によって効率性や生産性の点で直接的に恩恵を被るが、間接的なプラス面もある。社員のスキルが会社固有のものになればなるほど、他社から見た価値は低下する。それにより、社員の流動性も、市場価値も低下する。その結果、企業は給与を下げ、かつ忠誠心を要求できるようになる。

搾取であるかないかは別にしても、この契約は明確な関係を定義した。社員は、雇用主の事業に必要な専門知識やノウハウを学び、それによって企業の効率性を高めたが、自分自身のスキルや流動性を制限してしまった。企業のほうは、社員に終身雇用を保障することでリスクを吸収し、彼らに忠誠と服従を誓わせた。そうして、企業は確実に、効率よく戦略を実施することができたわけである。あまりに多くの企業が「組織の中の人間」のモデルを取り込み、社員を、企業が所有する他の資産のように信頼できて支配しやすい存在にするため、この心理的な契約を採用したのだ。

だが過去一〇年間、この暗黙の心理的な契約は消滅しつつある。欧米だけでなく、ブラジル、インド、日本、韓国で、企業という企業が効率性を追求し、リストラやアウトソーシング戦略を実施した。それによって、雇用保障の可能性は事実上終わりを告げた。赤字に歯止めをかける一時しのぎの手段として始まり、以後こうした戦略は標準的な手法となって、最も健全な企業でさえ日常的に行うようになった。その結果、たとえあるアウトソーシング計画で生き残ったとしても、次に来る人員削減という波の引き潮に足を取られるかもしれないという恐れに、社員は絶えず悩まされることになる。こうして雇用主と従業員の双方にとって従来の契約が無効となり、信頼するに足りないものとなってしまった。

従来の雇用契約が消滅した原因は、貪欲な経営陣にあるとされていた。実際、リストラのプロセスが過剰に走ったり、人間味のないやり方で実行されたり、きわめて近視眼的に実施された会社もある。だが結局は、従来の契約を無効にしてしまったのは、経営陣ではなく市場なのである。安定した世界では、従来の契約関係も機能した。ＩＢＭやキャタピラー、コダック、ゼロックスの例が証明するように、競争優位はいったん確立してしまうと、長期間にわたって保持することができた。このような世界では、経営陣は企業の戦略を決定し、社員にしてほしいことを明確にし、必要なスキルを定義することができた。一方、社員は、研修やＯＪＴを通じてスキルに磨きをかけ、企業戦略達成のために生産的にスキルを使うことができた。それが生涯のキャリアになるというケースも珍しくはなかった。

だが、変化の激しい世界では、ある時期に競争優位の源であったものは、時代の変化とともに意味がなくなり、かえって競争の足を引っ張ってしまうことすらある。コア・コンピタンスは、融通の利かないものになってしまう。価値のある知識やスキルはあっという間に時代遅れとなり、学ぶスピードより速く陳腐化することもよくある。市場の移行、技術の変化、値崩れ、新たな競合企業の出現により、収益性の高い製品ばかりか、ビジネス・システム全体があっという間にすたれてしまう。これが今日、多くの企業が直面している環境である。このような状況で、従来の会社と個人の関係は役に立たない。それだけでなく、こうした変化に気づかないふりをすることは、道徳に反することなのだ。

ＡＢＢのケースを考えてみよう。これまでは北アメリカとヨーロッパが新規の発電所需要の大部分を占めていた。だが今日では状況が変わっている。一九九〇年代の終わりには、中国の需要がアメリカの需要やヨーロッパ全体の需要を大幅に上回りそうだ。会社の資源はすべて、北半球と欧米、つまりこれまで市場があったところにあるのに対して、ビジネスの機会はすべて南半球と東洋にある。将来を見据え、同社は北米と西ヨーロッパの社員を五万四〇〇〇人減らし、アジア太平洋地域を、ほとんどゼロの状態から四万六〇〇〇人の組織に増強しなくてはならなかった。資源と機会の地理的なミスマッチは、多くの企業の現実である。市場と技術は日々変化する。この点から考えても、雇用を保障することは自らの競争力を殺してしまうことに等しい。

雇ってはクビを切る自由市場体制は、残念ながら従来の雇用契約の代替策ではないことに、大企業はやっと気づいたようだ。雇用の安定を予測できないものにしているグローバルな競争と急激な変化は、信頼やチームワークの必要性を高めているが、これは日和見主義やスポット契約の繰り返しといった環境の中では生まれえないものである。優秀な債券トレーダーでさえも、五年間で五回転職した後に、職場は単に経済交換の場というだけでなく、社会的な深い関わりの場でもあるのだということに気づく。ビジネスの傭兵として雇われながら、経済的見返りを最大化する一方で組織の一員としての充実感を求めている人も多いのである。

◉新しい道徳契約

こうした緊張を緩和するため、個を活かす企業のコンセプトは、企業と社員とのまったく異なる道徳契約に立脚している。この新しい契約の下では、社員は「クラス最高の」業績を出す責任を負い、絶え間のない変化の中でそのような業績を出し続けられるよう、絶えず学び続ける。その見返りとして企業は、雇用保障ではなく、各個人のエンプロイアビリティ（雇用されるための能力）を約束する。

具体的には、社員が常に最新のスキルを身につけられるような機会を与え、社内外における仕事への対応力を守り、確実にするのである。同時に、この新しい契約に基づいて運営している企業は、刺激的で活気のある職場環境づくりに努めなくてはならない。その目的は、社員がスキルを使って会社の競争力を高めることだけでなく、それ以上に、転職という選択肢もある社員を会社にとどまらせるためだ。ジャック・ウェルチはGEでの新しい雇用関係について次のように語った。

新しい契約の心理的な意味は……GEでの仕事は、競争を望む者にとっては世界最高だということだ。最高の研修・開発育成のリソースがそろっているし、個人として、そしてプロフェッショナルとして成長する機会提供に取り組んでいるという環境がある。

私たちが新しい道徳契約と呼ぶもの（**図9-1**）は、解雇を正当化するためにこれまでの人事方針を刷新する、といった程度のものではなく、経営哲学の抜本的な変化を表したものだ。そこでは社員はもはや、価値を割り振るための企業資産と見なされることはない。新しい契約の下で

図9-1 ▶ 新しい道徳契約——役割と責任の逆転

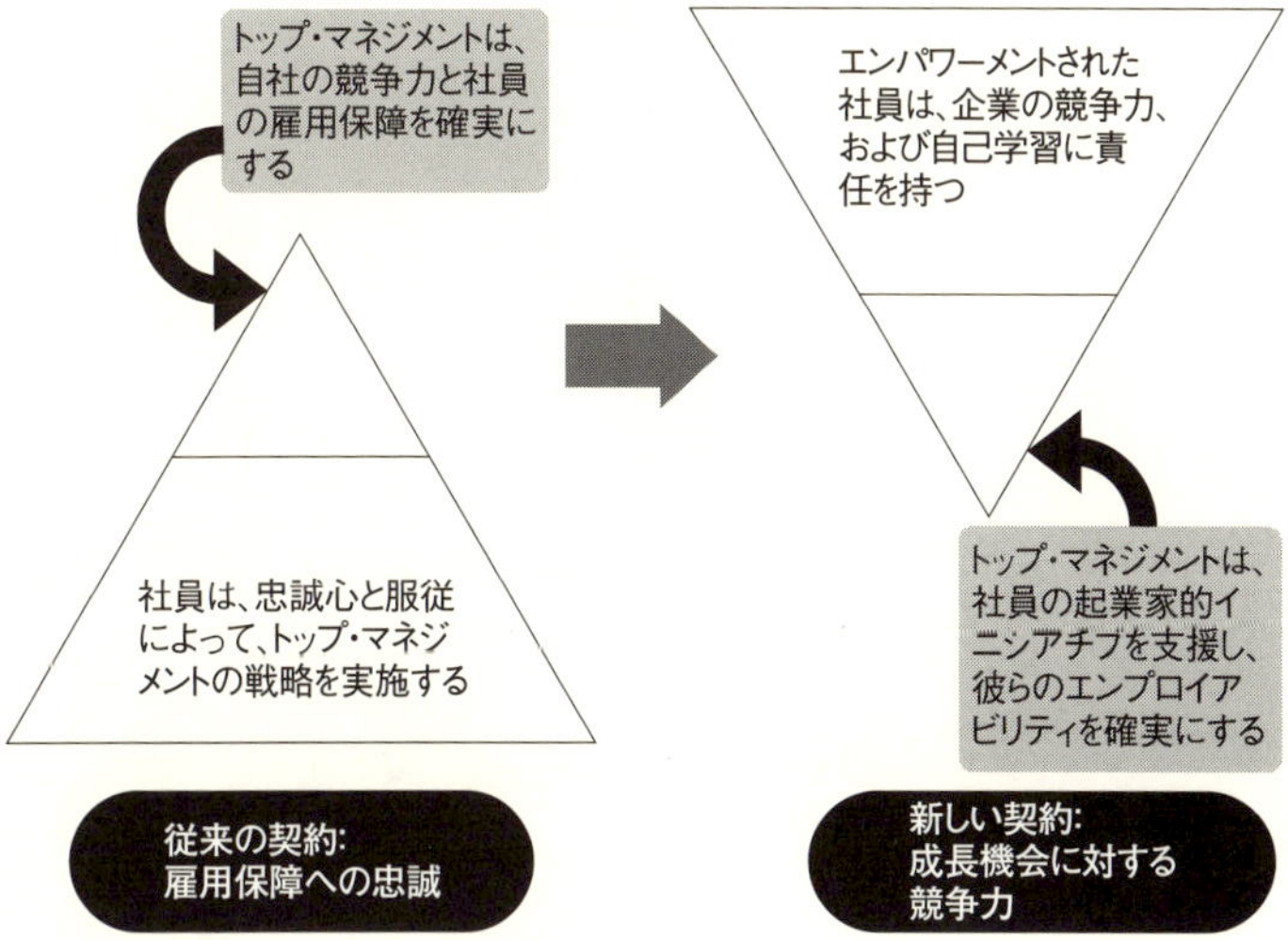
トップ・マネジメントは、自社の競争力と社員の雇用保障を確実にする
社員は、忠誠心と服従によって、トップ・マネジメントの戦略を実施する
従来の契約:
雇用保障への忠誠
エンパワーメントされた社員は、企業の競争力、および自己学習に責任を持つ
トップ・マネジメントは、社員の起業家的イニシアチブを支援し、彼らのエンプロイアビリティを確実にする
新しい契約:
成長機会に対する
競争力

は、社員には価値を生み出すことに責任があるから、「資源」なのである。

この契約を採用することは、終身雇用契約につきものの家族的な温情主義や傲慢さを拒否することを意味している。この契約では、雇用を保障するのは市場だけであり、トップ・マネジメントの全能の英知からだけでなく、全社員の自発性や創造性、スキルから、市場における成果が生まれる。しかし同時に企業は、長期雇用の保障、社員の福祉、そして前に使った言い方をすれば「社員が自分の選んだことにおいて最高のものになれる」よう、道徳的な責任を持つことを認識しなければならない。

この新しい道徳契約は、社員にも多くを要求する。終身雇用による安定を捨て、常に学び、自己を開発する意欲を身につける勇気と自信を持つことを求めている。社員は、市場成果による保障は、最終的には、家族的温情主義経営による保障よりも持続性があり、満足感が得られるのだと認めなければならない。

しかし、業績に対する責任は不快な要求を伴う。現場で働く者は、もはやトップ・マネジメントが、不快ではあるが必要な意思決定を下すのを待っていることはできない。資産の圧縮が許されるのであれば、オペレーションに最も近いところにいる社員がそれを行わなければならない。予算がオーバーしているなら、それを削減するのは彼らの責務である。もし仕事がもっと少人数でできるならば、生産性を上げるか、人員を削減するかの意思決定をするのは彼らである。合理化はもはや、トップダウンの全社計画に基づいて行われる一〇年に一度の大仕事ではない。それは継続的に行われなくてはならない。現場の社員が管理する日々の活動、絶え間のない「甘くて酸っぱい」サイクルの一部でなくてはならないのである。アンディ・グローブはだれよりも、この新しい契約の厳しさを的確に指摘している。

どの企業で働こうとも自分を社員と考えてはいけない。一人の雇用主、つまり自分自身とビジネスを行っていて、世界中で同様のビジネスに就く何百人というライバルがいると考えるべきだ。自分のキャリアに責任を持つのはただ一人、自分自身だ。生き残る秘訣は、毎日より多くの価値を付加するよう学ぶことである。

だがそれと同時に、企業のほうも、社員に価値を付加することでこの厳しい要求とバランスをとらなくてはならない。研修や能力開発に多額の投資を行うのはその一部にすぎない。こうした投資は、個人のエンプロイアビリティを保護し高めるのが目的だが、同時に企業の生産性や効率を向上させるものでもある。より幅広い一般教育が目的であり、担当業務固有のスキルを身につけさせるためではない。「犬ならトレーニングできるが、人は教育しなくては」と、ザ・ボディショップのアニータ・ロディックが言っているとおりである。

社員のエンプロイアビリティを真剣に考えている企業の中で、最も傑出しているのはモトローラである。モトローラでは、経営資源や意思決定は事業部レベルに徹底的に分散されているが、社員教育は本社レベルで管理され、モトローラ企業内大学で行われている。モトローラ大学は大規模で十分な資金援助を受けており、世界各国に展開されている。CEOも含めた全社員が、毎年最低四〇時間の正規課程を履修することを義務づけられている。コースの内容は、最高水準の新技術から経営一般まで多岐にわたる。世界中で働く同社の社員は、自分たちが選択した分野の最新の知識やスキルをそこで習得できる。このように社員に価値を付加しようという姿勢があったからこそ、後に他社のモデルともなった「シックス・シグマ」トータル・クオリティ・プロジェクトを立ち上げ、実施することができたのだ。また、モトローラ大学が評判を高めたので、同社が事業を展開する国では、有名校の優秀な卒業生を採用し保持できるようになるなど、競争優位の源泉のカギにもなっている。

表9-2 ▶ モトローラの「個人尊厳資格」プログラム

1	モトローラの成功に貢献する、実質的で、意味のある仕事を行っているか。
2	成功するための職務行動を理解しているか、 またそれを遂行する知識ベースがあるか。
3	常に最新のスキルを習得するために、研修が行われたか。
4	個人的なキャリア・プランがあるか。それはワクワクするようなもので、 達成は可能か。そのプランに基づいて行動しているか。
5	少なくとも30日ごとに、個人的なキャリア・プランを向上、もしくは達成する うえで助けとなる、率直で、肯定的、建設的なフィードバックを受けているか。
6	個人の状況、性別、人種に関し、ふさわしい感受性があって、 そのような問題が成功を阻むようなことはないか。

最近では、同社は社員のさらなるエンプロイアビリティ向上を目指して「個人尊厳資格」(IDE)プログラム(表9-2)を実施している。同プログラムの下、上司は全員、四半期ごとに部下と六つの点について話し合うことになっている。そのどれかに対して、社員の一人からでも否定的な答えが返ってくるようであれば、それは品質問題として扱われ、トータル・クオリティ・マネジメント(TQM)の原則に従って改善される。他社に比べて社員への投資を積極的に行い、長い間エンプロイアビリティを擁護してきたモトローラでさえ、IDEの第一回目の面談では、七〇パーセントを超える基準未達を報告する事業部もあった。一九九五年より、同社は否定的な回答に対して、その根本原因を確認し、取り除くた

めの体系的な取り組みを開始した。これは経営側にとっては、新しい契約の厳しい側面であった。社員がベストの状態になれるよう支援することによって、「競争力のあるエンプロイアビリティ」をうたう契約から生じる、社員に対する新たな厳しい要求とのバランスをとるのである。

◉新しい契約に該当しないもの

エンプロイアビリティに基づく道徳契約についてかなり詳しく述べてきたが、ここでそれに該当しないものを挙げることも重要である。第一に、新しい契約は、社員の雇用を保護する責任からマネジメントを解放するという、響きのよい新しいスローガンではない。インテルで、アンディ・グローブが社員にあれほどの要求を行うことができたのは、彼がこれまで進んで社員の利益を守ろうと努めてきたからにほかならない。先に述べたとおり、一九八〇年代初めの「メモリー製品大不況」時代に、アメリカのほかの半導体企業がただちに大量の社員を解雇したとき、グローブは、一二五パーセントルールや九〇パーセント計画、株式売却など、解雇以外のあらゆる手段を試して赤字の流れを絶とうとした。そのあとで、レイオフや工場閉鎖という最終手段に出たのだ。このように、熱心に取り組んでいることを証明することによって、エンプロイアビリティに基づく契約は信用するに足るものとなり、社員の側も厳しい要求を受け入れてくれるようになるのである。

もう一つ、道徳契約に該当しないものとしては、社員たちが後に他社でもっといい仕事が見つけられるように、会社の負担で社員の教育・開発を行うという利他的合意が挙げられる。一見矛盾しているように聞こえるが、実際には新しい関係によって、優秀な社員は会社にとどまる確率が高くなるのである。雇用保障に基づく契約では、あまりに特定の専門に特化しすぎたり、スキルが時代遅れになった人たちは、他の仕事に就く機会もなく、転職が不可能になる。しかし、非常に優秀な社員は辞めていくケースが多い。契約関係のもう一つの側面である、制約やコントロールに我慢できなくなるのである。逆に、企業がエンプロイアビリティを約束してくれると、それが社員にとってその会社にとどまる動機となる。現在の高いエンプロイアビリティを使って他社に移ることも可能だが、転職先の企業が同じように社員に価値を付加する会社でなければスキルが時代遅れになってしまう、というリスクを冒したくないからだ。社外でも通用するような広範で高度なスキルは、社内の異なる職種やニーズに適用することもできるので、企業としてはもっと価値の高い仕事に、もっと柔軟にノウハウを利用できるというメリットが生じる。

最後に、エンプロイアビリティに基づく契約は、単に「導入」できる類の制度ではない。それは、まったく異質な理念を具現化することだ、ということを理解しなくてはならない。その理念の下で経営陣には、雇用保障に守られた依存関係よりもずっと健康的で正直な関係によって、人々と企業を結ぶための興奮と満足を創り出すことが求められる。エンプロイアビリティに基づく道徳契約は、権限委譲に対する取り組みと密接に関連しているものであり、新しい「職場のにおい」にそれを感じ取ることができる。この両者の組み合わせは、従来の雇用契約が放棄した個人と組織との関係を持続させ、互いに満足できるものにする。企業と社員との新しい関係を、価値を付加することと継続的な選択を土台にして構築し、一方的な依存や自尊心を傷つけることを基盤としなければ、新しい契約は単なる機能にとどまらず、モラルともなるのである。

「未来を共有する」関係を築く

社内外での価値創造に重点を置く現代企業のこの概念は、イギリス人が「理想の国」と呼ぶものなのだろうか。ビジネスが本当は厳しく、容赦ない世界であることを知らないうぶな理想家の、希望的観測にすぎないのだろうか。さらに、象牙の塔にいる学者たちが、自分たちにはできないことを説いているだけなのだろうか。

本書では、価値創造の理念を実践した企業の成功例をたくさん取り上げている。花王、３Ｍ、インテル、キヤノンはどれもお手本となる企業である。価値を社会から搾取するのではなく、社会のために価値を創造するという任務に専念することで、こうした企業は何年にもわたり健全な利益を生み出している。キヤノンはバブルジェット・プリンタを発明し、積極的に宣伝することで、同社のレーザー・プリンタ技術を陳腐化させた。これも、顧客にとってはバブルジェット・プリンタのほうが、コスト当たりの機能が優れていると考えたからだ。インテルは妥協することなく「ムーアの法則」に従うことで、情報革命に火をつけた。新しいことができるようになる次世代のチップを作り出す一方で、前世代の自社製品を市場から一掃した。花王は化粧品産業への参入を決意し、先進技術を駆使して機能性の高いソフィーナ・シリーズを開発し、高価な容器に入った値の張る月並みな製品に対抗した。どの企業の場合も、価値創造は明文化された目標であり、実証された結果でもあった。

エンプロイアビリティに基づく道徳契約がなければ、マッキンゼーやアンダーセンコンサルティングはビジネスができなかっただろう。コンサルティング業界での成功要因は、最も優秀な人材を採用することだ。しかし、これらの企業に採用される社員の中でパートナーになれるのは、わずかに五人に一人である。残りの者は去らなくてはならない。エンプロイアビリティが約束されていること、そしてその約束を実行できる能力を証明すること——それがリスクの大きさを十分承知しながらも、世界中の新卒者が入社を希望してくる、唯一の理由なのである。

私たちは個を活かす企業の説明を始めるにあたり、ドン・ジャンスの話をした。ジャンスは「企業が古い社員に新しいスキルを教えることなどできない」と信じる者がいるなかで、マネジメントを再発見した。ここでもう一つの例を挙げて、価値創造に基づく新しい経営哲学の説明を締めくくろう。それは苦戦していたイギリスの部品製造会社、ユニパートの見事な成功例だ。ユニパートは、この強力な経営哲学によって変貌を遂げたのだ。

◉ユニパートの成功事例

ユニパートは、イギリスの国営企業であるブリティッシュ・レイランドという、慢性的に病んだ自動車会社が分割した際に誕生した企業である。同社で最も価値のある資産や資源は、やがて他社に移っていった。ジャガーは初め上場企業として株式を公開したが、後にフォードに買収された。オランダのＤＡＦが同社のトラック事業部を買収し、バス事業はボルボへと渡った。ブリティッシュ・エアロスペースが自動車事業部を買収し、ローバーと名前を変えた。取り残されたのが、まったく競争力のない部品事業、つまり非効率な製造事業や、部品の供給・流通部門の寄せ集めであった。この見込みのない残存事業が、一九八七年の投資家、社員による株式買い取りによって、ユニパート・グループ・オブ・カンパニーズになった。

イギリス通商省の調査によると、独立企業として創立した時点で、ユニパートは日本の自動車部品会社に比べて生産性が二分の一という悪条件に悩まされ、品質の面では一〇〇分の一というお粗末さであった。同社は極端に対立的な職場環境を引き継いでいた。それは因襲的で独裁的な経営陣と、社員の強い労働組合化により生まれたものであった。さらに同社の敵対関係は、サプライヤーや顧客との関係にも及び、かつてはブリティッシュ・レイランドの姉妹事業部であったローバーとの関係はその代表的なものであった。

だが九六年までに、筋書きはまったく変わっていた。総売上高は一〇億ポンド近くに倍増。利益は三二〇〇万ポンド以上と四倍に伸びた。最近のイギリス通商省の調査発表によると、ユニパートはイギリスの自動車部品業界で唯一、ワールド・クラスの品質基準を提供する企業であった。同社の変革の陰には、ユニパートのCEOであるジョン・ニールと、彼が「未来を共有する関係」と呼ぶものへの絶対的なコミットメントがあった。この理念は後からつけた理屈でもなければ、成功をたたえるお題目でもなく、同社がそれに従って機能する根本原則であると、八七年にニールは明確に、きっぱりと表明した。そのとき彼は次のように述べた。

私たちは業界を混乱させてしまった。短期的な、権力に基づく関係は失敗した。欧米企業の多くはいまでも、競争優位を確保することが最善の策だと信じている。だが、それは絶対に間違っている。私たちはステークホルダー、つまり株主、顧客、社員、サプライヤー、政府、地域社会との間に、未来を共有する関係を築き上げなくてはならない。それは利他主義ではなく、商業的な自己の利益のためなのだ。

ニールの言葉は空しい美辞麗句ではなかった。「未来を共有する関係」を築こうという彼の目的は、社内外のあらゆる関係において、理念から実行できる行動へと変わった。ユニパートはどのように外部との関係を根本から変えたのか。その典型的な例は、それまでサプライヤーとの関係を支配していた、伝統的な代理店主導による価格重視の契約交渉から、劇的に訣別したことに見られる。「未来を共有する」理念の下、ユニパートの経営陣はサプライヤーの成功を支援することで彼らとの関わりを深め、パートナーシップに価値を付加しなければならないと考えたのだ。

その好例が、創業一〇〇年のバッテリー製造業者、タングストンとの関係である。タングストンは、かつてはイギリスの交換バッテリー市場で二五パーセントのシェアを誇っていたが、八九年には事業からの撤退を真剣に考えなくてはならないところまで業績が落ち込んでいた。その問題の根深さは、次のような例に表れていた。たとえば、八九年にタングストンのユニパート（同社最大の顧客）への出荷で、約定にある二～三日というリードタイムの条件を満たしていたのは、出荷全体の五〇パーセントにも満たなかった。

このとき、ニールはタングストンのCEOジョン・リチャードソンに対し、「タングストンはユニパートの『テン・トゥ・ゼロ』プログラムに参加すべきだ」と説得した。これは、取引費用からリードタイム、欠品率、納品ミスなど一〇の基準について、ユニパートとサプライヤーが共同に実績を測定するもので、一方的にサプライヤーを採点する制度ではなかった。ユニパートとタングストンの社員による共同チームは、それぞれの点について、測定値をゼロまで下げるために共同学習プロセスを生み出した。その目的は、ノウハウの共有やより良いフィードバックを通じて、ユニパートとサプライヤーの両社が共に品質改善とコスト削減を行うことである。

将来予測、EDI（電子データ交換）、生産工程などの分野でのイノベーションを通じて、「テン・トゥ・ゼロ」のパートナーシップは、コスト、品質、納品時間において急速に大きな改善実績を上げた。タングストンの販売・マーケティング部長であり、ユニパートとの窓口役を務めるノーマン・フィンは、このプロセスを次のように語った。

戦略提携について語る企業はいくつもあるが、それを本当に真剣に考えたのはユニパートだけだった。未来を共有する関係は楽ではないし、毎日信じられないほどたくさん仕事をしなければならなくなる。ときには、私でさえ顧客とは共有したくないような情報をやりとりすることもある。常にかなり細部にまで気を配り、常に共にコミットして向上を目指すプロセスだ。たとえば、私たちは一八カ月間でオンタイムの納品達成率を四八パーセントから八〇パーセントに向上させたが、そこで立ち止まらなかった。現在、私たちは九六～九七パーセントを達成している。

またユニパートは、未来を共有する理念には、自社以外のところでも価値を高めるシナジー効果があることを発見した。たとえば、タングストンのフィンは、イギリス自動車産業の伝統である、買い手と売り手との敵対関係の中でこれまで仕事をしてきたのだが、そんな彼も新しいアプローチの熱心な信奉者となった。「ユニパートとの関係で学んだことの多くを、ほかの顧客にも応用するようになった。みんながその気持ちでいたわけではないが、信頼し合うために壁を越えようと懸命になった。……だれもが変わらなければならなかった。私もそうだ。いまは、ユニパートの未来を共有する理念から得たものは大きいと信じている」

ユニパート内部でも、未来を共有する理念は同じように強い影響を及ぼしていた。かつてのように、無理に押し込められて身動きがとれない状態ではなく、潜在能力を発揮できるよう助けることで価値を高めるように、会社と社員との関係を再定義した。この新しいアプローチに対する取り組みの中でも最も顕著なのは、ユニパート大学の創立である。この企業内大学は、ベストセラー*The Machine That Changed the World*の共著者、ダン・ジョーンズが中心となり、二〇〇万ポンドの費用を投じて設立された。ユニパート大学は、同社をワールド・クラスの企業にしようというニールの戦略のカギであった。ニール自身もユニパート大学で定期的にコースを教え、同大学について次のように語った。「いちばん大切なのは学ぶこと。そこで理論は実践になり、同僚は教師や協力者となり、変化を恐れる気持ちは自信と能力へと変わる」。ニールは大学を、社員が会社の価値観を自分のものにし、共通の言語を作り広めていく、ユニパートの精神的な拠り所と考えた。

ユニパート大学はまた、同社の目指す未来を共有する関係を目に見える形で現した。大学は、ユニパートの関係者全員に対して門戸を開いた。コースに定期的に参加するのは、同社社員をはじめ、顧客やサプライヤー企業、政府職員、ユニパートのアプローチに関心を抱く企業の役員や社員、地域社会のメンバーなどであった。

同社の社員であればだれでも、大学内の情報技術センターに行ってコンピュータの前に座り、訓練を受けた親切なスタッフの指導を受けながら、好きなだけ学ぶことができた。センターではラップトップ・コンピュータも貸し出しており、大学の図書館からは通常の表計算ソフトから個人資産管理ソフト、果てはガーデニング・プログラムに至るまで、さまざまなソフトウエアを借りることができる。一般コースで扱っているテーマには「継続的なプロセス改善」「優れた顧客サービスの提供」などがあり、そのほか「問題解決のチームづくり」などの特別クラスも設けられている。どの社員も、ほとんどの授業を自主的に受講することができる。

頻繁にコースに参加していた社員にジュディス・ハリスがいた。アシスタントから後にプロダクト・マネジャーにまでキャリア・アップを果たした彼女は、ユニパートが、かつて不機嫌だった社員に新しいエネルギーとやる気を吹き込んだ好例である。入社するやいなや、ハリスはこの会社なら自分の能力を伸ばしてくれると感じた。「職場にはある種の活気があった。いつも尋ねられる人がいたし、受講したいコースもあった。……それに、自分で前向きに取り組めば、新しいことをやらせてくれる雰囲気だった。失敗しても大丈夫という雰囲気だった」とハリスは言う。

ハリスの秘められた能力に気づいた最初の上司は、経営学の四年のプログラムに参加するよう勧めた。そしてクラスに出席するために毎週半日ずつ休暇を与えた。ハリスがいないときに緊急事態があった場合には、ほかのスタッフがカバーした。プログラムの途中でハリスが他のキャリアに興味を示すと、会社はそれをサポートした。他の部署がどんな感じか体験できるように、数日間試しに働いてみるよう許可したのだ。このプロセスを通じて、ハリスはマーケティング・サービス・チームに興味を持ち、異動を希望した。上司の厚い推薦を受けて、ハリスはそのポジションを獲得した。職歴や経験が不十分な人材がその職に就くのは、まれなケースであった。彼女は次のように言う。

私は安全で、安定した仕事を突然離れて、ペースの速い、製品宣伝の分野に飛び込んだ。新製品の宣伝を考える時間は三カ月しかなかった。すぐに、チームで働くことがどういうことなのかわかった。春の宣伝を立ち上げるのに、全員で一丸となって働いた。

九六年にブレーキ製品のプロダクト・マネジャーに空きができたとき、ハリスにはその職務に必要な意欲も、十分な知識も、スキルも備わっていた。アシスタントからミドル・レベルのマネジャーにまで昇進した経緯を振り返って、ハリスは自分がユニパートに入社してから経験した、個人的な変化や職業上の変化についてこう語った。「以前に夢見ていた以上のことを実現した。昔は自分の考えを口にするのにもビクビクしていたが、それがすっかり変わった。いまなら何にだって挑戦できるし、自信もついた。それは仕事だけではなく、私生活でも同じだ」

ニールのビジョンは、ゼロ・サム・ゲームのように他から価値を搾取して収益を上げようという、エコノミストの狭義のモデルから生まれたものではない。むしろはるかに広がりのある、「プラス・サム」の価値創造の考え方に基づいている。これは、私たちが調査した企業で成功している経営者に、共通して見られた特徴でもある。ニールと同様にこうした経営幹部たちは、相互利益を目指して共に働くよう関係者と関わり合い、エネルギーを与え、力を与えることによって、自分たちが作り出せるものに絶大な信頼を寄せていた。幹部たちのまとまった行動の成果は、考えた以上の結果を生み出す。それは、企業の役割についての、より現実的ではっきりとした理念の台頭である。

企業は強力な経済体であると同時に重要な社会制度であり、企業は経済力を利用して社会全般や人々の生活に価値を与えるのだ。個を活かす企業とそこで働く社員との間に締結されるこの新しい道徳契約を明確にし確認することが、今日の経営者にとって最大の課題だ。経営者の地位の信頼性と企業制度の妥当性は、経営者がこの課題をこなせるか否かにかかっているのである。

第10章　変わるトップ・マネジメントの役割
――企業目的、プロセス、社員への視点

一九八〇年代も半ばにさしかかる頃から、世界屈指の大企業がそろってつまずき、失敗を犯し始めた。運命論者は、「問題が起こっているのは、大企業の時代が終焉を迎えつつあるしるしだ」と解釈した。その証拠はもっともなものばかりだった。アメリカでは、ＩＢＭやシアーズ、ＧＭのような巨人が隘路にはまり込んだ。かつて強力だったオリベッティやフォルクスワーゲン、フィリップスなどのヨーロッパ企業も、苦戦していた。無敵に見えた日本の巨人、日立や松下、マツダでさえひどく低迷し始めた。こうした巨大企業は新しいビジネス環境に適応するには大きすぎ、動きが遅く、柔軟性に欠ける、というのが通説であった。恐竜のごとき企業の時代はもはや過ぎ去り、彼らはただ絶滅を待つばかりであるということだった。

ＩＴＴやＩＣＩ、ウェスチングハウスのような企業が自らを解体し、ウォール街の企業切り売

り屋の手によってほかの多くの企業も同じ運命にあるなかでは、こうした言い分には説得力があるように思えた。さらに興味深かったのは、いわゆるバーチャル企業と呼ばれる、小規模でフットワークのいい企業の流動的なネットワークから成る、大胆な新しい企業モデルの登場だった。

ところが、こうした運命論的な予言にもかかわらず、多くの大手グローバル企業が徹底した人員削減や過激な組織再生の手も借りずに、新しいビジネス環境にうまく適応していったのである。資産や資源の再編だけでなく、各自の役割分担や責任範囲を再定義し、ゴールや目標とのすり合わせを行うことは、意義深いが微妙な変化であり、企業の行動を決定するものである。この組織面とマネジメントのやり方の違いこそが、組織を個を活かす企業にする。変わりゆく環境や競争のニーズに適応しながら、また「自分たちのキャリアの成功を通じて体得した古いマネジメントの考え方では、もはや不十分だ」とのトップ・マネジメントの確信によって、企業は社会が求める新しい役割に対応することを学んでいく。

新しい企業哲学を実行するのに、トップ・マネジメントが変えなくてはならない役割や任務とは何だろうか。こうした役割の変化によって、彼らの個人的な志向や、明確に表されたり内に秘められた信念が、どう変わらなくてはならないのか。そしてより重要なことだが、新しい企業哲学を自分たちの組織の中に具現化して組み込むには、トップ・マネジメントはどうあるべきだろうか。

戦略、組織構造、システムを超えて

私たちが調査を行った企業の変遷をたどると、企業が直近の大きな企業変革に熱心に取り組んでいればいるほど、その変革から生まれた経営哲学を導入している確率が高いことが明らかになってきた。アルフレッド・スローンやピエール・デュポンのような創造力豊かな天才たちが生み出した組織構造のフレームワークは、多角化戦略を推進しただけでなく、まったく新しいマネジメント手法を確立した。事業部レベルのゼネラル・マネジャーへの権限委譲に基づくこの新しい手法は、高度な情報・計画システムを開発し、本社スタッフが多角的な運営を行えるようになって初めて実現可能になった。

こうした手法をとった企業が成功を収め、彼らを真似た数多くの企業が現れたことにより、この基本的なアプローチはついに現代経営の中核を成す教義となった。「組織構造は戦略に従う」とこの教義は説いている。そして組織構造を支えるのがシステムなのである。この戦略—組織構造—システムの経営教義は、非常に効果的な企業モデルを生み出していった。トップ・マネジメントの最も重要な仕事が、企業の限りある資源を各事業部のゼネラル・マネジャーから提案される競争機会に割り振り、次に高度な管理システムを活用して、業績が計画どおりであるかモニターすることであった時代には、このモデルは最適だったのである。

だが、企業が二一世紀に向かって競い合うに従い、戦略─組織構造─システムの教義は、根本的な変化のために根底から崩れ始めた。希少な経営資源はいまや資本ではなく知識であり、この新しい競争力の源泉となる貴重な資源を開発し、最大限に活かし、広めることのできる組織環境をつくることがマネジメントの課題となった。最も基本的なレベルでは、戦略─組織構造─システムのパラダイムの観点からこの変化を理解しようとすると、問題の症状には対処できてもその根本の原因には対処できないということに、多くの企業が気づいた。さらに根本的には、この大変革に対処するためにはこれまでとはまったく異なる経営哲学が必要だ、とマネジャーは認識しなくてはならなかった。難しいことに、マネジャーは自分自身の核となる役割や責任を、基本的かつ抜本的に変えなくてはならなかった。

成功している企業はこれを実行した。つまり、まったく異なる経営哲学を採用したのである。公の入念に分析された戦略に従うより、活力に満ちた企業目的を構築することに重点を置いた。組織構造を変えるより、効果的なマネジメント・プロセスの開発を通じて組織を活性化した。社員の集団行動を統制するシステムによる管理より、彼らの個人としての能力を開発し、各自の視野を広げるよう直接努めることに力を注いだ。つまり、従来の戦略─組織構造─システムの教義を超えて、目的─プロセス─ヒトの開発に基づいた、より包括的で有機的な経営哲学を生み出したのである。

ここで重要なのは、この新しい哲学は従来の教義を完全に否定するものではないということだ。戦略―組織構造―システムに「訣別する」のではなく、「超える」と言っているのはそのためだ。企業が互いに競い合う、知識に基づいたサービス集約型の新しい環境では、マネジメントは従来の厳格なツールを、私たちが目的―プロセス―ヒトと定義する、より広がりのあるダイナミックなモデルで補わなくてはならない。経営哲学をこうして根本から変えることが、個を活かす企業を構築する礎を築くことになるのである。

この哲学の変化は組織全体に浸透すべきだが、起点となるのはトップ・マネジメントだ。組織の行動と信念を全社的にすり合わせる前に、トップ・マネジメントはまず、自分たちの優先順位と考え方を変えなくてはならない。企業戦略の設計者というより、広範な組織全体の目的を作る者へと、役割を広げていかなくてはならない。また、公の組織構造の設計者から、組織のプロセスの構築者へと焦点を広げなくてはならない。システムを管理することを超えて、ヒトの開発と形成へと、最も重要な職務を拡大しなくてはならない。

◉戦略を超えて目的へ

少なくともアルフレッド・スローンの時代から、力強く、英雄的で、知見の備わった戦略家としてのＣＥＯのイメージがビジネスの歴史の中に深く刻まれ、さまざまな経営の伝説を通して語り継がれてきた。今日の実務家ならだれもが、スローンが半世紀以上にわたってどのようにＧＭ

を動かしてきたか、いまでは古典となった五段階の製品市場のセグメンテーション戦略を思いついたか、耳にしたことがあるだろう。今日、現代の企業リーダーの自叙伝を読めば、リー・アイアコッカから「チェーンソー」（電動のこぎり）の異名をとったアル・ダンラップに至るまで、この伝説的なイメージが続き、強化されているのがわかる。

ほとんど多角化されておらず、事業環境がもっと単純で予測可能だった時代には、明確な戦略を立案するトップの能力に議論を差しはさむ余地はなかった。だが企業規模が拡大し、事業環境がより複雑になると、シニア・マネジャーは本社として事業部などの計画や提案を見直し、影響を与え、承認するために、複雑なシステムや専門家スタッフを必要とするようになった。そして時が経つにつれ、計画プロセスはますます形式化し、そこから生み出される計画の効用は減少していった。

皮肉なことに、シニア・マネジャーが事業部レベルの戦略立案を事業部や戦略事業単位のマネジメントに譲り渡し、本社レベルの全般的な戦略の枠組みや論理づけに専念するようになると、彼らの間に不満ばかりが募っていった。この変化を受けて、トップは企業の戦略リーダーとしての歴史的な役割を保持するため、あるいはその役割を取り戻すために、新しい戦略コンセプトに続く何かを見出そうとした。たとえば、関連事業間のシナジーを生み出すという、つかみどころのないコンセプトを試したり、財源が複数事業にまたがる戦略ポートフォリオを定義し、そのバランスをとるために複雑なモデルを採用した。近年では、事業ポートフォリオを全社的に包括する手段として、広範な戦略ビジョン、あるいは絞り込んだ戦略的意図という概念を取り上げ始めた。しかし、こうしたアプローチによっていくつかの有益な見方が生まれることはあったが、トップ・マネジメントが再び戦略をコントロールするために探し求めていた、強力な戦略ツールとはなりえなかった。

一方、事業部や戦略事業単位で実際に事業を運営している者は、自分たちの役割についてますます混乱をきたしていた。自らの戦略をシナジー主導の会社の論理に無理矢理合わせるような要求は、フラストレーションとなった。複雑なビジネスが過度に単純化されたポートフォリオの中で資金供給役に分類されることは、彼らのやる気を奪っていった。漠然とした戦略ビジョンとのすり合わせを行うことや、あまりにも制約的な戦略的意図は、彼らをしらけさせた。つまるところ、トップ・マネジメントが戦略面でリーダーシップを発揮しようとしたことは、全社的な活動をまとめていくことには貢献せずに、逆効果に終わることが多かったのである。

問題がCEO個人の能力不足にあることはきわめてまれだ。むしろ問題は、「CEOは企業の最高戦略家として、企業目的を設定し、優先事項を決定する」という思い込みそのものにある。意思決定に要する知識やノウハウは刻々と変わりつつあり、しかも意思決定はビジネスの現場で求められているという事業環境では、この前提は支持されない。戦略情報がトップに伝えられるときには、情報はかなり薄められ、ゆがめられ、遅れてしまうのが常である。たとえ有用な形で伝達プロセスを生き残ったとしても、高度な判断を下すのに必要な最新の知識や専門ノウハウ、きめ細かな洞察力を、トップ・レベルの幹部が備えていることはほとんどない。

インテル会長のアンディ・グローブが認めているように、彼ら経営陣は、「メモリーチップとマイクロプロセッサの両方で主要供給元になる」という同社の戦略が、競争環境によって崩されつつあるとは長い間考えようとしなかったし、またそう考えることができなかった。それでも、経営陣がメモリー事業からの撤退を決断するまでの丸二年の間、多くのプロジェクト・リーダーやマーケティング・マネジャー、工場の監督者は、経営資源をメモリーからマイクロプロセッサに移し、戦略の焦点を見直すことに余念がなかった。その結果グローブは、「経営陣のだれもが、自分たちが戦略をコントロールしていると思っていたが、実際はそうではなかった」と、いくぶん謙虚な結論に達したのである。グローブは当時を次のように振り返る。

私たちは戦略のうたい文句に惑わされていた。だが、現場にいる社員には、私たちがメモリーチップ事業から撤退しなくてはならないことがわかっていた。……人は指先で戦略を練る。わが社の最も重要な戦略決定は、明確な企業ビジョンに対応してなされたのではなく、本当に現状を把握している現場のマネジャーたちによる、マーケティングや投資の意思決定だった。

グローブは、インテルの歴史において最も重要な戦略決定から学んだことを振り返り、トップ・

マネジメントが企業の方向性にどう影響を及ぼすかについて再考する必要があることを認めた。企業のリーダーは、より正確に戦略を開発できるツールに磨きをかけるのではなく、戦略的イニシアチブや討論が下のレベルから湧き上がってくるような環境をつくることに時間を割くべきなのである。メモリー事業からの撤退と同じくらいに劇的な今後の戦略転換について、グローブは次のように語った。

マイクロプロセッサの企業として成功すればするほど、それ以外のものになることは難しい。組織内部から新しい可能性が生まれるようにするためにも、トップの戦略的な焦点は絞り込みすぎないことが大切だ。

経営陣が戦略の大家としての限界を認める一方で、「指先で戦略を策定」できる人間は深い不満を抱いていることがわかってきた。価値の乏しい数字重視の計画目標も、インセンティブ制度も、組織内にイニシアチブを醸成するために必要な取り組みや意欲を育むものではない。次から次へと押し寄せる事業の再編や、職階の削減、リストラの波が、かろうじて保たれていた企業への忠誠心をむしばみ、たとえどんなに脆弱なものでも一応は存在していた人間関係をも壊してしまうのである。

自分の会社が何であり、なぜ存在するのか、社員が知らない、あるいは知ろうともしない環境では、リーダーたちは戦略プロセスを規定する分析理論を磨くことだけに没頭している余裕はない。戦略は、広範な組織としての目的に組み入れられて初めて、強く長く感情移入できる対象となるのである。今日、企業のリーダーの最大の課題は、社内に存在意義の感覚を育成することだ。それは社員が一体感を持てるもので、誇りを共有できるものであること、そしてそれに対して社員が自ら進んでコミットできるものであることが必要なのだ。要するにトップ・マネジメントは、経済体と契約関係にある社員を、目的を持った組織に積極的に関わるメンバーへと変えていかねばならない。

マネジャーはさまざまな手法で、刺激的でやる気を出させるような目的意識を創り出すことができる。ISSをデンマークの小さなオフィス清掃業者から、業界におけるグローバル・リーダーへと変貌させた、ポール・アンドリーセンを思い出してほしい。彼がこの変革を成し遂げられたのは、野心的な成長目標を表明したからでも、競合企業をいっきに追い越そうと各部署に精力的に呼びかけたからでもない。彼は目的意識を醸成していったのだ。特に、社員が自分の仕事に誇りを感じられるような機会を創り出したのである。卑下される職業とされてきた分野で、日常のオフィス清掃はプロフェッショナルなサービスだと主張した。それを裏づけるために、ISSをすべてのサービス事業のベンチマーク企業として位置づけ（コピー機器業界のゼロックスと同様に）、ビジネスの技術的な基盤、品質基準、そして何よりも社員のスキル育成に多額の投資を行った。こうして、アンドリーセンは個人の尊厳を創り出していったのである。

同じように花王の丸田も、「普通の人々の生活の質を向上させ、社会に役立つ製品を開発するために技術を利用すること」を義務として強調することで、花王における目的意識を創り出した。同社の企業目的にはもっと革新的な考えも示されていた。それは、「花王はまず教育機関なのであり、全社員の最も基本的な責務は教えそして学ぶことだ」というものであった。

だが、私たちが調査を行った企業の中で、この目的設定において最も進んでいたのは、一九七三年の設立以来、家具小売りの革命的コンセプトを世界中に輸出しているスウェーデンの家具会社、イケアである。イケアの創業者、イングヴァル・カンプラードが一九五三年に同社を創始した当時は、スウェーデンの家具製造業者や小売業者の間にはカルテルのような協定があった。そのため、若い人が初めて家を持ったときに家具を買おうとしても、手が届かないくらいに価格が高く設定されていた。カンプラードの目的は、ビジネスチャンスを利用すると同時に、この社会問題に取り組むことであった。彼は次のように語った。

不釣り合いなほどに多くの資源が、人口のわずか一部を占める人々の要求を満たすことに使われている。……多くの、美しいデザインの新しい製品に手が届くのは、一部の裕福な人だけだ。イケアの目標は、この現状を変えることだ。私たちは、デザインと機能に優れた多様な家具を、大多数の人が買えるような安い価格で提供する。

同社の創業以来、カンプラードはさらに大きなビジョンを強調してきた。彼は社内外とのやりとりの中で、繰り返し語った。「これまでも、そしてこれからも、私たちは大衆の側に立つ。将来は、国内外で民主化プロセスに価値ある貢献をするのだ」。そして、「大衆により良い暮らし」を創り出すというこの目的が、イケアの戦略を形成していったのである。たとえば、コスト意識の徹底、製品の種類とデザイン上の変数の明示、小売店の立地とレイアウトなどに焦点を絞り込んだ。odmjukhet（つつましいという意のスウェーデン語）に表される同社の価値観――謙遜、つつましさ、仲間への尊敬――を定め、それを基準にイケアのビジネスを築いていく人を選び、育成していった。

目的意識を創り出すうえでそれぞれの焦点はかなり異なるものの、私たちの調査対象企業の中で共通する要素が一つあった。どの企業の目的も、自社に限った私欲を超え、長期にわたって追求できる、より広がりのある、人間としての向上心へとつながっていたのである。ここで、前章で述べた社会における企業の新しい役割が、本章のテーマである変わりゆくトップ・マネジメントの役割と関わってくる。

戦略のコンセプトは、経営学者の考えの中でも、企業で実践されるうえでも、「企業は、大きく複雑な環境の中で、経済的価値の交換により利益を最大化するエージェントである」という考え方を反映したものだ。この矮小化された、受動的で自己目的化した定義は、現代社会における企業の役割を著しく過小評価している。企業は、資源と知識の主な貯蔵庫として、絶ゆまぬ生産性の向上と革新によって富を創造し分配するという責任を持ち、社会に変化をもたらす主要な存在となっている。同様に重要なのは、多くの人々にとって企業は、社会と交わり自己実現を行う最も重要な場としての役割を果たしていることである。

この根本的で哲学的な違いが、自分たちを単に企業戦略の立案者と考えるトップ・マネジメントと、自らの任務をもっと広くとらえ、企業の目的の形成者とする者を差別化するのである。企業の目的とは、ステークホルダーとの関係が単純な一方通行の依存関係ではなく、相互依存であることを企業として認識し、それを具現化することだ。すなわち、目的が反映されるのは、広義の責任感についての道徳的考え方だ。ビジネスチャンスのみを狭隘にとらえる、道徳観念とは無関係な考え方ではない。

◉組織構造を超えてプロセスへ

第二次世界大戦後、マネジャーたちが成長する過程で目にしてきたのは、スローンやデュポンの生み出した事業部制が多様化するポートフォリオ経営を促進したこと、また事業部制が新しい事業や市場への拡大を支援することによって、多角化戦略が組織的に進められたということだ。当然のことながらこうしたマネジャーたちは、企業の組織構成に対する彼らの管理支配力が、組織の広範な方向性を定め、メンバーたちの力を結集するのに最も強力なツールであると確信していた。ほぼ例外なく、組織構造は選び抜かれたツールとして戦略に加えられ、それがあまりに強力なために、経営陣が独占的に利用しコントロールするようになったのである。

しかし一九八〇年代になると、こうした組織構造上の革新の多くが事業拡大や多角化を実際に生み出した一方で、その成長にはいくらかの犠牲が伴うことが明らかになった。非常に発達した事業部制のモデルにおいて、肥大化する官僚主義の重みが起業家的なイニシアチブを押しつぶした。また、経営資源と能力を分散させ区分することは、知識の共有と組織学習を阻んだ。階層的な関係は、効率性を維持し、既存の運営体制に磨きをかけるのに必要なコントロールを提供するにはうまく機能したが、新しいビジネスを社内に生み出したり、構築したりはできないことが証明された。

マネジャーたちが非常に単純化された組織をあらためて形づくろうとするなかで、トップ・マネジメントの多くは、企業の戦略的付加価値に直接的に貢献する統合プロセスの構築に専念するようになった。組織構造ベースのモデルからプロセス・ベースへの移行は、九〇年代前半に多くの会社ではやったリエンジニアリング・プログラムの中に、最も劇的で徹底した形で現れた。従来の組織構造をなくして、成果重視のプロセスを中心に業務フローを再構築する大掛かりな手法は、多くの例が価値を生み出した。

しかし、その一方で、デメリットも少なくなかった。共通する弊害の一つには、企業に莫大な価値を提供していた、組織に内在する知識や人間関係を破壊してしまったことだ。これは、「神聖なものとして大切にされてきた非効率性」を取り除くために行った、容赦のないアプローチにより壊れてしまったのだ。また、同じように厄介だったのは、ボトムアップで組織を再建する際に生じる問題であった。この再建方法は、請求書の支払いやローン申請書の処理など、ミクロ・プロセスのリエンジニアリングを行うものだった。このアプローチがあまりに細かかったため、マネジャーたちは、これらが組み合わさって相互依存の障壁となることや、こうした個々の要素がいかに組織全体に価値を付加するのか、ということが見えなくなってしまった。

しかし、ＴＱＭのようなマクロ・プロセスやミクロなリエンジニアリング実施の影響が積み重なって、企業組織の設計者の考え方に変化が生まれた。マネジャーたちは公の組織図の箱や線を描き直すより、新しい役割や再定義された関係を通して、資産と経営資源をどのように結びつければよいのかを見出すことに時間を割くようになった。

ＡＢＢのバーネビクとトップマネジャー・チームが五年間を費やして、顧客に最も近いところにいる者の起業家精神を奨励するプロセスを構築したことを思い起こしてほしい。それは、現場の各ユニットで育まれた資源や能力を統合し、グローバル規模で全社的な資産として活用するもので、とりわけ、継続的な変革プロセスに取り組むことでＡＢＢの業務改善を補完するものであった。同様に、３Ｍの五〇年にわたる努力を振り返ってみよう。同社は、「製品は事業部のものだが、技術は会社のもの」「少し作って少し売る」という社内の金言に支えられ、根本的に人を信頼するという原則に従って同様のプロセスを開発、支援した。

イケアにおいてもプロセスに同じように重点が置かれた。それを支援するためにカンプラードは、花王で丸田が「生物学的なセルフ・コントロール」ができるように実施したのと非常によく似た、オフィスのレイアウトを作った。花王と同じように、イケアの社員たちはインフォーマルでリラックスした雰囲気の、オープン型のオフィスで仕事をした。丸田の発言に似て、カンプラードは「地位や因習から逃れられれば、毎日がより良くなる。人間としてもっと自由に、もっと自然でいられる」と述べた。

イケアにも現場での起業家精神が息づいており、それはABBで実施されているのとよく似た起業家プロセスに支えられている。イケアのある幹部は次のように語った。「新規に開店する店舗は、これまでに開発された店舗を見たうえで、最善を尽くして改善を図っている。ある店舗は観葉植物の部を設け、別のある店舗は時計売場を設けた」。このように制度化された起業家プロセスを通して、イケアの店舗独特の特徴が生まれたのである。たとえば、監督者がいる子供用の遊び場には、赤い発砲スチロールのボールがぎっしり詰まった「プール」があり、店内のカフェでは、スウェーデン製ミートボールなど安くて珍しい食事ができ、設備の完備した育児施設やオムツの取り替え場所がある。

イケアの小売事業部長のハンス・アックスは、ABBのウルフ・ガンドマークや、ISSのシユミットのように、個人のイニシアチブを鍛えてまとめるコーチや支援者としての役割を演じた。アックスは、最良のアイデアを見つけたら、それを店舗中で共有するために、自ら進んで触媒役を果たした。イングヴァル・カンプラードが「口から耳へ」と呼ぶ原則に従って、情報の共有や統合も進められた。また、同社はすべての事業部の主な役職から「文化の使者」を選び、同社の価値観と企業文化、およびそれらのメッセージをいかに伝えるかについて、カンプラード自身がトレーニングを実施した。このようにして新入社員にイケアの理念を教育したり、全社の業務単位に散らばったアイデアや、ベスト・プラクティスの共有を促進したのである。

「戦略―組織構造―システム」の経営教義は、経営資源を配分し、責任を割り振り、業務が効率的に遂行されるよう管理することに重点を置くものであり、今日でもマネジャーのほとんどがいまだに依存している。「目的―プロセス―ヒト」の経営教義は、組織の主要な業務は社員の行動を定め、彼らがイニシアチブをとり、協力し、学べるような環境をつくり出すことだという前提に立っている。

個を活かす企業の基礎となる組織とマネジメントの新しい哲学は、自己実現性を特徴としている。起業プロセスは、個人がイニシアチブをとるという前提で成り立っており、そうすることが奨励されるような環境や仕組みをつくり出す。統合プロセスは協働を実現できる環境を前提とし、そのような環境を形成するのである。自己変革プロセスは、学ぶことにより自分を向上させたいという人間の自然な欲求を利用し、その際に必要な資源やツールを生み出すのである。

◉システムを超えてヒトへ

従来のマネジメント・パラダイムに基づいて大半の企業が作り上げた、システム偏重の意思決定プロセスにおける最大の弊害は、現場のマネジャーたちがシステムを足かせと感じている点である。彼らは、システムとは自分たちを机に縛り付けて身動きがとれないようにするものだと考え、その一方でトップ・マネジメントはシステムを、業務に直結した情報を提供する生命線と見なしている。激変する環境が求めるものやビジネスの機会に企業が迅速かつ効果的に対応するための情報、知識、ノウハウを持っているのは、各個人にほかならない。知識革命の真っ只中にあるサービス・ベースの経済では、トップが高度な情報計画管理システムを通じて優先事項を決め、業務を監視することができるという古いパラダイムは、もはや幻想と化した。古いスタイルの企業トップは、いまや裸の王様なのである。

システム主導型のモデルが個人のイニシアチブを抑圧したと広く認識されている点からも、マネジャーたちが一九八〇年代終わりから九〇年代初めにかけて最も影響力のあったマネジメントの流行、つまり社員へのエンパワーメントに飛びついた理由がわかる。エンパワーメントはマネジメント・グールー（経営学の権威、導師の意）と呼ばれるオピニオン・リーダーが喧伝し、コンサルタントがパッケージ化した手法で、社員の提案計画の導入から、自律型チームに基づく組織再編に至るまで、ありとあらゆるものをカバーした。こうした動きの中には実を結んだものもあったが、口先だけの建前で終わったものが大半であった。トップ・マネジメントは、完全には把握しきれない問題や課題と格闘しながらパンク寸前だったので、山積した問題を組織に押し付けることができるという考えは魅力的であった。「エンパワーメント」というお墨付きをもらって、大勢が責任や意思決定権をあまりに広く、あまりに手早く委譲してしまった。支援もほとんどない状態では、このプロセスはむしろ「放棄」（丸投げ）と言ったほうがいいかもしれない。

私たちの調査によれば、イニシアチブの創出、学習の勧め、自己変革の確実な継続が、一時的な流行の変革プログラムによって達成されることはまずない。むしろこれらは、システム重視の経営がもたらす孤立主義を否定する、組織的なアプローチとマネジメント・スタイルに根差すものである。孤立主義と置き換わるモデルは、自らの能力を伸ばし、イニシアチブを発揮しながら独自の意思決定や具体的な行動をとれる最高の人材と、強力な関係を築くことにより機能するものである。

変化するトップ・マネジメントの役割の中でも、このシステムを超えたヒトへの移行が最も直接的に、最も目に見える形で、毎日の活動に影響を及ぼす。このような変化は、トップ・マネジメントが方向性を決め、情報の流れを形成し、組織管理の配置を行うなどの、従来の任務を放棄したということではない。この変化が意味するのは、従来のように方向性を決めるためのプランニング・システムに依存するのではなく、主要な人材を特定の仕事に配置して、企業の進化を図ろうとすることだ。同様に、社内の公の情報システムに依存して社内の情報処理そのものに影響を及ぼすのではなく、トップ・マネジメントは複雑なアイデアを伝え、微妙なシグナルを感知し、社員との個人的な関係を通じて知識の移転を促進する。また、従来の管理システムに依存するのではなく、マネジャーたちは社員の働く環境を定めることで、もっと効果的に社員の行動に影響を与える方法を見つける。

カンプラードの「口から耳へ」の戦略や、自分の役割は「3Mのビジネスを発展させる人材を開発すること」というポール・ギラーの主張は、戦略をいかに個人レベルにまで落とし込むかをうまく示している。だが、社員のマネジメントを通じて企業の方向性を定義した最も強力な例は、日本の産業機械メーカー、コマツに見ることができる。

キャタピラーに対するコマツの激しいライバル意識、そして組織を前進させるために入念に順序立てて上から課せられる課題は、欧米の経営関連文献では賞賛されていた。しかし、マネジャーや学者がこの「戦略的意図」の典型をたたえたにもかかわらず、コマツの片田哲也は、これまでのテクニックを「三つのG：Growth（成長）、Global（世界の）、Groupwide（グループ全体の）」と称する新しいビジョンに置き換えた。上からの指示が「思考の沈滞とステレオタイプ化」を生んだと考えた片田は、「コマツがどうありうるか、社員が創造的に考え、話し合えるように刺激する」という新しいビジョンを打ち立てた。変革の一環として、片田はトップダウン型の戦略策定プロセスを徹底的に修正し、システム主導のマネジメント・スタイルに柔軟性を持たせた。同時に人事方針を修正し、新しいマネジメント・アプローチと調和がとれるようにした。

たとえば、同社の新しいスローガンである「グループワイド」は、「エレクトロニクス、ロボット工学、プラスチックにおけるコマツの能力を新しい事業に向け、やがては新事業が全社売上げの半分を占めるまでにする」という戦略的野心を一言で表している。片田は、従来のトップダウン型の「企業方針によるマネジメント」を通して必要な行動を強いるのではなく、人事政策を調整することにより、組織を間接的にこの目標に導いていった。コマツでは通常、最も優秀な人材を本社スタッフ、中央研究所、建設設備事業部に配属し、それ以外の人材は、他の事業部や関連会社に送り込んでいた。片田はこの慣習を破り、これから最低五年間は、大学新卒者の七〇パーセントを非建設事業に配属すると宣言した。さらに、幹部二七人のうち約半数に、展開しつつある非建設事業の監督責任を負わせた。戦略プランニング並みに人材配置にも重点を置くことにより、片田は同社が非建設事業に力を入れていることを示し、同事業に必要なマネジメント能力を構築し始めた。その結果、片田が社長に就任する前年は総売上高の二七パーセントだった非建設事業の売上げは、四年後には三七パーセントにまで伸びた。

同様に、システムを超えたヒトへの移行は、組織の生命線である情報フローへのトップ・マネジメントの関わり方を根本から変える。トップ・マネジメントは、データ処理をより効率よく行うためのITインフラの設計ばかりにとらわれずに、社員が知識を生み出すために情報を結び付け、その知識をもっと効果的に利用できる環境をつくり出すことに注力するのだ。

バーネビクがABBを「オーバーヘッド企業」と呼ぶとき、それは本社スタッフではなく、トップ・マネジメントの任務を指している。これはグループ役員がいつでも社員にプレゼンテーションを行えるよう、何百枚というOHPシートを携帯していたためである。スカンディアも社員との関係に力を入れており、ヤン・カレンディは年に二〇〇日も出張していた。イケアの上級幹部が語った、カンプラードが新規に開店したハンブルグの店舗を訪問したときの話も、この役割を表したものであった。

彼は社員たちに、労をねぎらいたいので仕事のあと残るように誘った。そうしたらほとんど全員が残った。ディナーは典型的なイケア流だった。まず社員がビュッフェに行き、マネジャーはその次。カンプラードは最後のグループで、残り物しかなかった。ディナーの後、カンプラードは出席した一五〇人全員と握手して話をした。彼が最後に店を出たときは真夜中を過ぎていた。

イギリスの化粧品メーカー、ザ・ボディショップの創業者兼CEOのアニータ・ロディックは、情報共有手段としてのフォーマルなシステムを嫌っていた。ロディックは、社員の注意を引き、行動を起こさせるには、報告書よりも一対一のコミュニケーションのほうがはるかに効果的だと考えていた。

ザ・ボディショップの社員やフランチャイズに製品や顧客についての思いを伝えるため、ロディックは世界四〇カ国を超えるザ・ボディショップの店舗七〇〇店のそれぞれに、掲示板やファックス、ビデオレコーダーを設置した。彼女は社員に発言させようと、常にイメージやメッセージを送り付けた。店舗を訪れ、言葉を交わし、社員の悩みに耳を傾けた。定期的にさまざまな部署の社員を呼んで開く会議を、自宅で開催することもよくあった。個人のコミュニケーションを通じて職場のゴシップを流したりして、ロディックは組織のインフォーマルなネットワークにまで入り込んだ。大胆にも「やたらいいアイデア部門」と命名した提案制度を通じて、下から上へのコミュニケーションを奨励した。ロディック自身は、自分のマネジメント手法を「気まぐれ」と評した。しかし、ザ・ボディショップのような新しい急成長企業の多くがその急激な拡大に押しつぶされるなか、このような個人的で直接的なアプローチが、同社の独特なビジョンとスタイルを守るのに役立ったのは疑う余地がない。

計画・情報システムに過度に依存するのに代えてヒトのマネジメントを利用することに大きなインパクトがあったように、管理システムへの過度の依存を振り払うことは、多くのトップ・マネジメントを解放するものであった。トップ・マネジメントは、マネジャーたちに干渉して矯正するのではなく、彼らが自分でモニターし、自分で改善できるように指導しながら、個人がやる気を出す方法を模索している。ジャック・ウェルチによるGEの変革の中で、従来型の計画・管理インフラの解体ほど強烈なものはなかった。GEは計画・管理の主要なツールとコンセプトに関する書籍を出版しており、それらを世界中のマネジャーが利用していた。同社は長年にわたり、優秀な本社社員が推進して精巧なシステムを構築し、詳細で分析的な事業計画に対する組織の業績を管理してきた。ところが、世界中の企業がこぞって同様のシステムを導入しようと急ぐなか、ウェルチは躍起になってそのシステムをGEから撲滅しようとしていたのである。

ウェルチは複雑でフォーマルな計画・管理システムを、各事業が直面する戦略問題を話し合うためにマネジャー同士が直接に対話できるよう、親密で個人的なプロセスに置き換えた。従来の公式なシステムで求められた込み入った文書の作成に代えて、薄い「プレイブック」を使用することにした。それは、各事業部長とキーパーソンや、トップ・マネジメントとそのスタッフが、半日のざっくばらんなミーティングで対話を行う際の議題として使われた。

イケアでは一九九二年に、カンプラードが同社の予算システムを廃止した。その代わりに簡単な財務比率に注意を集中することにした。それはトップ・マネジメントが管理の基準とするものではなく、社内における競争のための基準点としての役割を果たすものであった。この二社のケースはともに、管理システムによって上げられた情報に基づいて本社スタッフが介入するよりも、現場の社員による自己規律を育む能力を活かすほうが、はるかに効果的な管理手段になることを物語っている。

マネジャーの新たな任務

私たちは六年を費やして、大変革の真っ只中にある二〇社を超える企業のマネジャーたちを観察してきた。いま調査を終えて私たちが感じるのは、ある種の興奮と楽観的な感覚だ。興奮を覚えるのは、私たちが過去七五年間で最大のマネジメント変革だと確信するプロセスの誕生を直接に、そして詳細にわたって観察できたからだ。具体的には、企業内で働くすべての人々の主な任務、役割、関係を根本から見直す、新しい企業モデルである。楽観的な見方とは、革新が進んだ結果、マネジャーたちが自分たちの仕事を真にプロフェッショナルな職業として再発見しつつあることだ。

一九八〇年代半ばから、企業を取り巻く次のような環境要因の力が強まってきた。グローバル化の中で競争関係と市場は大きく変わり、世界中で規制緩和が行われた。技術変化のペースは速まり、情報化時代が開花した。こうした環境の力がそれぞれに、あるいは一緒になって、あらゆる企業に大きな影響を及ぼしてきた。優れた企業は変化の速い経済システムの欠陥を逆手に取り、防衛的で自己の利益にこだわるのではなく、こうした変化の力を借りて価値を創造し分配するようになっていった。グローバル経済の中を行き来する製品やサービスの創造者という伝統的な役割を超えて、こうした企業は、何か別のやり方で価値を付加することができるし、またそうすべきだと考えるようになっていた。今日の企業は、社会の中で最も貴重な資源と知識の大部分が集約されている貯蔵庫である。企業は、人々が交わる場として、自己実現を達成する場として、また人を開発するという大きな貢献を通じて、社会資本を大量に生み出しているのだ。

このように偉大な制度を形づくり導く者として、マネジャーは大変な責任とともに、大きな特権を持つことになる。ある意味では、マネジャーたちほど社会を大きく変えられる立場にある人々は、ほかにあまりいない。何百人というマネジャーの話を聞くうちに私たちが強く感じたことは、彼らの多くはフラストレーションを感じ、混乱さえしていたが、大多数は、あらゆるレベルで自分たちが起こそうとしている変化が、顧客や社員、そして広くは社会全般に大いに前向きな影響を与えると信じている、ということだ。

この感覚の根底にあるのは、私たちが本書で述べてきた経営哲学の根底にある考え方の、単純にして深遠な変化である。それは、マネジメントとは何にもまして、人によって成果を出すということだ。数字をいじったり、動向を分析したり、リストラを行うことに価値がないと言っているわけではない。だが、こうした伝統的な責任が重視されすぎたがゆえに、マネジャーたちはあまりに長い間、もっと基本的な、最も価値ある役割から遠ざかっていた。それは希少にして価値のある知識やスキルを持った個人を引き付け、やる気にさせ、能力を伸ばし、会社にとどまってもらうことである。それはすこぶる単純であると同時に、信じがたいほど難しい。だがこれこそが、次世代のマネジメントの課題を定義する組織「個を活かす企業」を創り、経営を行ううえでの中心となる任務なのだ。

訳者あとがき

「上意下達の指揮命令系統が整った、統制のとれたピラミッド型の組織なら八〇点は取れる。さらに、エンパワーメントされた自律型の組織がうまく機能するようになれば、一二〇点取れるかもしれない。だが、失敗すると五〇点になってしまうリスクもある」

新たなマネジメントのあり方についてのセミナーを開催するにあたり、事前の打ち合わせをしているなかで、ある東証一部上場の部品メーカーのトップから聞いた言葉だ。先代から続いている歴史ある会社の経営を受け継いだこのトップは、そのリスクを承知のうえで一二〇点を目指しているという。先代の管理統制型のマネジメントからの脱却には、組織の混乱も社員の戸惑いもある。しかし、製品そのものの差別化が難しいなか、八〇点ねらいではもう勝てない。製品面のみならずサービス面も含め、社員一人ひとりの主体的な創意工夫が活かされるような組織運営が必要という信念から、「個を活かす」マネジメントへの転換に粘り強く取り組んでいる。

一般論として「自律型の組織を目指すのは時代の流れ」と理解するのは容易だ。だが実際にその転換を、どれほど高い優先順位で取り組んでいるか。その本気度には、企業によりかなりの温度差があるのが現実ではないだろうか。

本書『個を活かす企業』(原題 *The Individualized Corporation*) が最初に刊行されたのは一九九七年、いまから一〇年前のことである。当時の日本経済は、「山一ショック」に代表されるように、「まさかあそこが潰れるわけがない」と考えられた大企業でも倒産が他人事ではないほどの危機的状況に直面していた。本書が提示した「個を活かす企業」のコンセプトは、二一世紀のマネジメントのあり方を占う示唆深いものであったが、そのような状況にあった多くの日本企業にとっては、緊急避難的な危機回避が精一杯で、その先の理想の姿を描く余裕はなかった。

その後、日本企業が進めてきた変革の具体的中身は、バブル期に肥大化してしまった組織のムダを切除する外科手術だったといえる。「選択と集中」の名の下に事業分野を絞り込み、不採算事業からは撤退した。組織の中間階層の削減をはじめ、採用凍結、早期退職等、人員をぎりぎりまでスリム化し、他方、カンパニー制で事業単位の経営責任を明確化した。ERP(基幹業務総合システム)の導入等、情報インフラを整備し、業務の効率化を推進した。

初版の訳者まえがきで、我々は「日本企業の変革は周回遅れだ」と指摘した。この遅れを取り戻すべく、「失われた一〇年」と言われる期間に日本企業の多くが取り組んでいたのは、戦略、組織構造、システムといったハード面での変革だった。そして近年、ようやく本書の主題であるソフト面へと関心が移りつつある。目に見えるハード面では差がつかない、ソフト面、すなわち組織が価値を生み出す協働のプロセス、組織を構成する社員の能力と意識、社員を束ねる理念や企業目的を革新していく取り組みこそが、競争優位構築の早道だという認識が高まってきているのだ。その意味で本書のメッセージは、時間がたったからといって時代遅れになってしまうものというより、むしろ時代を先取りした普遍的な内容であり、いまの日本企業にこそ参考になるものだと考えられる。

◉ソフト面の変化の潮流

では、近年の日本の企業経営のソフト面には、どのような変化が見られるのか。「オープン化」「プロフェッショナル化」「コミュニティ化」という三つのキーワードから考えてみたい。

オープン化——社会全体に大きな変化をもたらしているインターネット。その急速な進化の中で最近「Ｗｅｂ２・０」と呼ばれる概念が注目されるなど、協働のあり方が変化しているという観点から「オープン化」というキーワードがあげられる。たとえば、社内の担当者という限られた人だけの閉じた世界の中で知恵を出し合い、新たな製品・サービスを開発し、そのリターンを独占的に享受するというのではなく、社内外を問わず広くオープンに知恵を集めることで、スピーディにイノベーションを生み出し、その成果もオープンにシェアする、という知的創造活動のあり方が生まれてきている。

「オープン化」という用語は、通常ＩＴ業界のソフトウエア開発の場面を中心に使われるが、ここではそれ以外の場面も含め、広く散らばっている知を縦横無尽に組み合わせることが自然発生的に誘発されるような協働のあり方を、概念的に意味する言葉として取り上げている。

こうした視点を組織変革の中に織り込んでいたのが、松下電器の改革である。松下は二〇〇一年度に二〇〇〇億円超の連結営業赤字を計上、当時就任二年目だった中村邦夫社長は、まさに背水の陣で変革に取り組んだ。松下が歴史的につくりあげてきた事業部制の下、類似の事業が組織内に重複しながら散在し、貴重な知がばらばらになってしまっていた。そこに中村社長は、「フラット&ウェブ」を組織のコンセプトとして導入し、タテの階層を減らして意思決定の迅速化を図ると同時に、ヨコの意思疎通も強く意識し、組織横断のコラボレーションを促した。

顧客と向き合っている現場第一線のリーダーたちが、主体的にヨコの連携を模索し、知恵を出し合って問題解決を図っていこうという試みは、「オープン化」の下で縦横無尽に知の組み合わせが起こり、新たな価値を創造していくプロセスを、企業組織内に組み込もうとする試みと見ることもできよう。

プロフェッショナル化――社員の変化を示唆するキーワードとして「プロフェッショナル化」が挙げられる。高度成長期には「気楽なサラリーマン」というイメージで語られていた大企業の従業員だが、最近は「社員のプロ化」という掛け声の下で、高度な専門能力を有した自立した個であることが求められてきている。特に、組織のスリム化を迫られていた時期には、「組織にぶら下がっている会社人間はもういらない」というニュアンスも含め、個の自立と自己責任が声高に語られていたが、その後、スキル面のみならずマインド面、つまり高い職業倫理を兼ね備え、指示や管理がなくても安易に妥協することなく、自己規律に基づいて仕事の質を追求する姿勢を重要視するようになってきた。

たとえば、急成長を遂げているネットビジネスの代表的企業である楽天の三木谷浩史社長は、自社の組織を支えるコンセプトの一つとして、「プロフェッショナリズムの徹底」を掲げている。楽天では、新しい市場を切り拓いていくベンチャー精神とともに、ビジネスパーソンとしてのプロ意識が重視されているのだ。ビジネスにおけるプロフェッショナルとして、企業間競争に勝つために人の一〇〇倍考え、自己管理の下に成長していこうという姿勢を持つことが求められている。組織に従属するのではなく、自らの仕事そのものに誇りを持ち、内発的動機をベースに高いコミットメントを示す自立した個人が、楽天において求められる社員像なのである。

コミュニティ化――プロフェッショナルには、相互に認め合い切磋琢磨しあう仲間の存在が不可欠だ。プロにとっては仲間からの称賛が最高のご褒美であり、そうした価値基準を共有した仲間により形成される「コミュニティ」に所属していることが、個のアイデンティティを支えるのである。

かつて日本的経営が礼賛されていた一九八〇年代、その特徴の一つとして日本の会社の共同体的性格が語られていた。そしてバブル崩壊以降、日本企業の業績は低迷し、アメリカ流市場主義が勢いを増すなかで、年功賃金や終身雇用といった人事制度は見直しを迫られ、会社共同体的な側面が失われる傾向にあった。

だが、近年あらためて企業の「コミュニティ化」の重要性が再認識されている。ここで言う「コミュニティ」とは、人事制度の如何にかかわらず、組織構成員の間で協働のベースとなる価値基準が共有され、相互信頼と自己規律が存在する集団を意味している。

本書で取り上げられているキヤノンは、行動指針の一つに「新家族主義」を挙げ、社員間の連帯を説いている。また別の行動指針として「三自の精神」を掲げ、自発、自治、自覚の三つを仕事の基本姿勢としている。雇用面での安定を堅持しつつも信賞必罰の評価を徹底し、個人が自由闊達に能力を発揮することを促す「実力終身雇用」を標榜、社員同士の協働と高いコミットメントを引き出す「コミュニティ」経営の強みを維持し続けているといえよう。

日本企業の代名詞ともいえるトヨタ自動車も、また企業の「コミュニティ化」に注力している。特に、近年事業のグローバル展開が急速に進む文脈の中で、この「コミュニティ」を世界規模で拡大できるかどうかというチャレンジに挑んでいる。トヨタの全世界での年間生産台数はグループ全体で約八〇〇万台（二〇〇五年度）。毎年五〇万台ずつ生産が増加しており、増分のほとんどが海外マーケットでの販売になっていることからも、その重要性は明らかだ。その取り組みの基本となっているのが「トヨタウェイ」の策定と浸透である。

高品質と低コストを追求し、あくなき「改善」を続けるトヨタのものづくりの考え方は、これまで暗黙知として社員の中に脈々と受け継がれており、それが分業と協働を支える高密度でスピーディな社内のコミュニケーションを可能にしてきた。思考プロセスと判断基準がそろっているがゆえに、仕事の質とスピードを高いレベルで両立してこられたのである。日本人の「コミュニティ」でできたことを、グローバル展開においても同じレベルで実現するために最も大事なのは、このものづくりの考え方、トヨタが大事にしている価値基準を、グローバルに共有していくことである。

そういう認識から、これまで日本人社員の中の暗黙知だったものを二年間の議論を経て言語化し、国境、言語、文化の壁を越えて多様な人種、国籍の人々にも伝えられるグローバルベースの行動原則として、英語で明文化したのが「Toyota Way 2001」である。

具体的には、「知恵と改善」と「人間性尊重」を二つの柱とし、「Challenge」「Kaizen」「Genchi Genbutsu」「Respect」「Teamwork」の五つを、キーワードとして挙げている。「改善」「現地現物」といったトヨタ特有の表現は、単純に翻訳するとそのニュアンスが伝わらないということから、そのままローマ字化されているのが特徴的だ。言葉にこめた思想を、丁寧に、世界中で誤解なく共有していこうとしているのである。

多様な人材を束ねる価値基準の必要性は、実は海外に限った話ではなく、昨今は国内であっても当てはまる。正社員以外の派遣社員、契約社員、関連会社の人、アルバイト等々、立場や考え方の異なる人々との協働を余儀なくされる環境では、拠り所になるものがはっきりしているかどうかが組織の生産性を大きく左右するのだ。そうした認識があるからこそ、トヨタは国内外を問わず、この取り組みに多大なエネルギーを投じている。またライバルの日産においても、「すべては一人ひとりの意欲から始まる」というフレーズをはじめとした「日産ウェイ」を定め、そのグローバルでの浸透に取り組んでいる。このように、自分たちの拠り所として、自らの行動を律する「ウェイ」の策定と浸透を通じ、企業組織の「コミュニティ化」に本気で取り組む企業が、近年増えてきている。

縦横無尽に知が創出される「オープン化」に象徴されるように、仕事の手順、協働のあり方、それを促進、調整するマネジメント・プロセスが変わりつつある。その中で社員は、自立した個として「プロフェッショナル化」し、高度な専門能力と高い職業倫理を求められるようになっている。そしてプロ化した個が最大限に力を発揮できる舞台とするべく、企業組織では理念や価値基準を共有した「コミュニティ化」が進められていると見ることができよう。そこに戦略―組織構造―システムを超えた、企業目的―プロセス―社員の視点があるのは、本書が指摘するとおりである。

◉マネジメント育成に不可欠な『個を活かす企業』の発想

旧版の翻訳を行ったグロービス・オーガニゼーション・ラーニング（GOL）は、トヨタをはじめ、業界大手企業を中心に、年間二五〇社以上のクライアント企業で人材育成や組織変革のお手伝いをしている。この本の提示する「個を活かす」マネジメントが、これからの方向性を示唆するものであることは、クライアント企業での実践で実感している。

社員一人ひとりの意欲と能力を最大限に引き出し、それらを組織の壁を越えて縦横無尽に結び付け、新たな知を生み出すとともに、出てきたアイデアを徹底してやり抜くことにより、3Mのように「普通の人が並外れた成果」を出せるようになる。ここで、個の意欲と能力を引き出すのも、それらを有機的に結び付けるのも、実行徹底を促すのも、マネジメントの役割である。成否のカギは、各階層で要となるリーダー人材にその役割を自覚させ、それを完遂するだけの力量を持ったリーダーに育成できるかにかかっている。

そうしたマネジメント革新、リーダー育成を行うには、個別プログラムをうんぬんする以前に、目指すべき組織文化とそれを支える価値観を明らかにし、その体現者としてのリーダーの育成思想を確立しなくてはならない。言い換えれば、人と組織のあり方を、企業の将来のグランドデザインの中に正しく描き込む構想力が求められるのである。GOLが本書を強く推奨するのも、その構想力に刺激を与えてくれるからだ。

なお、新装日本語版では、文中の事例の組織名称、肩書き等は旧版のままとしている。個々の事例のその後の変遷をたどることは、本書の内容を理解するうえで必須ではない。むしろ事例の背後にある潮流を読み取っていただきたい。

かつて「周回遅れ」だった日本企業が、ようやくその遅れを挽回し、いま新たな成長へ向けたシフト・チェンジを試みている。この局面で次のゴール・イメージを描くヒントを得るためにも、時代の大きな流れの中でマネジメント・パラダイムの転換を俯瞰的に理解することが必要だ。そのガイド役として本書が一人でも多くのビジネスパーソンの参考になれば幸いである。

二〇〇七年八月

グロービス・オーガニゼーション・ラーニング
グロービス経営大学院

Mature Business. London: Routledge.

Taylor, F.W. 1911. *Principles of Scientific Management*. New York: Harper and Row.

Tichy, Noel M., and Sherman, Stratford. 1993. *Control Your Destiny of Someone Else Will*. New York: Doubleday.

Waterman, R. H., Jr.; Waterman, J. A.; and Collard, B. A. 1994. "Toward a Career.Resilient Workforce." *Harvard Business Review* 72(4): 87 – 95.(「キャリア競争力プログラムが創る自律する社員」としてダイヤモンド.ハーバード.ビジネス 95年5月号に翻訳掲載)

Weber, Max. 1968. *Economy and Society: An Outline of Interpretive Sociology*. New York: Bedminster.

Whyte, William F. 1956. *Organization Man*. New York: Simon and Schuster.

Roethlisberger, F. J., and Dickson, W. J. 1939. *Management and the Worker. Cambridge*, Mass.:Harvard University Press.

Rousseau, Denise M. 1995. *Psychological Contracts in Organizations*. London: Sage Publications.

Royal Society of the Encouragement of Arts, Manufactures and Commerce. 1995. *Tommorrow' s Company: The Role of Business in a Changing World*. RSA Inquiry Report, London.

Rumelt, Richard P. 1974. S*trategy, Structure and Economic Performance*. Boston: Division of Research, Harvard Business School.

Rumelt, Richard P. 1995. .Inertia and Transformation." In Cynthia A. Montgomery (ed.), Norwell, Mass., and Dordrecht: Kluwer Academic Publishers. pp.

Savage, Charles M. 1996. *Fifht Generation Management: Co.creating through Virtual Enterprising, Dynamic Teaching, and Knowledge Networking*. Newton, Mass.: Butterworth.Heinemann.

Schein, Edgar H. 1985. *The Organizational Culture and Leadership*. San. Francisco: Jossey.Bass.

Schein, Edgar H. 1993. "How Can Organizations Learn Faster: The Challenge of Entering the Green Room." *Sloan Management Review*, Winter.

Schnedier, B. 1987. .The People Make the Place." *Personnel Psychology* 40: 437 − 53.

Schneider, Benfamin, ed. 1990. *Organizatinal Climate and Culture*.San Francisco: Jossey.Bass.

Schumpeter, Joseph. 1949. *The Theory of Economic Development*. Boston: Harvard University Press.

Selznick, Philip. 1959. *Leadership in Administration*: A Sociological Interpretation. New York: Harper and Row.

Senge, Peter M. 1991. *The Fifth Discipline: The Art and Practice of the Learning Organization*. New York: Doubleday(邦訳『最強組織の法則』徳間書店刊)

Sloan, Alfred P. 1969. *My Years with General Motors*. London: Pan Books.(邦訳『GM とともに』ダイヤモンド社刊)

Stopford, John M., and Baden.Fuller, Charles W.F. 1992. *Rejuvenating the*

Mintzberg, Henry. 1973. *The Nature of Managerial Work*. New York: Harper and Row.

Mintzberg, Henry. 1979. *The Structuring of Organizations*. Englewood Cliffs: Prentice Hall.

Mintzberg, Henry. 1987. "Crafting Society." *Harvard Business Review* 65(4):66 – 75.

Mintzberg, Henry. 1994. *The Rise and Fall of Strategic Planning*. New York: Prentice Hall.

Moran, Peter, and Ghoshal, Sumantra. 1997. "Value Creation by Firms," SLRP Working Paper, London: London Business School.

Morgan, Gareth. 1986. *Images of Organization*. Newbury Park, Cal.: Sage Publications.

Morgan, Gareth. 1993. *Imagination*. San Francisco: Sage Publications.

Nonaka, Ikujiro, and Takeuchi, Hirotake. 1995. *The Knowledge Creating Company. Oxford*: The Oxford University Press.（邦訳『知識創造企業』東洋経済新報社刊）

Normann, Richard T. 1977. *Management for Growth*. John Wiley & Sons, Ltd.

Pascal, Richard T. 1980. *Managing on the Growth of the Firm*. New York: Wiley.

Peters, Thomas J., and Robert H. Waterman, Jr. 1982. *In Serch of Excellence*. New York:Harper and Row.（邦訳『エクセレント．カンパニー』講談社刊）

Peters, Tom. 1992. *Liberation Management*. New York: Alfred A. Knopf.（邦訳『自由奔放のマネジメント』ダイヤモンド社刊）

Pfeffer, Jeffrey, and Baron, James N. 1988. "Taking the Workers Back Out: Recent Trends in the Structuring of Employment." In Barry M. Staw and L. L. Cumming (eds.), Greenwich, Conn.: JAI Press. pp. 257 – 333.

Pfeffer, Jeffrey. 1994. *Competitive Advantage Through People*. Boston, Mass.: Harvard Business School Press.

Porter, Michel E. 1980. *Competitive Strategy*. New York: The Free Press.（邦訳『競争の戦略』ダイヤモンド社刊）

Quinn, James Brian. 1992. *Intelligent Enterprise*. New York: The Free Press.

Homans, G. C. 1961. *Social Behavior*. Harcourt Brace.

Itami, Hiroyuki, and Roehl, T. W. 1987. *Mobilizing Invisible Assets*. Cambridge, Mass.:Harvard University Press.

Kanter, Rosabeth Moss. 1982. "The Middle Manager as Innovator." *Harvard Business Review* 60(4):95－105.

Kanter, Rosabeth Moss. 1989. "The New Managerial Work." *Harvard Business Review* (November.December):85－92.(「5社に見る革新的中間管理者を生み出す条件」としてダイヤモンド.ハーバード.ビジネス 82 年 12 月号に翻訳掲載)

Kanter, Rosabeth Moss. 1983. *The Change Masters*. New York:Simon & Schuster.

Kotter, John P. 1982. *The General Managers*. New York:The Free Press.

Kotter, John P. 1990. *A Force for Change: How Leadership Differs from Management*. New York:The Free Press.

Kotter, John P., and Heskett, James, L. 1992. *Corporate Culture and Performance*. New York:The Free Press.

Kouzes, J. M., and Posner, B. Z. 1987. *The leadership Challenge*: *How to Get Extraordinary Things Done in Organizations*. San Francisco:Jossey.Bass.

Lawler, E. E. 1992. *The Ultimate Advantage*. San Fransisco: Jossey.Bass.

Leonard.Barton, Dorothy. 1992. "The Factory as a Learning Laboratory." *Sloan Management Review*, Fall.

Levitt, B. and March. J. G. 1988. "Organizational Learning." *Annual Review of Sociology* 14:319－40.

Likert, R. 1961. *New Patterns of Management*. McGraw.Hill.

Litwin, G. H., and Stringer, R. A. 1968. *Motivation and Organizational Climate*. Cambridge, Mass.:Harvard Business School, Division of Research.

Maslow, H. A. 1954. *Motivation and Personality*. New York:Harper.

Mayo, E. 1933. *The Human Problems of an Industrial Civilization.* New York: Macmillian.

Mcgregor, D. 1960. *The Human Side of Enterprise*. New York:McGraw.Hill.

Miller, Danny. 1990. *The Icarus Paradox: How Exceptional Companies Bring About Their Own Downfall*. New York: HarperBusiness.

Fayol, Henri. 1967. *General and Industrial Management.* London:Pitman.

Follet, Mary Parker. 1965. *Dynamic Administration*: *The Collected Papers of Mary Parker Follet*. Edited by Henry C. Metcalf and L. Urwick. London: Pitman, 1965.

Galbraith, J. R. 1973. *Designing Complex Organizations*. New York:Addison. Wesley.

Garvin, David A. 1993. "Building a Learning Organizasion." *Harvard Business Review* (July − August):78 − 91.

Ghoshal, Sumantra; Moran Peter; and Bartlett, Christopher A. 1992. "Employment Security, Employability and Sustainable Competitive Advantage," SLRP Working Paper, London:London Business School.

Ghoshal, Sumantra, and Bartlett, Christpoher A. 1994. "Linking Organizational Context and Managerial Action: The Dimensions of Quality of Management." *Strategic Management Journal* 15:91 − 112.

Ghoshal, Sumantra, and Bartlett, Christpoher A. 1995. .Changing the Role of Top Management:Beyond structure to Process." *Harvard Business Review* (January − February): 86 − 96 (「トップが育てるコア.コンピタンスと企業家精神」としてダイヤモンド.ハーバード.ビジネス 95 年5月号に翻訳掲載).

Ghoshal, Sumantra, Hahn, Martin; and Moran, Peter, 1997. "Management Competence, Film Growth and Economic Progress," SLRP Working Paper, London:London Business School.

Gouillart, Francis J., and Kelly, James N. 1995. *Transforming the Organization*. New York:McGraw.Hill.

Hamel, G., and Prahalad, C. K. 1994. *Competiing for the Future*. Boston, MA: Harvard Business School Press.(邦訳『コア.コンピタンス経営』日本経済新聞社刊)

Hammer, Michel, and Champy, James. 1993. *Reengineering the Corporation*. New York:HarperCollins. (邦訳『リエンジニアリング革命』日本経済新聞社刊)

Handy, Charles B. 1990. *The Age of Unreson*. London:Arrow Books.

Handy, Charles 1994. *The Empty Raincoat*. London:Hutchinson.

Herzberg, Frederich. 1968. *The Work and the Nature of man*. London:Staples Press.

Homans, G. C. 1950. *The Human Group*. Harcourt Brace.

School of Business Administration, Harvard University.

Champy, James, and Nohria, Nitin(eds.) 1996. *Fast Forward*. Boston:Harvard Business SchoolPress.

Chandler, A. 1962. *Strategy and Structure*. Cambridge, Mass.:MIT Press.

Collins, J., and Porra, J. 1994. *Built to Last*. New York:HarperBusiness.

Conger J.A., and Kanungo, R. 1987. "Toward a Behavioural Theory of Charismatic Leadership in Organizational Settings." *Academy of Management Review* 12(4):637 – 47.

Crozier, Michel. 1964. *The Bureaucratic Phenomenon*. Chicago:University of Chicago Press.

D'Aveni, Richard. 1994. *Hypercompetition*. New York:The Free Press.

De Geus, Arie P. 1988. "Planning as Learning." *Harvard Business Review* (March – April):70 – 81(「組織の学習能力向上のための計画策定」としてダイヤモンド.ハーバード.ビジネス 88 年7月号に翻訳掲載).

De Geus, Arie P. 1997. *The Living Company*. Boston: Harvard Business School Press.(邦訳『リビング.カンパニー』日経 BP 社刊)

Deal, T.E.,and Kennedy, A. A. 1982. *Corporate Cultures: The Rites and Rituals of Organizational Life*. Reading, Mass.:Addison.Wesley.

Denison, D. R. 1990. "What Is the Difference between Organizational Culture and Organizational Climate? A Native' s Point of View on a Decade of Paradigm Wars". *Academy of Management Review* 21:619 – 54.

Denison, Daniel. 1990. *Corporate Culture and Organizational Effectiveness*. New York:John Wiley and Sons.

Drucker, Peter F. 1955. *The Practice of Management*. London. Heinemann, Pan Books, 1968.(邦訳『現代の経営』ダイヤモンド社刊)

Drucker, Peter F.1968. *The Effective Executive*. New York:Harper & Row(邦訳『経営者の条件』ダイヤモンド社刊).

Drucker, Peter F.1969. *The Age of Discontinuity.* London:Heiemann(邦訳『断絶の時代』ダイヤモンド社刊).

Drucker, Peter F.1993. *Post.Capitalist Society*. New York: HarperBusiness (邦訳『ポスト資本主義社会』ダイヤモンド社刊).

参考文献

Antonacopoulou, Elena P., and FitzGerald, Louise. 1996. "Reframing Competency in Management Development." *Human Resource Management Jounal* 6(1):27 − 48.

Argyris, C. 1962.*Interpersonal Competence and Organizational Effectiveness.* Homewood,Ill:Dorsey Press.

Argyris, C.,and Schon, D. A. 1978. *Organizational Learning: A Theory of Action Perspective.* Reading, Mass.: Addiston.Wesley.

Arthur, Michael B., and Rousseau, Denise M., eds. (1996). *The Boundaryless Carreer: The New Employment Principle for a New Organization Era*. Oxford: Oxford University Press.

Ashkenas, Ron; Ulrich, Dave; Jick, Todd; and Kerr, Steve. 1995. *The Boundaryness Organization*. San Francisco; Jossey-Bass.

Barnard, C. I. 1938. *The Functions of the Executive*. Cambridge, Mass.: Harvard University Press.（邦訳『経営者の役割』ダイヤモンド社刊）

Barney, J. B. 1986. "Organizational Culture: Can It Be a Source of Sustained Competitive Advantage?" *Academy of Management Review* 11(3):656 − 65.

Bartlett, Christopher A., and Ghosha, Sumantra.1993. "Beyond the M.Form: Toward a Magerial Theory of the Firm." *Strategic Management Journal* (Special Issue) 14: 23 − 46.

Bartlett, Christopher A., and Ghoshal, Sumantra. 1994. "Changing the Role of Top Management: Beyond Strategy to Purpose." *Harvard Business Review* (November.December):79 − 88.（「組織の野心を引き出す企業目的の明示」としてダイヤモンド．ハーバード．ビジネス 95 年5月号に翻訳掲載）

Bartlett, Christopher A., and Ghoshal, Sumantra. 1995. "Changing the Role of Top Management (Part 3): Beyond Systems to People." *Harvard Business Review* (May − June):132 − 43（「企業家人材を生かす人間志向型マネジメント」としてダイヤモンド．ハーバード．ビジネス 95 月 11 月号に翻訳掲載）

Beer, Michael; Eisenstat, Russel A.;and Spector, Bert. 1990. *The Critical Path to Corporate Renewal. Boston*: Harvard Business School Press.

Bennis, Warren, and Nanus, Bert. 1985. *Leaders: The Strategies for Taking Charge*. New York: Harper and Row.

Bower, Joseph L. 1970. *Managing the Resource Allocation Process: A Study of Corporate Planning and Investment*. Boston: Division of Research, Graduate

な

ニール,ジョン（ユニパート）…352, 357-358

は

パームキスト，フィリップ（3M）………60
バウアー，マービン（マッキンゼー）………106, 279
ハグマイスター,ハインツ（フィリップス）……180, 186-187, 191, 195-196, 199, 206
ハリス，ジュディス（ユニパート）…356
バーネビック，パーシー（ABB）………13-15, 18, 63, 134, 216-217, 219, 235-238, 242, 261, 379
ブイテンディク，テオ（ISS）………4, 253, 263-264
フライ,アート（3M）………62
ブレイ，ワーウィック（マッキンゼー）………280-283
ベーカー，ジョー（ウェスチングハウス→ ABB）………3, 20, 216, 228, 242

ま

マックナイト，ウィリアム（3M）………30-32, 63
丸田芳郎（花王）………120-121, 125, 135, 137-138, 146, 148, 235, 368
ミッチ，ロン（3M）………270
ムーア,ゴードン（インテル）………136

ら

リンダール，ヨーラン（ABB）………18-19, 55, 57, 222, 229, 242, 343
レゴ，ポール（ウェスチングハウス）………162, 165
ロディック,アニータ（ザ・ボディショップ）………345, 380-381

【人名】

●――あ

アンドリーセン，ポール（ISS）……39，61，64，263-266，268
ウェルチ，ジャック（GE）……26，123，262，292，295-321，342-343，368
ウォング，アンディ（3M）……5，212，252，270-273
エドヴィンソン，リーフ（スカンディア）……96
エンリコ，ロジャー（ペプシコ）……277
オーキー，フランシス（3M）……31
大河原毅（KFC）……70

●――か

カービー，ロバート（ウェスチングハウス）……6，160
賀来龍三郎（キヤノン）……210，244-245
片田哲也（コマツ）……378
カレンディ，ヤン（スカンディア）……72，89，91-92，100，111
ガンドマーク，ウルフ（ABB）……22，82-83，216，228，242
カムプラード，イングヴァル（IKEA）……92-93，369-370，374
ギラー，ポール（3M）……272-273
グプタ，ラジャット（マッキンゼー）……283-285
グリッカンフ，ジョー（アンダーセンコンサルティング）……173
グルック，フレッド（マッキンゼー）……284
グローブ，アンディ（インテル）……126-127，131，136，140-141 144-145，150，275，366-367
ケンドール，ドン（ペプシコ）……277

●――さ

シュミット，ヴァルドマー（ISS）……264-267
ジャンス，ドン（ウェスチングハウス→ABB）……2-21，64，223，227-228，242，252，295
ジョーダン，マイケル（ウェスチングハウス）……169
スタッキー，ジョン（マッキンゼー）……74-75

●――た

ティマー，ヤン（フィリップス）……191
デジモニ，リビオ（3M）……47，60，242，274
ドリュー，リチャード（3M）……31

●———さ

ザ・ボディショップ……345, 380-381
GE（ゼネラル・エレクトリック）
……123, 130, 133, 262, 297-321, 381
ストレッチ……124-125, 314
「タイプ4」マネジャー……262, 316
ワークアウト……303, 313
スカンディア ……72-73, 88-89, 96-97, 100, 111
ビジネス・ナビゲーター……97
フューチャー・ルーム……88
連邦組織……111
3M……4, 29-34, 43, 47, 58, 62-63, 99, 212, 269-274, 331-336
秘密プロジェクト……32
15%ルール……32, 333, 335
「少し作り、少し売る」……43, 373
「成長と分割」の原則……43

●———は

バンク・ワン……96
フィリップス……179-207, 257
コミットによるマネジメント……183
ペプシコ……256, 277

●———ま

マッキンゼー・アンド・カンパニー
……73-78, 83, 85, 87-88, 94-95, 101, 103-104, 106-108, 110, 113-114, 278-286
FPIS……75, 93
PDネット……75, 93
知識資源ダイレクトリー……76, 93
ワン・ファーム……101, 106-108, 110-114
T型コンサルタント……85, 279
モトローラ……84, 345-346
個人尊厳資格プログラム……346
モトローラ大学……84, 345

●———や

ユニパート……351-358
テン・トゥ・ゼロ・プログラム……353
ユニパート大学……354-355

索引

【企業名】

あ

ABB（アセア・ブラウン・ボベリ）
……… 2, 3, 11-16, 18-20, 23-24, 42, 48, 52, 57, 63, 134-135, 213-242, 295, 330-336, 340-341, 379
　ABACUS………49, 52, 218, 223, 229
　業績リーグ表……………………………221
　90%ルール………………………42, 217
　グローバル・マトリックス
　………………………4, 213, 215-216
　組 織…………………………………215-218
　7-3ポリシー………………………63, 219
　ポリシー・バイブル………………48, 231
アンダーセンコンサルティング…………80-81, 171-178, 268
イケア…………………92-93, 369, 373-374
　「口から耳へ」……………………92, 374
　文化の使者………………………93, 374
ISS（インターナショナル・サービス・システムズ）
…………4, 39-40, 43, 47, 50, 53, 61, 64, 263-267, 368
　ファイブスター・プログラム………263, 264
　マジック・フォーミュラ…………………39
　マネジメント・レポーティング・システム（MRS）……………50, 53, 64, 84
インテル……79, 102, 126-129, 131, 133, 136, 140, 144-145, 146, 149, 153-154, 347, 366-367
　オプション買い…………………145, 150
　90%計画…………………………154, 347
　建設的対立 ………………………… 147
　「パラノイアのみ生き残る」…………129
　125%の原則……………………154, 347
　「一つの箱に二人」…………………136
　ムーアの法則……………………………350
ウエスチングハウス……3-11, 20, 24, 26, 160-170, 227
　価値基準戦略経営システム…6-20, 169

か

花王……………………80, 119-121, 127, 135, 139-140, 145, 146, 235
　継続的な自己変革………………120-121
　ディシジョン・スペース…………………147
　TCR
　（トータル・コスト・リダクション、トータル・クリエイティビティ・レボルーション）
　……………………………………140
キヤノン……………………210-212, 244-246
　キヤノン式開発システム………………211
　キヤノン式生産システム………………211
　キヤノン式販売システム………………211
　GINGA……………………………………211
ケンタッキー・フライド・チキン（KFC）……70-71
コマツ ………………………………… 315, 378
　3つのG……………………………………378

［訳者］
グロービス経営大学院
社会に創造と変革をもたらすビジネスリーダーを育成するとともに、グロービス・グループの各事業を通じて蓄積した知見に基づいた、実践的な経営ノウハウの研究･開発･発信を行っている。
グロービス・グループには以下の事業がある。
●グロービス・マネジメント・スクール（ビジネス・スクール事業）
●グロービス・オーガニゼーション・ラーニング（人材育成・組織開発事業）
●グロービス経営研究所（経営研究、出版事業）
●グロービス・キャピタル・パートナーズ（ベンチャーキャピタル事業）
●グロービス・マネジメント・バンク（経営人材紹介事業）
http://globis.co.jp

旧版（1999年8月刊行）：
翻訳担当：福沢英弘、芹沢宗一郎、船川淳志、河井佳子
企画・構成：東方雅美
企画協力：グローバルインパクト
翻訳協力：秦由紀子、早川文子

［著者］
クリストファー A. バートレット (Christopher A. Bartlett)
ハーバード・ビジネススクール名誉教授。1964年クイーンズランド大学（オーストラリア）で学位を取得。ハーバード大学で修士号と博士号を取得をしている（1971年、1979年）。大学で教鞭を執る前にアルコアのマーケティング・マネジャー、マッキンゼーのコンサルタントなどの経験がある。
スマントラ・ゴシャールとの共著書に『地球市場時代の企業戦略』（日本経済新聞社刊）、『MBAのグローバル経営』（日本能率協会マネジメントセンター刊）などがある。

スマントラ・ゴシャール (Sumantra Ghoshal)
1948年インド生まれ。マサチューセッツ工科大学とハーバード大学より経営学博士号を取得した。組織戦略論の大家で、INSEAD教授、ロンドン・ビジネススクール教授、インド経営大学院初代学長などを務めたが、2004年に55歳の若さで急逝した。
主な著書に『地球市場時代の企業戦略』、『MBAのグローバル経営』、『意志力革命』（ハイケ・ブルックとの共著、ランダムハウス講談社刊）など多数。

【新装版】個を活かす企業——自己変革を続ける組織の条件

2007年8月30日　第1刷発行

著者———クリストファー A. バートレット、スマントラ・ゴシャール
訳者———グロービス経営大学院
発行所——ダイヤモンド社
〒150-8409　東京都渋谷区神宮前6-12-17
http://www.diamond.co.jp/
電話／03·5778·7228（編集）　03·5778·7240（販売）
装丁————デザインワークショップ・ジン
カバー写真—©DOUG PLUMMER/photonica/amanaimages
製作進行——ダイヤモンド・グラフィック社
印刷————堀内印刷所（本文）・共栄メディア（カバー）
製本————本間製本
編集担当——小暮晶子

ISBN 978-4-478-00194-3